坐の文明論

人はどのようにすわってきたか

矢田部英正
Hidemasa Yatabe

晶文社

装幀　菊地信義
題字　中澤希水

目次

序章

一章 坐の形態論 世界各地の坐文化

二章 坐の象徴論
椅子座と床坐の文明

三章 座の空間論
中国椅子史と日本の受容

四章　座の様式論　フランス家具の様式と名称

五章

座の語彙論

椅子の名称とタイポロジー

六章

坐の技法論
身体が導く椅子デザイン

七章 坐の文明論

文明とは身体である

序章

はじめに

人は誰しもやすらげる居場所を必要としている。この世に産まれ落ちたときに、母の懐に抱かれるように、まだ定まることのない肉体へ、魂を定着させる安全な御座《みくら》を、乳飲児《ちのみご》の頃から古老となるまで、人生のそれぞれの場面において必要とするのだ。うつろいゆく心が、迷いや憂いをもたらすときにも、「坐」は身体の中心へ、心の動きを定める役割をはたした。かつてそれはわたしたちの祖《おや》たちが、ともに暮らしを営んでいくための、土台に据えた身の嗜みとして、日本という国のかたちの無形の型をかたちづくった。

ときが経ち、成長するにつれて、人は自分の居場所をみずからつくり出すようになる。床坐であれ、椅子座であれ、本来の自分を取り戻すことのできる場の創造は、身体と空間の最小の単位を拠り所として、広く世界に感覚を開いていくための、魂の揺り籠の役割をはたす。かつて「座」は、人間の居場所として、もっとも簡素な空間のはじまりを意味した。それは四方を強固な壁面で囲い、個人の居場所を確保しようとする欧米の様式とは対象的に、人の居場所を指し示す「仕切り」や「敷物」が象徴となって、空間としての「座」の役割をいとも簡単に出現させた。

「坐」は「すわる人間の形」をあらわし、「座」は「人間の居場所」をあらわす。それらは文字通り、人間を世界と結び合わせる根源的な単位を意味する。そしてそれらの組み立て方は、世界のあらゆる国々によって実に多様なあらわれ方をするのである。

本書は「坐」を主題とした、人間の存在と空間のあり方を記した書物である。それは、すわり方の種別にはじまり、すわる道具や空間のあり方、すわり方の名称や技法にかかわる多様な展開を、世界史的な視野に広げて本書なりの編纂を試みたものである。

いまの時代、生活の欧米化とともに椅子が普及し、人類が太古の昔から培ってきた床坐の文化が、次々に消滅していくことへの危機感が、この研究の背景にはある。そもそも坐の技法は、日本においても、他のアジアの国々においても、瞑想修行の根幹を担ってきただけでなく、心身の健康を保つためのもっとも基本的な技術として伝承されてきた歴史がある。ところが、医師をはじめとする現代の科学者の間には、座ることを深刻な害悪としてみなす学説が広まっていて、日本人の身体技法を研究してきた立場からの、「坐」にかんする専門的な知見を、あらためて世に問いたいという願いがある。

坐はからだに良いのか否か

姿勢の研究から椅子の実制作を生業とするにいたったぼくは、雑誌や新聞などのメディアから取材を受けるたびに、

「すわることはからだにいいんですか、それとも悪いんですか?」

という質問を何度となく受けてきた。取材にきた編集者やディレクターはおそらく、

「すわることは、一見楽そうに見えるけれども、実は腰に負担のかかるストレスの多い姿勢である」

という学説を予備知識としてもっていて、それを後づけるための裏を取りたいか、もしくは稀に、通説とはことなるぼくの仮説を引き出したいか、意図しているようだった。

椅子にすわることが毎日の習慣となったわたしたち現代人にとって、この素朴な問いかけは、とても切実な意味をもっているだろう。厚生労働省がおこなった国民生活基礎調査によれば、病気やけがなどで自覚症状のある有訴者のなかで、男性では「腰痛」の有訴率がもっとも高く、女性では「肩こり」に次いで「腰痛」が僅差で二番目となっている。いずれにしても「腰痛」「肩こり」で悩まされている人は一千万人をゆうに越えていて、この状況は平成一八年と二八年のいずれの調査においても状況は変わっていない。

身体教育の現場に携わっている筆者の実感としては、ストレス症状の自覚の有無にかかわら

ず、肩や腰まわりに「コリ」といわれる筋緊張がない人を見つけることは極めて稀で、腰痛・肩こりの自覚症状が起こる可能性は、誰の身体のなかにも潜在していると言っていい。

「すわることはストレス」と考えている医師たちの所見では、ずうっとおなじ形をとり続けないで、たびたび姿勢を変えたり、二時間以上すわったら、立ち上がって軽く運動するなどの対処法が提唱されていて、それはそれで腰痛予防や初期の腰痛に対して有効にはたらくように思われる。しかし、ぼく自身としては、少し突き放した言い方になるのだが、

「楽にすわるための技術を身につければ、長時間すわっても決してストレスにはならない」

と考えている。

楽にすわるための技術

悪い姿勢ですわりつづけたら健康的に良くないのはあたりまえである。しかし、良い姿勢を身につければ、すわることそのものがからだを整えるトレーニングにもなる。床坐であれ椅子座であれ、楽にすわりつづけるための技術はたしかに存在するのである。つまり、すわることがストレスになるのかどうかは、すわる人自身の身体的な素養の問題で、すわることそのもの

を、良し、悪し、で決めつけるのはそもそもの見当がちがう、というのが運動を専門とする立場からいえる本当のことだからだ。

もし、楽にすわるための方法を知らずに、長時間すわりつづけたならば、椎間板や坐骨神経を圧迫して、整形外科医の指摘するようなさまざまなストレスを受けることがたしかにあるだろう。しかし、ぼくの関心事は、日本にも、ほかのアジアの国々にも、ながい時間おなじ姿勢ですわりつづけながら、心もからだも健康になっていくような身体技法が、数千年にわたって伝承されてきたではないか、という歴史的な事実の方にある。

禅宗をはじめとして、精神的修養のために坐をおもんじる伝統は、仏教の諸宗派に広く共通するものだが、それは仏陀が悟りをひらいたときの身体技法として、その教えを敬う人々の間では根強く伝承されてきている。日本では、そのすわり方は「結跏趺坐」といわれるが、インドでは「パドマ・アサナ（蓮華坐）」といって、ヒンドゥー教の僧侶たちのあいだでおこなわれたヨーガの坐法に由来する。その効用は、精神の覚醒、罪の浄化のほか、とくに病気の治癒に有効であるとして、古代から現代にいたるまで、もっともおもんじられてきた修行法のひとつである。

現代では美容・健康法として、若い女性たちを中心に広まりを見せているヨーガだが、多様なポーズに対して与えられた「アサナ」という呼び名は、もともとサンスクリット語では「すわる」ことを意味している。深い呼吸法をともないながら、大きく胴体をねじったり、手足の関節を極限まで動かすようなポーズの数々は、つまるところ、長時間、リラックスしながら、すわりつづけることができるようになるための、基礎的な訓練に位置付くものであった。そして楽にすわりつづけることができる身体能力がそなわってはじめて、じぶんの内面を深く観察する瞑想の訓練がはじまるのである。

このようにアジアの諸国に古代から伝わる坐の技法が存在することをふまえて、欧米の医師たちが提唱する姿勢理論を鑑みると、そこには、身体に対する見方が真逆の論理によって成り立っている世界があることに気づかされる。かの国々では、直立姿勢を中心に生活文化を組み立ててきた歴史が永く、すわる姿勢に対してはストレスの強い、ネガティブなイメージが、いまだに根強く残っているようだ。

ある整形外科医の知見

二〇一四年、医学雑誌PHYSIOLOGYに「致命的な坐(Lethal Sitting)」という論文が掲載された[1]。著者のレヴァイン(J. Levine)は、医師としての立場から、すわりつづけることは、喫煙や肥満と同様、深刻な病であり、場合によっては「死に至る(lethal)」ということを声高に指摘した。レヴァインの主張は、専門医としての臨床データを積み重ねた上での結論であるから、欧米社会の実態としてこのような現実がたしかにあるのだろう。すわることに対するこのようなネガティブな考え方は、人間工学の研究が本格的に始動した二〇世紀を通じて根本的な変化はなく、欧米の学者たちのあいだではいまだに支配的な地位を占めている。したがって欧米のアカデミズムを仰ぎ見ている日本の学界やオフィスメーカーの間にも、坐を悪者扱いする思想が伝染病のように飛び火してきている。

こうした欧米迎合型の思想潮流に対してぼくが危惧しているのは、研究者が、自身の文化的な偏見に気づかないままに、わたしたち生活者に直接かかわる物質文化の規格や制度が定められてしまうことの方が、よほど致命的（lethal）であるように思われることだ。

日本人の居場所

「坐」という文字は、人が土の上にすわる形をあらわしているが、そこに广《まだれ》をかぶせて「座」となると、人がすわる空間を意味するようになる。日本語の歴史を単純にふり返っても、「座敷」「宮座」「連座」「歌舞伎座」「楽市・楽座」というように、「座」は、人々が集い、生活する場所を意味してきたことがわかる。つまり日本人にとって「すわる」ことは、人間の「存在」と「空間」にかかわる言葉として伝承されてきたのである。

それは伝統的な技芸を少しでも学んだことがある人ならばすぐにでもわかることだが、茶の湯、書画、詩歌に聞香《もんこう》、舞踊、古武術など、いずれも坐を正しく取ることができなければ芸の中身に入っていくことさえできない。あるいは伝統的な家屋の寸法にしても、坐の視点を基準に秩序立てられているから、床の間の設えや襖の開け閉《あ》《た》て、御簾の下から低く風景を切り取る開口の形式など、日本の空間を体感する前提として、まず「すわる」ということができなければ、家を棲み熟《こな》すことすらできないのだ。

坐を基準に構成されたこれら日本の文化様式は、千年を超える時間のなかで醸成されてきたものだから、その空間の論理にしたがって身をゆだねてしまうと、あたかも千年前の社会の記憶につながるような美的な感覚を喚起する。そうした体験は、とくに他の文化や文明と接するときに、自身のからだのなかに流れている歴史感覚の深さを、ゆるぎない自尊心とともに気づかせてくれるものだ。

しかし、いま、日本の建築法規は、「ツーバイフォー（木造枠組壁工法）」といわれる米国由来の規格に占領されてしまっていて、もはや日本家屋は、耐火性や耐震性の基準に達しないとして、少なくとも庶民の居住空間としては、建てることすらできなくなってしまっている。

ぼくは複数の大学で「日本の身体文化」という講義を十年以上にわたって論じてきた。大学では日本の文化や歴史を教える授業はたくさんあるけれども、日本の空間をもち、それを教育的に活用している大学というのは、極めて稀、というかほとんどない。少なくともぼくの赴任した先では残念ながらひとつもなかった。つまり、学校で教えることのできる文化の情報は、活字と映像に限られていて、「文化を身につける」ための方法については、まず学者にそういう視点すらない、というのが現実のようである。

文化を身につける手立てについて

フランスの社会学者ピエール・ブルデューは人間の条件を保証する筆頭は「文化を身につけることである」と言った。活字情報に偏重した日本のアカデミズムに、身体化された文化資本が著しく欠損していることは、おそらく誰もが認めることだろう。それは欧米で評価された学説を、自身の身体感覚を通して反芻することなしに、鵜呑みで受け入れてしまうこととも重なっている。それは学者個人の素養というよりはむしろ、自分の実感として物事を判断する身体感覚の尺度そのものが、敗戦後の教育と生活環境の欧米化によって、なし崩しに解体されてしまったことが関係しているのではないか、という気がしてならない。

このような文明の根幹にかかわるような大きな問題に対して、ぼくは「坐」というテーマが何らかの糸口を与えてくれるのではないかと思っている。椅子座であれ、床坐であれ、長時間すわるための身体の技術は、質の高い姿勢を効率的にサポートするデザインを、おのずと導き出すだろうし、また坐法の論理から、食作法を定める基礎ができ、食卓や食具のあり方を見直す尺度についても、おのずとからだが導くはずである。また「坐」の瞑想は、静かに自己の内面を観察することを妨げない衣服の色や形を教え、からだの内側に感覚を向かわせる空間の構成論理を、からだの欲求として定めるようになるだろう。そして実際に、インドから東に広がるヒンドゥー・仏教の地域では、そのような「坐」の修練によって開かれた感覚に導かれて、生活世界を創り上げてきた事例が、いまだに数多く存在している。

作家フォレスト・カーターによれば、ネイティブ・アメリカンのチェロキーは、みなじぶんだけの「秘密の場所」をもっているという。それはじぶんの心と自由に向き合い、遊ぶことのできる守られた場所。そこでチェロキーは肉体とともに滅びる心と、永遠に生き続ける霊の心を見極めて、そこから人や自然や世界がどのように動いていくのかを知るのだという[2]。

わたしたち日本人にとって、「座」は、まさにじぶんの心と向き合い、遊ぶことのできる「秘密の場所」としての役割をはたしていただろう。そして「坐」は最小限度の空間のなかでも、自己と世界をありのままに見渡すことのできる「深き手立て」を、身体技法の型によって伝えてきたはずである。

生まれてから死ぬまでの間に、すわらない人間というのはいない。しかし、「すわる」という行為から、どのような機能や役割、情報を引き出すのかは、時代や地域によって大きくことなる。その「坐」に対する多種多様な認識を、世界史的な視野にまで広げ、歴史を掘り下げるとき、都市に生きるわたしたちの生活が、どのような方向にむかえばいいのか、光が射してくるかもしれない、という展望を抱いている。

「坐」と「座」の表記について

次に表記の問題を確認しておきたいのだけれども、「坐」という文字が世間一般に使われなくなって久しいように思う。先ほども説明したように「坐」は人が「すわる形」や「姿勢」を意味していて、「坐禅」「正坐」「坐骨」などの場合にもちいられる。いっぽう「座」は、「すわる場所」や「空間」、あるいは人が集う「共同体」に対してもちいられ、「座布団」「座席」「座面」などの場所そのものをあらわしたり、「歌舞伎座」「名画座」「スカラ座」といった劇場の呼び名にもなっている。あるいは「座が和む」「座が乱れる」という風に、その場の空気感をあらわすときに使われる。

また「座」には、「高御座《たかみくら》」のような、神や貴人の存在する空間をあらわし、「座す《おわ》」と読ませて存在一般をあらわすこともある。すなわち「坐」と「座」は人間の存在の仕方とその環境にかかわる事柄をあらわしてきた言葉で、学術的な約束事としては、両者は区別する習慣がある。

文章を書く側からすると、「坐」と「座」の区別は、混乱やまちがいの起きやすい悩ましい言葉でもあるのだが、もうひとつ補足をすると、とりわけ「坐」という文字は、

「床や地面に直接すわる」

という語感を強くもっている。したがって、日本人が永きにわたっておこなってきたすわり方をあらわそうとする場合には、やはり「坐」と書いた方が、すくなくともぼくのからだの実感としては、文字通り「肚の坐り」がいいと感じる。

新聞や雑誌の一般的な傾向としては、「坐」と「座」の区別をせずに、どちらも「座」で統一するようになってきているのだが、これも日本人の間に床坐の習慣が失われてきていることと、どこか連動した、時代的な変化であるようにもみえる。

宗教学者の山折哲雄が『坐の文化論』という著作を刊行したのが一九八一年。[3] 後に文庫化された表紙には、紙面いっぱいに広がる大きな明朝体で「坐」の文字が打たれてあった。

サブタイトルには、

「日本人はなぜ坐りつづけてきたのか」

と問いかけられていて、その問いに答えるように、その本の巻末では、

「いま『坐の文化』を考えることは、すなわち、日本文化のアイデンティティーを考えるため

の重要な土台のひとつである」

として、膨大な論考は結ばれていた。

日本人の坐についての研究は、過去にも主だったものがいくつかあるけれども、一冊の書物として、坐の文化的な源流をたどり、神仏にかかわる信仰をさまざまな形で取り込みながら、庶民一般の生活のなかに広く浸透し、定着していったいきさつを、包括的に論じた研究は、ぼくの知る限り、『坐の文化論』のほかには、いまだ追随するものがあらわれていないように思う。だれもが床坐の生活を営んでいた戦前の日本文化がからだに染み付いた人々の数が、年々すくなくなっていく時代のなかで、「坐」が伝承してきた文化情報は、とりもなおさず風前の灯火のようだ。

そんな問題意識もあって、本書のなかでは、「坐」と「座」の表記をあえて区別したいと思うのだが、ひとつだけ、従来の学術的な定義では、どうもしっくりこないことがある。

先ほどは、「坐」と書いたときは、「人間のすわる形」を意味する、と説明したが、椅子やソファなど、床から一定の高さがある道具に腰掛ける場合には、「座る」と表記しても何ら違和感がないことだ。むしろ「椅子に坐る」と書くよりも、「椅子に座る」とした方が、よりしっくりくるようにも感じられる。おそらくこれは、「坐」という文字が、床坐の感覚と深く結びついて伝承されてきたこととも関係しているからだろう。

このような「ことば」と「からだ」の歴史的な因果は、いまだにぼくたちの言語感覚のなかに残っているはずだから、本書では、椅子などの道具をもちいて、足裏を地面につけたかたちについては「座る」と記し、縁台などの座具をもちいたとしても、平坐と同様のかたちであれば「坐る」と記す。そして、床坐と椅子座の両方を含む意味においては、その時々の文脈に沿って「すわる」と平仮名で表記することにしたい。これら「坐」と「座」の区別は、以上の原則にしたがいたいと思うのだが、ときに学術的な定義から逸れて書き手の身体感覚に委ねられることがあることをお赦しいただきたい。

本書の構成

本書は「坐」と「座」にかんする七つの項目で構成され、形態論、象徴論、空間論、様式論、語彙論、技法論、文明論という多岐にわたる領域を多面体のように組み合わせて一冊を成している。したがって専門領域の焦点を絞り込み、細分化されたテーマを緻密に積み上げることを良しとする研究態度とは真逆の立場を取っている。

坐るという行為は直接的には身体の技術的な問題だが、じっさいに坐の技法の多様性を世界的な視野で調べていくと、地域や年代によって実に多岐にわたっている。それぞれの民俗で育まれた坐り方の多様性を認識すると、たとえば正坐のみを正しいとするような固定観念を相対化し、われわれの生活様式を考える新たな指針になるのではないかと考える。したがって過去を遡る歴史的な深さと、異文化を知る広がりと、双方を知ることが不可欠であると考えた結果、このような構成になるにいたった。

日本人の伝統的な坐法にかんしては、『日本人の坐り方』という拙書[4]が二〇一一年に集英社新書より出版されており、正坐を正式とするわれわれ現代人の常識とはほど遠い、中近世の坐文化について一定の知見を得ている。関心はそこから世界へと広がり、世界の人々はどのような坐り方をしてきたのか、というテーマについて調べたのが第一章の坐の形態論である。世界各国に点在する多様な坐の技法を知るにしたがって、平坐と椅子座を分かつ理由がどこから来るのか、それぞれの姿勢から人間の生き方のちがいがどのようにあらわれているのか、という問題について言及したのが第二章の象徴論である。

日本人にとって座は、坐る形であると同時に人間の居場所であり、空間の呼び名でもある。しかし、隣国の中国は千年以上前から椅子座が定着しており、日本文化に多大な影響を及ぼしながらも双方の国々はまったくことなる生活様式を確立するにいたった。中国における坐と座の歴史を辿りながら、すわる道具がそれぞれの国々の空間の様式をどのように規定してきたのかを後付けたのが第三章の空間論である。

椅子座の歴史が永い国々は、椅子にかんする語彙も豊富であり、なかでも家具の語彙にかんする分類学が世界でもっとも進んでいるのはフランスである。第四章ではフランスの家具研究を参考に、物に名称を与える論理を様式論と関連付けながら明らかにした。これらの研究に導きを得ながら、身体の支持形態にもとづく椅子の様式的な分類と名称化の論理を、本書独自の視点で導き出すことを試みたのが第五章の語彙論である。

第六章は坐の技法を実際に習得するための技法論であり、筆者の担当する大学の授業実践から事例紹介をおこなっている。また、骨格の自然にもとづく坐の技法を習得したのち、身体感覚の延長上に椅子や座具の実制作にまでいたった事例についてもこの章に含まれている。通常であれば、これらは別々に論じるべき問題なのだが、身体技法と制作技法が不可分のものとなって進んできた筆者の研究スタイルから、必然的にこのような形をとることとなった。

最終章では「文明」と「文化」をめぐる身体性の問題を明らかにし、無形文化としての坐の技法を再構築することの現代的な意義について考察している。日本語の文明という言葉がもつ誇大なイメージに対して、civilization の語源は市民生活を円滑に成立させるための振る舞いの論理のことを指している。その意味で、坐の技法は、古代アジアの歴史的な古層から連綿と続きながら、わたしたちの文明を物心両面にわたって育んできた身体技法であることを鑑み、これを本書の表題に掲げた次第である。

一章

坐の形態論

世界各地の坐文化

人間が生まれてはじめて学ぶこと

人間の特徴をあらわすときによく言われる「直立二足歩行」というものがある。ぼくは学生のころに、この二足歩行が、

「人間が生まれてから最初に学ぶ身体教育である」

と教わった。

赤ちゃんが歩き方を学ぶときには、それを教えてくれる人がいて、

「這えば立て、立てば歩めの親心」

といった調子で、家族や親類の人たちが手とり足とり噛しながら、歩き方を教えてくれる。もしこの教育が生後一年以内に適切におこなわれなかった場合には、ヒトは種特有の直立二足歩行を獲得できないのだという。そのことを証明する根拠として、狼に育てられたというアヴェロンの野生児ヴィクトールと南インドで発見されたアマラとカマラの事例が紹介された。生後

間もなく人間社会から隔絶されて、人間社会から捨て置かれて育った彼らは、まわりの人間がどんなに熱心に教育をほどこしても、人間の言葉や行動様式を身につけることができず、四つ足で這い、地面に置かれた皿に直接口をつけて、まるで狼のように背中を丸めて口だけでミルクを飲んだ。その動物的な風姿は、ぼくの記憶に焼きつくような衝撃を与えた。

授業を担当する教官は、「乳幼児期に適切な身体教育がおこなわれなかった場合には、人間は本能の力だけでは、種特有の姿勢を獲得できない」というテクストに書かれた説明を逆手にとって、

人間は狼にだってなれるんだ！　身体の学習能力は無限なんだ！

と人間の身体能力がもつ可能性の方を強調していたのが印象的だった。

ところがじぶんにも子どもが生まれ、じっさいに育児を体験してみると、乳幼児が二足歩行を獲得する以前に、教えなければならないことは山のようにあった。

首のすわらない新生児の頭は、やわらかい頭蓋骨が紐でつながれたように不安定で、抱き方を覚えるのもまさに壊れ物をあつかうような注意を要した。そんな儚げな乳飲み子も、乳を吸う吸引力だけはすさまじく、試しに空腹時の息子の口に人さし指を突っ込んでみると、指に舌を巻きつけて、驚くような強さで吸引するのだった。わずか三〇〇〇グラムの小さなからだの、

どこにそんな力がそなわっているのだろうと驚嘆しつつ、本能に動かされた生命力の逞しさを実感したのだった。

そしてぼくは、新生児から学んだこの技の真価を試そうと、マクドナルドに行ってマックシェイクを注文し、ストローに舌を巻きつけて上顎に当て、赤子がおこなうように吸引してみると、普段は貧血を起こしそうなくらい飲みにくいクリーム状のシェイクが、するするとストローを登っていって、いとも簡単に口の中に入ってくるではないか。

また同時に、「吸う」という行為をくり返しおこなっていると、意外なことに、後頭部の付け根から頸椎の両脇あたりの筋肉群が強く躍動することに気がついた。それはもの心ついて以来、ほとんど忘れていた感覚だったが、おそらく「吸う」という運動は、脊椎を中心とした起立姿勢を制御する上で、根本的な役割をはたしているのではないか。という仮説が芽生えて、こんどは家に帰って授乳時の赤子の身体を注意深く調べてみた。すると息子の首の筋肉は、乳首を強く吸うごとに、頸椎を上にのばすような方向へと躍動し、口で吸うというよりはむしろ、背中全体を使って捕食のための吸引運動を全力でおこなっているのだった。首のすわらない乳幼児は、本能にまかせて母の乳房を吸いつづけ、三ヶ月ほど、その本能的なトレーニングをくり返すことで、首を自立させるのに十分な筋肉が発達し、固形物を呑み下すことができるようになったのだった。

この間に乳幼児は、首だけでなく、背骨から骨盤までの全体を、地面から直立させて「おすわり」ができるようになる。「おすわり」ができるようになると、すこしずつ母の懐をはなれて家族と食卓をともにすることができるようになる。そして食事のときの坐り方や、食具や食卓の形式は、民俗によって、あるいは各家庭によってもさまざまであるから、食事作法を成立させるための「坐」の習得が、おそらく人間が社会的に学ぶ最初の教育であることを、ぼくは育児を通してたしかめた。

そして「食」と「坐」を成立させるための初期段階として、母乳を吸引する運動が、健全な姿勢の発育・発達をうながす根本的な役割を担っていることを知ったのだった。

坐の世界分布

食事をするときの姿勢は、人間が最初に学ぶ社会教育でもある。そして食作法の形態は、地域や時代、民俗によって実に多様なあらわれ方をする。日本では、いまでこそ椅子座の習慣が普及しているが、昭和四〇年代頃までは大半の家庭が床坐の生活だった。敗戦からの復興を経て、高度経済成長期を迎えるとともに急速な米国化が進み、経済的な豊かさを獲得するとともに日本には椅子座の生活スタイルがほぼ完全に定着してゆく。現代を生きる若者のなかには畳に床坐の生活を経験したことのない者も少なくない。経済的な発展とともに物質文化が欧米化し、ながい歴史のなかで培われてきた文化様式が失われていく様子は、日本に限らず世界各国に共通してみられる。

とりわけ他国から植民地支配を受けた国々では、その土地由来の生産物や資源だけでなく、言語や文化をも奪われる形で、入植者と同様の生活様式へと変更を強いられる。生活の形が根本から変わると、物事を認識する感覚や思考法そのものが変わってしまうからだ。いわゆる発展途上国にみられる椅子座の普及は、その社会が欧米化をはたしたひとつの指標のように映る。

かつて筆者が勤務していた大学のゼミのなかで、国連加盟国を対象に、坐り方にかかわる起居様式を調べたことがある。すると、いま現在は椅子に座る生活をしている国々でも、民俗共同体が成立した原点の頃にまで遡ると、ヨーロッパと中国を除くほとんどの国々が、地面や床に直接すわる平坐の生活を営んでいたことがわかった。地面に直接腰を下ろし、食事や炊事、作業労働から休息の体位まで、目的にしたがって柔軟に足腰を配置する様子は、まさに無形文化としての身体技法にほかならない。

世界中の人々がどのような坐り方をしてきたのか、というテーマでおこなわれた過去の研究としては、ゴードン・ヒューズ（G. Hewes）の“World distribution of certain postural habits”[5]という論文が草分け的な成果として、世界中の注目を集めた。この論文では、人間のおこなうさまざまな姿勢が全世界的な視野で蒐集されていて、わたしたちの常識からは想像もつかないような、坐法や休息の取り方があることを教えてくれる。

ヒューズはこの研究に取り組むにあたり、全世界に出向いて現地調査をおこなったわけではなく、民俗学の研究論文に掲載された図像資料を蒐集し、いわば座学で世界中に分布する坐の形について、三〇頁に満たない小論を発表した。この論文は、分量こそ少なく、ヒューズ自身が「恣意的である」と自嘲する理論の弱さを含んでいたとしても、その後、坐の研究においてはもっとも多く引用される論文のひとつとなった。

このなかでヒューズは、膨大な図像から人間のとる姿勢を三〇〇余りの種類に分類し、そのなかで共通する特色をもつ坐法のグループに対して次のような名称化を試みている（図1）。

“Chair sitting posture（30～38／椅子座）”“Deep squatting posture（54、58、114／しゃがみ姿勢）”“Sitting with legs stretched out（70～72／投げ足）”“Cross-legged or talor-fashion postures（80～89／胡坐、安坐）”“Kneeling on knees and feet or knees and heels（102～104／正坐、跪坐）”“Sitting with the legs folded to the side（106～108／横坐）”“One knees up, other down and flexed（122～131／立て膝）”

これらヒューズが整理分類した床坐の名称を日本語で翻訳してみると、「正坐」「胡坐」「投げ足」「横坐」「蹲踞」「立て膝」という風に、その大半は一語であらわすことができる。なぜならこれらの坐法は、日本では日常的におこなわれる身体技法として古くから伝承され、生活上の作法として、それぞれに独立した名称をもつ必然があったからである。しかし、床にすわる習慣をもたない欧米諸国では、そうした体位についての名称がないために、各々の坐の技法を正しく理解しようとした場合には、ヒューズのおこなったように膨大な事例を蒐集し、その

FIG. 1. A portion of the postural typology used in the compilation of data for this paper. Drawings are for the most part based on photographs in the ethnographic literature. Head and arm positions, unless stated otherwise in the accompanying discussion, are not typologically significant. No. 23, for example, could be standing with his left hand on his hip, or resting it on his left shoulder, and his standing posture would be considered the same for present purposes.

図1

坐法の構造特性にもとづいて、あらためて名称化をおこなうという手続きを経なければならなかったのである。

坐の名称について

ヒューズの姿勢研究は、世界中の民俗の坐法を列挙したものだが、その分類法については分析の枠組みが大きく、日本や他のアジアの国々の語法に対応しているわけではない。たとえば図1の80〜89のCross-legged or talor-fashion postures（足を交叉して坐る、もしくは、裁縫師風に坐る姿勢）と記されたものをひとつひとつみていくと、80胡坐、83半跏趺坐、84結跏趺坐、86安坐、88シッダ・アサナ（ヨガのポーズ）、88胡坐、89・5バッダコナ・アサナ、など、日本やインドにおける坐法の名称化に対応するものではまったくないし、またこれらの坐法は86や89のように脚を交叉しないものもある。

かつて筆者は『日本人の坐り方』という著書のなかで、中近世の日本の絵巻に見られる坐法を網羅的に調査したことがある。そこでは多様な形態をもつ坐り方のなかから技法特性にもとづいて主要なものを分類し、名称化の検討をおこなった。それは他の民俗の坐法を理解する上でも対応がきくと思われるので、あくまで坐の技法と名称をあらわす参考として記しておきたい。

投足系
立膝系
開膝系
畳脚系
両投足
畳立膝
胡　坐
正　座
交叉投足
楽立膝
安　坐
割　坐
上組投足
凭立膝
貴人坐
横　坐
下組投足
両立膝
半跏趺坐
しゃがみ立膝
結跏趺坐
片跪坐
蹲　踞
跪　坐
踵坐系

図2

まず床や地面に直接坐る平坐の形には、個々の坐り方の間に共通するグループがあって、それらは図2に示す四種類に分けられる。ひとつは正坐のように下腿を尻と大腿部の下に畳み込む坐法のグループで、これを「畳脚系」と呼ぶ。正坐は文字通り正式と日本では考えられているが、その崩しの坐法として、足首の間に尻を落として坐る「割坐」、そして足首の左右に腰を外して坐る「横坐」がこのグループに位置付く。

次に膝を大きく横に開く坐り方を「開膝系」とし、そこにはヒューズが列挙した80〜89の坐法のすべてが分類される。このグループには股間の前に足首を交叉させて坐る「胡坐」を筆頭に、足首を組まずに前後に配置する「安坐」、片足を反対側の腿の上に乗せる「半跏趺坐」、そして坐禅でおなじみの「結跏趺坐」、足の裏を股間の前に合わせて坐る「貴人坐」などが位置づく（これは古代中世の天皇や公家男性を中心とした、貴人のみにみられる坐法として命名した筆者の造語である。ちなみにインドでは、この坐り方は「バッダコナ・アサナ」といわれる）。

さらに現代の日本ではとかく無作法と思われがちな立て膝だが、中世の絵巻のなかでは、男女を問わずもっとも多く見られた坐法である。これは立てた膝の反対側の足を尻の下に畳み込んだ「畳み立膝」、そこから畳んだ足を立てた側の足元へ外した「楽立膝」、脇息に凭れて坐る「凭れ立膝」、さらに両方の膝を立てた「両立膝」。両立膝で尻が地面から浮いていると「しゃがみ立膝」となる。これら三つのグループの各々に、踵の上に坐る坐法があり、それらを「踵坐系」として「跪坐」「蹲踞」「片跪坐」とする。

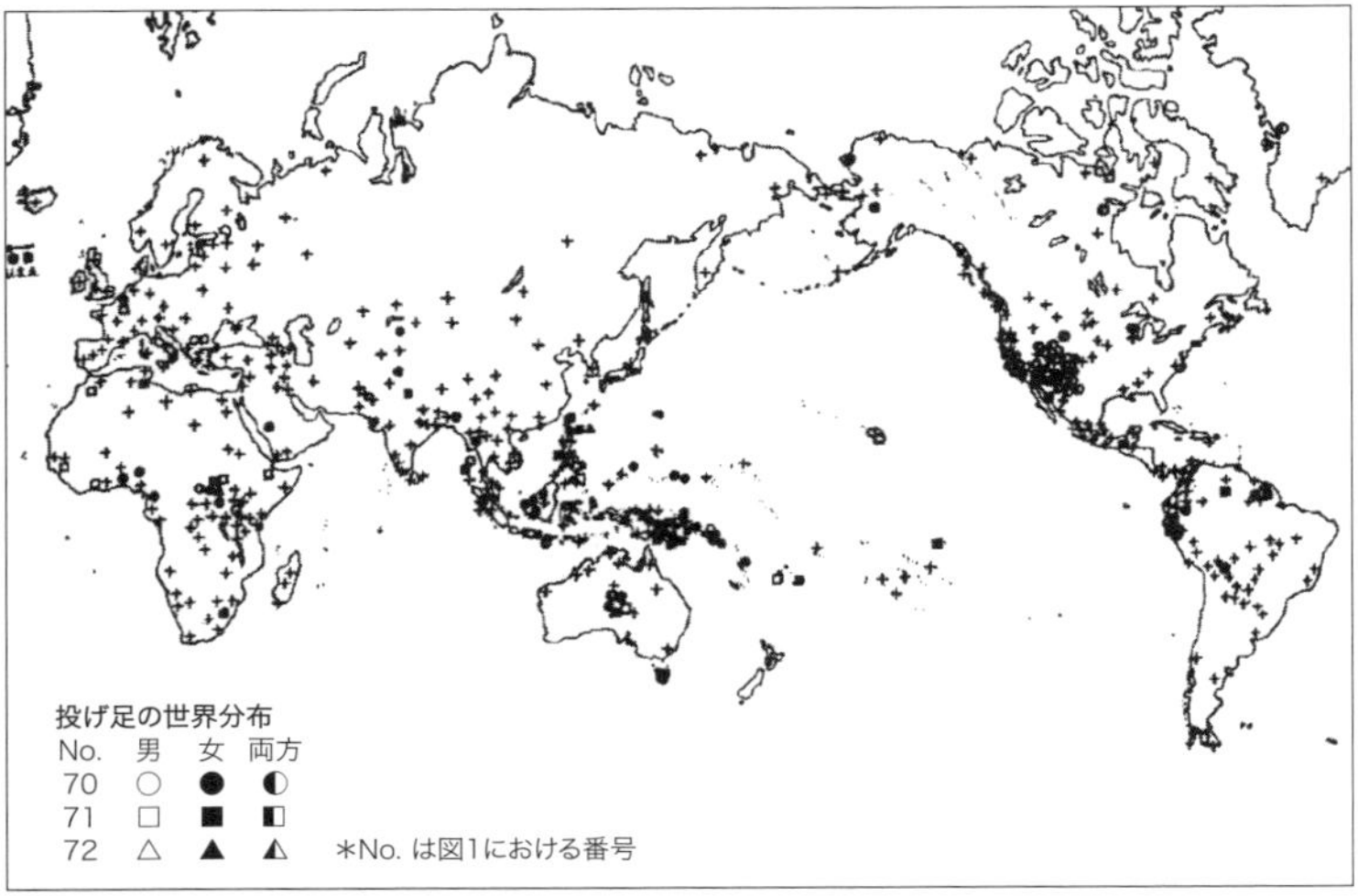
投げ足の世界分布
No. 男 女 両方
70 ○ ● ◐
71 □ ■ ◧
72 △ ▲ ◭
＊No. は図1における番号

図3

図4

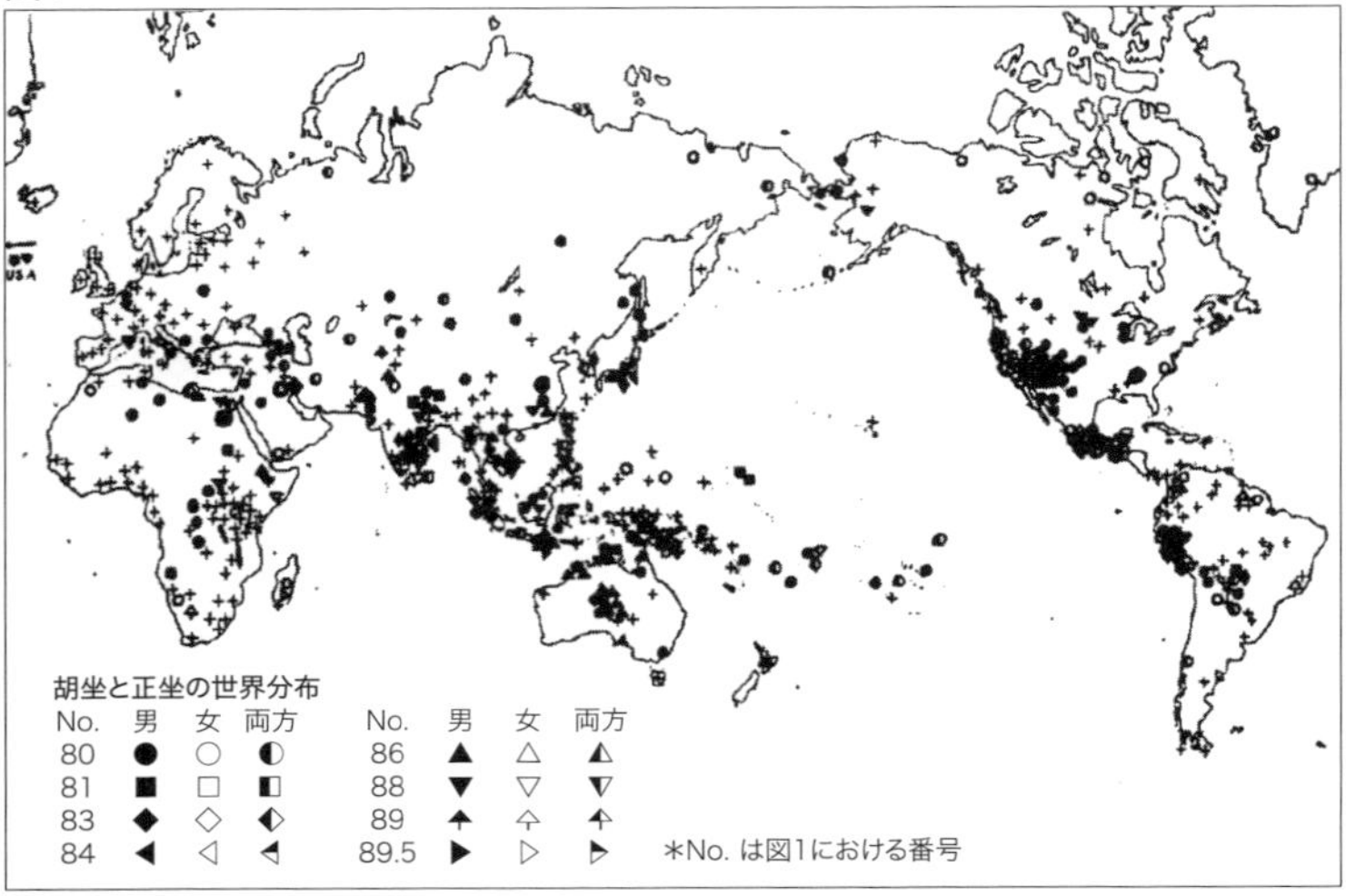
胡坐と正坐の世界分布
No. 男 女 両方
80 ● ○ ◐
81 ■ □ ◧
83 ◆ ◇ ◈
84 ◀ ◁
86 ▲ △ ◭
88 ▼ ▽
89 ↑
89.5 ▶ ▷
＊No. は図1における番号

最後に脚を前にのばして坐るグループを「投足系《とうそく》」として分類することができる。ヒューズの分類図では70〜75にあたるものだが、これには両足を前に伸ばす「両投げ足」、そこから足首を交叉させた「交叉投げ足」、そして片方の足を伸ばした膝の上に組んだ「上組投げ足」、そして下に組んだ「下組投げ足」とする。

以上の四種のカテゴリーに分類すると、平坐位の大半の坐法がこれらのグループの派生系として、技法の説明と名称化が可能になると思われる（図2）。

胡坐と投げ足の世界分布

世界中の民俗の坐り方を調べたヒューズは、そのなかでも脚をのばして坐る「投足系」の坐法と膝を横に開いて坐る「開膝系」の坐法に着目して、それぞれの坐り方が世界中でどのように分布しているかを地図上に示している（図3、4）。図像が粗くてわかりにくいのだが、上は図1の80〜89に相当する開膝系の坐法がみられる地域で、男性が●、女性が○、両方の場合は白黒で示されている。下は投げ足の分布図である。

ヒューズによれば、投足系の姿勢は主に女性の習慣で、絨毯や織物の作業姿勢において、あるいは育児のときにおこなわれる坐法で、男性にはほとんど例がないという。しかしこうした見解は、当時ヒューズが所有していた資料の範囲によるもののようで、たとえば西アフリカ内陸の農耕民やロシア極東の狩猟遊牧民の間では男性の日常的な坐法としても「投げ足」が定着している。

ヒューズがこれらのグループに着目して坐の世界分布を調べたのは、おそらくそれらが欧米社会の習慣からは除外された平坐位の典型と考えていたからかも知れない。筆者の調べでは、「開膝系」にせよ、「投足系」にせよ、平坐位の習慣が定着したほとんどの民俗には、「立て膝」の坐法も同じように習慣化していることが指摘できる。現代の日本では正式な作法からは除外されてしまった坐法だが、身体的な機能の面では脚にも腰にも負担が少なく、平坐の生活様式をもつあらゆる社会に見られる。ちなみに近代以前の日本においても立て膝は多用されていて、中世においては歌人や茶人の正式な坐法として作法化もされていた。

ヒューズの調べによれば、「胡坐」を代表とする「開膝系」の坐法は、アメリカ西海岸から中南米、南太平洋の島々から東南アジア、インド、アフリカ、オーストラリアなど、ヨーロッパを除く世界各国に流布しているという。それに対して、椅子やベンチに座る習慣は決して全世界的なものではないと、ヒューズは指摘する。

ところが文化の優位性という問題になると話は別で、どんなに数が多くても胡坐や投げ足の坐り方が世界基準になることは考えにくく、やはり欧米式の椅子座が支配的になっていくであろうことを、文明史家のアルフレッド・クローバーの言葉を引用しながら予見してもいる。その理由について私見を述べると以下のようになる。つまり、平坐の習慣をもつ人々が、椅子に座ることについては、身体的に何の苦労もないが、椅子座が習慣化した人々が床坐をおこなうのには、足腰に大きなストレスがともなう。なぜなら平坐は椅子座とくらべて、膝や足首や股関節を深く曲げなければならないため、その習慣が失われると関節の可動域が狭くなり、楽に坐るための身体能力が退化してしまうからである。

そして生活の形は、より多くの人にとってストレスが少ない方へ、つまり楽な方へ、楽な方へと移行するから、椅子やテーブルを購入できるだけの経済的な条件が満たされると、古来の床坐の生活習慣を捨て去り、より安楽に見える椅子座へと移行してゆく様子が、近代化を推進するほとんどの社会にみられる。そしてヒューズの論文から六十年余りを経た現在、世界はクローバーの予見の通り、椅子座の文明に席捲されつつある。

この調査によってヒューズは、「正しい姿勢」という、ひとつの価値へと画一化されていく社会常識に疑問を呈し、人類のおこなってきた姿勢の豊かさを、できるだけ多様な形で示そうとした。そして「人間の取る姿勢の多くが、文化的に決定づけられるものとは別の理由で成立している」こと、そして人間の姿勢は、より「原型的(archetypical)」で、「前文化的(pre-cultural)」なものが存在することを示唆している。ヒューズのいう「前文化的」な姿勢とは、人為的につくられた風習や社会基準によらず、「人間であれば誰しもが、自然におこなうであろう自由な身体」のことと理解できる。こうした調査を通して、ヒューズは文化至上主義的な見方を排し、より根源的な次元から身体のあり方を見直すことの重要性を説いたのである。

画一化される身体

身体の姿勢に着目したこうした研究は、文化人類学のなかでも非常に限られてはいるのだが、その研究動機とも思えるエピソードがヒューズの論文のなかに短く告白されている。それは彼自身が少年時代に経験した姿勢教育についての疑問から発しているようである。つまり、教室のなかで授業を受けるときには「正しい」とされるひとつの姿勢があり、また体育の授業では、画一化されたひとつの姿勢を教師から強要され、その軍隊のように硬直した指導法に対する強い違和感が文体からも滲み出ている。

ところが世界へ眼を向けると、人間が生活のなかでおこなう姿勢はかくも多様であることを、ヒューズは先の調査によって明らかにした。この論文は、医師や教師の間で信じられている「正しい姿勢」が、いかに了見の狭い見方であるのかを問い直してもいる。そして、欧米の言語には「姿勢についてあらわす語彙が極めて少ない」こと、つまり身体の姿勢について欧米社会では歴史的に関心が薄く、それに対して、「姿勢をあらわすための合理的な言葉を、もっとも多くもっているのはインドである」ことを指摘してヒューズは論文を結んでいる。

身体が学問の研究対象になること自体が、ヨーロッパでは稀であったことへの歴史的な反省から、二〇世紀以降になると、あらゆる学問領域で「身体論」が再注目されるようにはなるのだが、ヒューズの研究もそうした潮流のひとつに位置付けられている。他方、姿勢にかんする語彙の豊かなインドでは、身体を耕し、精神を開拓するための修行法がインダス文明の発祥とともに存在し、身体を積極的にもちいた世界の認識法が、生活文化を組み立てていく根幹に位置していた。

サンスクリット語では「姿勢」のことを「アサナ（asana）」といい、この言葉はヨーガでおこなう「坐法」に由来する。坐の瞑想によって身体の感覚を開拓する技法は、ながい歴史のなかで多様な形の体位を生み出し、それぞれの「アサナ」には合理的な意味をもつ名称が与えられている。インドにおいて姿勢の語彙が無数の多様性をもつのは、そうした修行伝統が根底にあることと深く関係している。

「坐」の瞑想法は、インドに限らず、ヒンドゥー・仏教のあらゆる地域に遍在するものではあるのだが、なかでもインドがとりわけ姿勢についての語彙が多いのは、そこが坐の瞑想法を最初に開拓した地域であることが関係していると思われる。すでに完成された技法を他国からの伝承によって受け入れた地域と、ゼロから新しい技法を発明した地域とでは、同じ坐法の認識についても情報量の深さがちがう。

たとえば日本の禅宗においては二種類の坐法があり、基本的には「結跏趺坐」の姿勢で坐の瞑想がおこなわれ、それができない者は「半跏趺坐」で坐禅を組むことも許されている。他方、ヨーガの坐法（asana）の種類については、五百とも千ともいわれていて、それぞれが全身の関節ひとつひとつの柔軟性を養いながら、ストレスなく、楽に坐れるための能力を開拓する役割をそなえている。

インドの言葉で「結跏趺坐」の坐法は「パドマ・アサナ（蓮華坐）」といわれ、ヒンドゥー教においてもっとも大事にされている坐法である。ところが仮に、「パドマ・アサナ」だけが、唯一の修行法として伝承された場合には、修行経験のない大半の人々にとっては容易には真似のできない苦行のようにも映るだろう。しかし、ヨーガにおける「アサナ」の技法は、誰にでもストレスなく実践できる簡易なものから、関節を極限まで動かすような高度な「アサナ」まで豊富な修行体系があり、実践者の目的と能力にしたがって、多様な組み立てが可能である。

ヒューズがおこなった坐法の世界分布にかんする研究の背景には、唯一の正しい基準が社会的に流布することによって、その他の多様な身体のあり方を学ぶ自由が奪われてしまうことへの警告を含んでいる。床坐にせよ、椅子座にせよ、社会的に定着してきた身体の作法には、必ず何らかの目的が潜んでいる。なかでもヒューズが体育の授業で学ぶ姿勢に強く違和感を示したのは、おそらく近代体育の下地になっていた兵式体操の、全体主義的な感覚に対する反発であったかもしれない。つまり戦地において、兵士の身体をひとつの意志へと統率する国家的な戦略が、兵式体操の姿勢や歩行訓練の背後には隠れていて、自由を探求する学者の身体は、その硬直した枠組みに対して敏感に反応したのかもしれない。

坐り方と文化の定義

ヒューズの姿勢研究は、欧米の学問研究のなかでは盲点になっていたテーマでもあり、その先駆者として、フランスの社会学者であるマルセル・モースの提唱した「身体技法論」の重要性についても触れている。モースは人間が日常的におこなう姿勢・動作の習慣が、たんに個人的な性癖ばかりではなく、社会的に条件づけられ、一般法則化できるものであると考え、「それぞれの社会で伝統的なやり方で培われた身体運用の仕方」のことを「身体技法（techniques du corps）」と命名した[6]。

モースがこの概念を着想するに至った背景には、いろいろなエピソードがあるのだが、本書のテーマにかかわりが深いものとしては、自身が地面にしゃがむことのできないことを痛感させられた戦争体験だろう。モースは第一次世界大戦に従軍中、雨のなかをぬかるんだ地面で休息をとらなければならないことがあった。モースを含め、すべてのフランス兵は、地面に直接腰を下ろして、尻を濡らして休まなければならなかったが、オーストラリア出身の白人兵だけが、地面に尻をつけずに一定時間の休息をとることができた。「水は彼の踵の下にあった」とモースが記述するその姿勢は、おそらく「両立膝」のしゃがみ姿勢と思われるのだが、そうした姿勢をとることができない一点において、フランス人はオーストラリア人よりも劣っていることをモースは自覚する。そしてフランス人でも子どもたちはしゃがみ姿勢を普通にとることができるのに、大人になるとそれができなくなることを鑑みて、「子どもたちから床に坐る習慣を取り上げることは、社会的に大きな弊害である」と声高に指摘する。

このように坐り方をはじめ、人間の姿勢・動作の特徴は、生活習慣によって社会的に条件づけられていくものであり、それらを総称してモースは「身体技法」という概念を提唱する。これに対してヒューズは、社会によって条件づけられる以前の、より根源的な身体のあり方として、"human posture"というものをとらえようとした。つまり、人間は家庭や学校や軍隊などで、「正しい姿勢」というものを教わらなくとも、ネイティブ・アメリカンやアマゾンの先住民、あるいは南太平洋の島々などでは、生きるのに必要な身の処し方を、誰から習うでもなく自然に習得しているではないか、というのである。

ヒューズのこうした主張については、「文化」という言葉をどのように理解しているのか、という問題が存在する。それは「学者の数ほど定義がある」ともいわれるほど、誤解や混乱の生じやすい言葉なのである。ヒューズにおいては「文化」は「野生」から独立した、人間のつくりだした社会生活の所産という意味合いで使われている。しかし、実際のところ、人間以外の霊長類もおこなうような、性交や分娩、排便といった、野生の本能にもとづくものであっても、その身体技法には文化による多様性が著しくあらわれることが、現在ではよく知られている。

こうした語法の問題点については、「文化」を最広義の意味で捉え直した、川田順造による以下のような定義が参考になるだろう。つまり「『文化』とは『他者からの影響を通じて獲得されるもの、いわゆる学習も含み、だが本能にもとづく要素も含む、ヒトの営みの総体』としてとらえられ、より狭義の、ある地域の人々に共有され、地域によって多様であり得る『文化』のことを『民俗』と呼ぶ[7]」。川田は民俗固有の「狭義の文化」と、他の霊長類ともつながるような「広義の文化」とを区別することで、野生の本能とも連続する形で「文化」の全体像を再定義している。

川田による「文化」の定義にしたがっていうと、坐る行為は人類に広く遍在する「文化」だが、坐姿勢を保つために必要な身体能力は「民俗」によって大きく条件がことなる。床坐が習慣化された「民俗」においては、「胡坐」や「正坐」、あるいは「両立膝」のしゃがみ姿勢など、意識的にも、無意識的にも、日常生活のなかで頻繁におこなわれる。しかし、椅子座が普及した「民俗」においては、床坐に必要な身体部位の柔軟性が、年齢とともに著しく退化するため、坐る行為に対する適性の失われていくことが認められる。

床坐の習俗

ヒューズの研究は、床や地面に直接腰を下ろす平坐の習慣が、世界にどれだけ広く遍在する身体文化であったのかを知らしめている。地面に腰を下ろして長時間くつろげるだけの身体能力を身につけていれば、人はどんな状況であっても自分の居場所を確保することができる。そして床坐の習俗は、日々くり返される日常のなかで、「いかに坐るべきか」という自分の本来あるべき姿を身体の実感として身につけさせるのである。

しかし時流は、欧米文化の世界的な拡大とともに椅子座の生活が普及し、経済的な豊かさを価値とした生活様式が各地で流布するようになる。誰もが手にすることができるようになった椅子の多くは、たいがいの場合、人間のあるべき姿を教えてはくれない。そして椅子やテーブルを購入できるだけの豊かさが社会に広く浸透すると、床や地面に坐る習慣が失われ、足首や股関節を深く曲げる必要がなくなり、関節の可動域が狭くなり、足腰が退化してゆくのである。つまり、欧米型の生活様式は、経済的な豊かさと引き換えに、古来の文化様式に戻れない身体をつくり上げていくのである。

言語を奪い、土着の神話を否定し、伝統的な生活様式を断ち切ることは、異民族を支配するときのもっとも有効な方法である。そして経済的な便益と引き換えにして、民俗固有の歴史的な連続性が断たれていく様子は、現代の日本に限らず、アフリカや南米、ネイティブ・アメリカン、オーストラリアの先住民など、世界中のあらゆる地域に及ぶにいたった。

逆に床坐の生活が根強く残る地域には、宗教的な礼拝や瞑想の形式として、自覚的に床坐の作法を伝承する術《すべ》がそなわっている。たとえばそれは、絨毯の上で毎日礼拝を欠かさないイスラム教徒の習慣や、坐って瞑想を組むことを重んじてきた禅宗をはじめ、仏教やヒンドゥー教を信仰する地域においては、床坐の習慣が守られる明確な理由がある。

ところが自然発生的に生まれてきた坐法というのは、それがどんなに合理的な方法であったとしても、「なぜそれが大事なのか」ということの自覚を持たない限り、見るからに便利で安楽そうな新しい文化に呑まれるようにして、忘れ去られていく傾向が否めない。経済的に発展途上であることが幸いして、古来の風習が残っている地域においては、いまだに床坐文化が残されているケースもある。しかし、それも現代の日本のように、欧米化への道をたどるであろうことは時間の問題であるようにも思われる。

たとえばアメリカ大陸に先住していたネイティブ・アメリカンの子孫は、現在、ほとんどがアメリカ人と同様の家に住み、ジーンズを穿き、椅子に座って生活をしている。しかし、入植者によって彼らの文化が破壊される以前は、それぞれの部族がそれぞれの地域の自然に依存しながら、狩猟・採集で命をつないできた。彼らは部族ごとに独自の神話と、生活の様式をもってはいたが、自分たちを生かす自然を敬い、崇拝の対象とするアニミズムの思想をもつ点では、相通ずる自然観のなかで生きていた。そして食事や休息のときには大地に直接腰を下ろして、平坐位の生活を続けてきたことについてもおしなべて共通していた。

図5は南西部のホピ族の女性を映したものだが、竈に火を熾して食事の準備をするその姿は、日本でいう「正坐」の姿勢である。

また、北米の平原先住民の生活を描いた絵画のなかには、「立て膝」で煮炊きをする女性が

図5

図6

図7

図8

描かれていたりもする（図６）。図７のトウモロコシを製粉する女性は「横坐り」で作業をしているが、この坐り方は畳脚系《じょうきゃくけい》の「崩し」としてあらわれる坐法であり、その特性を鑑みると、長時間にわたる作業労働のなかで、膝や足首にかかる負担を回避するために、このような崩しの坐法があらわれたものと思われる。もしかしたらこの女性も、作業をはじめた最初の頃は正坐に近い姿勢であったかも知れない。

次に図８に映された女性は、中西部の盆地（現在のユタ州、アリゾナ州、ネバダ州の周辺）で移動生活をしていたパイユート族である。野生の稲を採集して生活の糧としていた彼らは、その茎を編んでこしらえた住居に暮らし、生活に必要な道具の多くを稲藁でこしらえた。藁で籠を編む写真の女性は、投げ足の姿勢で坐っているが、猫背になる様子もなく、自分の膝の上を作業台にして、苦もなく上体を立てながら仕事をしているようにみえる。

ネイティブ・アメリカンの習俗のなかに、坐り方の作法を定めたものがあったのかどうかは定かではないが、彼らの生活の様子を記録した絵画や写真を見る限りでは、正坐、胡坐、立て膝、投げ足、横坐り、と平坐の作法のあらゆる形が認められる。つまり一定の坐法を正式と定めなくとも、地面に腰を落ち着けて生活をする必然のなかで、食事、炊事、洗濯、手工芸など、それぞれの活動に応じた坐り方が、それぞれの目的にしたがって自由に展開した様子が読み取れるのである。

図9

図10

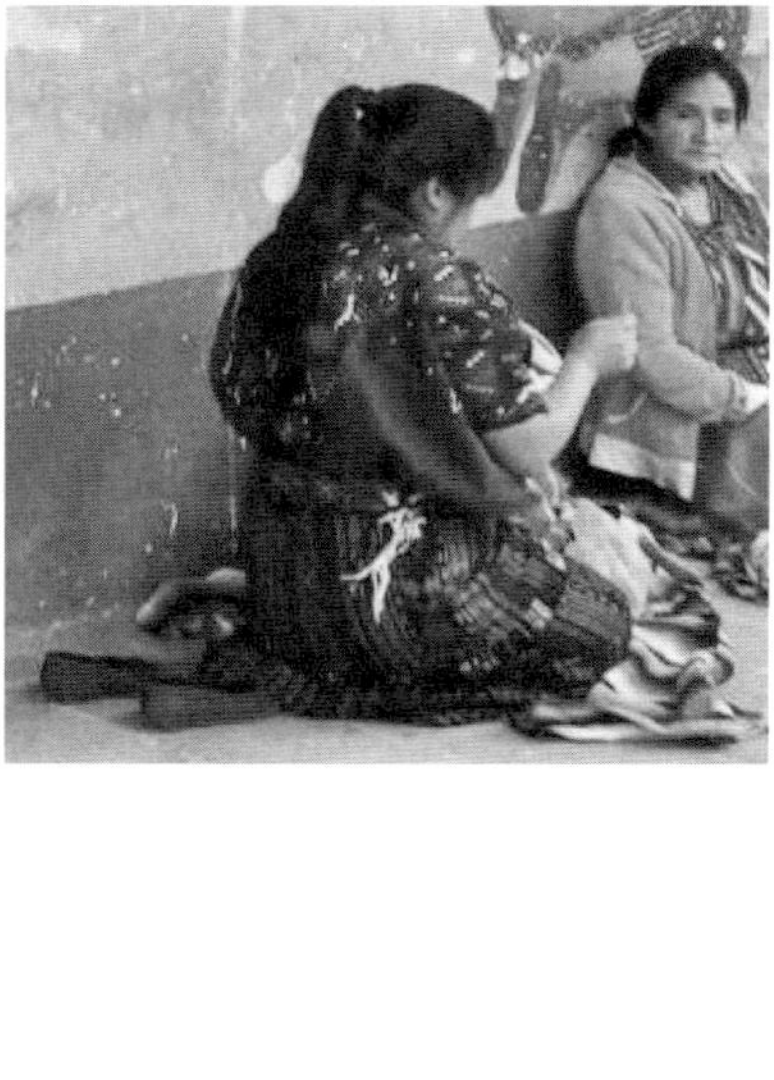

ネイティブ・アメリカンが先住していた北米大陸から中南米へ視点を移していくと、やはり経済の発展した都市部では西洋化が進んでいる。一方、辺境に位置する農村や湖畔、山岳地域など、その土地の自然に深く依存しながら生活している人々の間では、床坐の風習がいまでもみられる。図9は、グアテマラのチチカステナンゴの住宅に描かれた壁画で、その土地の生活風景を伝えている。トウモロコシを茹で、その実をすりつぶし、飲み物を注ぐ女性たちの姿は、いずれも正坐のような姿勢で描かれており、壁画の下で休んでいる二人の女性たちも正坐の姿勢で坐っていて、手前の女性の傍らには靴が脱ぎ揃えられている（図10）。地面に直接腰を下ろすときに履物を脱ぐ作法は、西洋化する以前の日本を含め、地面に直接坐る習俗のあいだでは広くみられる光景である。

さらに女性たちの機織り作業に着目すると、図11、12の女性たちはいずれも床に直接坐って作業をしている。長時間にわたる労働のなかでは、足首を外して「横坐」にずらしたり、脚を前へ投げ出したり、ときには立ち上がって機を織ることもある。反物の両端に紐を通し、それを自分の胴体に括りつけ、腰で布を引っ張りながら糸を織り込んでいく工法は、「居座機《いざりばた》」といわれる日本古来の機織り工法とも同様のものである（図13）。それは野良着を織るためのもっとも簡素な手法であり、結城や米沢、会津などの地域では現在でも保存されている。

日暮らし続けられる気長な労働のなかで、織子は腰のどの部分で機を引けば疲れないかを体得しており、居座機の腰当てはストレスなく坐を保つための姿勢補助具の役割もはたしている。

図12

図11

図13

南米では腰掛けに坐って作業をする例も見られはするのだが、それでは反物を引っ張る際に腰の坐りが安定しないのか、正坐か投げ足で機を織る女性がほとんどである。こうした光景は、グアテマラに限らず、メキシコやペルーなど、伝統的に織物の盛んな地域には同じようにみられ、工法も坐り方も非常によく似ている。

下腿を尻の下に畳み込むいわゆる正坐の形は、必ずしも日本に固有の特殊な坐法というわけではなく、平坐の習慣をもつ民俗の間では頻繁にみられる坐り方である。これを正式な作法とする考え方が、社会常識として流布しているかどうかは別としても、女性たちの日常的な坐法としてこの形が頻繁にみられるのは、やはりそれが一定の合理性をそなえた坐法であるからにちがいない。もし膝と足首に充分な柔軟性がそなわっているならば、正坐は脚を冷やすことがなく、腰を立てやすく、坐って長時間の労働をする際にはストレスの少ない坐法であり得る。それは床坐の生活が習慣化した社会のなかでは、幼い頃から身につけられた重要な無形文化のひとつであるといえる。

投げ足の習俗

平坐の習俗のなかで、ヒューズが「女性の坐り方」であると指摘した「投げ足」の習慣は、西アフリカにおいてとくに広く定着している。彼らの日常のなかでは胡坐や立て膝、しゃがみ

図14

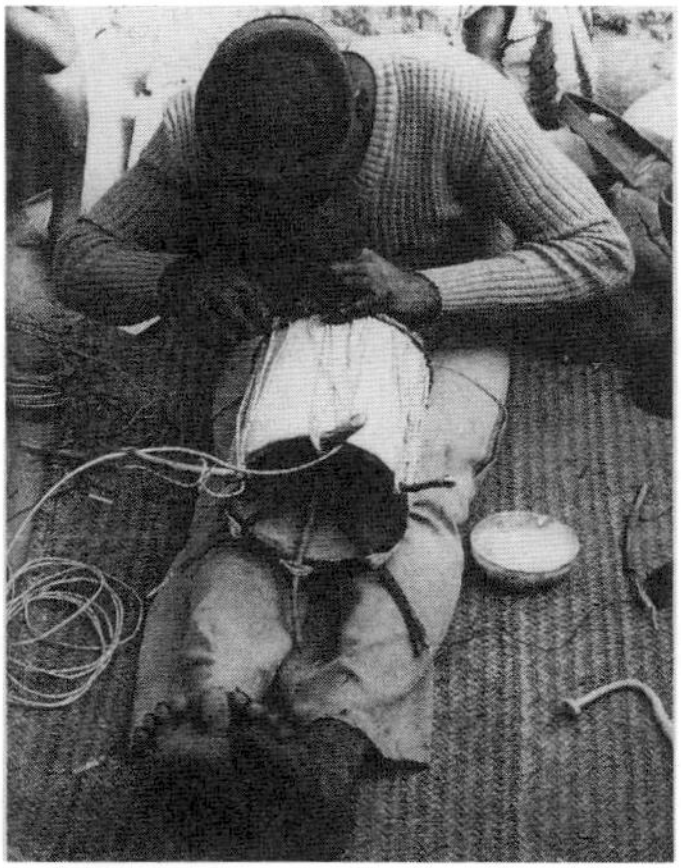
図15

図16

図17

姿勢なども見られはするのだが、家のなかでくつろぐとき、木工などの作業をするとき、彼らはきまって膝をまっすぐ前にのばして、投げ足で坐る習慣がある（図14、15）。アフリカでは女性にかぎらず、男性の間でも多くみられる坐り方である。また川で洗濯をするときや、畑での農作業など、地面に近いところで手作業をするときにも、彼らは決まって膝を伸ばして、股関節から上体を二折りに前屈して作業をするのである（図16、17）。

西アフリカのブルキナファソでモシ族の調査を長年続けてきた川田順造によれば、彼らのこうした姿勢には、「乳幼児期の育児の方法に関連があるのではないか」ということである。[8] この地域では、生後間もない乳児を布袋に入れて、母親の背中に括り付けて育児をする（図18）。モシ族の赤子は、足を上向きに前屈状態で、母の背中に張り付いたまま、乳幼児期を過ごすため、そうした体位が成人になっても持続するのだという。つまり、地面に坐るときも、屈んで作業をするときも、股関節から上体を前屈し、あたかもジャックナイフのような格好を彼らは保つのである。

投げ足の習慣が、乳幼児期の育児の方法に由来するという指摘は非常に興味深いが、投げ足の習慣をもつ他の民俗の事例として、パプア・ニューギニアの農村の写真を見てみよう。図19が撮影されたのは一八八五年、被写体はイギリス統治時代の農村の女性たちだが、そのほとんどは投げ足で坐っている。

そもそも「ニューギニア」という名称自体が、アフリカの「ギニア」に似ている、という理

図18
図19

由でスペイン人のルイス・バーエス・デ・トーレスが命名したと伝えられる。探検家トーレスが見た「ギニア」と「ニューギニア」の類似点に、坐り方の習俗までが含まれていたかどうかは定かではないが、床坐を習慣とする生活のなかで、腰蓑のみをつけた女性たちが膝を開いて坐ることを遠慮するのは、むしろ自然なことでもあるだろう。写真の様子をみる限りでは、投げ足で坐る女性たちは、とくべつな目的をもたず、西洋人のカメラの前で、ただ休息しているだけの姿をみせているように見える。

投げ足の習慣はアフリカやニューギニアの黒人社会のみならず、ユーラシアの極東で暮らす狩猟民族の間にも確認できる。図20はチュクチ族がセイウチの牙に描いたもので、クジラを捕獲解体した後におこなわれた宴席の場面である。宴の中央で、太鼓の伴奏に合わせて歌い踊る男を囲む人々は、みな投げ足で坐っている。画面の端には、胡坐や立て膝で坐る人も見えるが、チュクチ族の男性の間では、かつて投げ足が定着していた様子をこの絵画は伝えている。

おなじユーラシアの極東に暮らすコリャーク族も投げ足の習慣をもっていて、こちらは実写の画像が残っている（図21）。もともとシャーマニズムの伝統をもつチュクチやコリャークの先住民は、太鼓が死者の霊を呼び寄せる呪具の役割をはたしていて、それは共同体の人々を元気づけるための儀礼や宴席のためにもちいられた。図21では、太鼓をもつシャーマンの女性のかたわらで、二人の少年が足を投げ出して坐っているが、その坐法はチュクチ族の「くじら祭り」に描かれた、宴席を囲む男性たちとまったくおなじ坐り方である。

図20
図21

投げ足でくつろぐことのできる身体能力は、骨格や体型の条件が関係するという考え方もあるのだが、それはアフリカ系の人種のみに限られたものではなく、黄色人種の日常のなかにも確認ができる。つまり、投げ足の坐法の適性は、日常的な反復によって後天的に獲得されるものでもあり、習慣的に身につけられる側面の方が強いということが、これらの資料から推察される。

正坐の成り立ち

日本で「投げ足」が作法にならなかったひとつの理由としては、古代中国で重んじられてきた「跪拝」の慣例と関係していることが考えられる。まだ中国に椅子座の生活が定着する以前、日本が度々国使を派遣していた隋・唐の時代は、皇帝の玉座の前に跪いて拝礼をするいわゆる「跪拝」の坐法が励行されていた（図22）。この坐法は、とりもなおさず権力者に対する服従をあらわす身体的な記号であり、この形から上体を起こして足首をのばすと、現代の日本で「正坐」といわれる形になる。

古代中国の風俗を描いた史料のなかから確認をしてみると、「玄奘三蔵絵」のなかに王の前に跪く仏教僧の姿が見られる（図23）。その横に居並ぶ家臣も正坐と思しき姿勢で床の上に直接坐っている。この場面はハルシャバルダナ王がウダ国を訪れたところで、王のためには椅子

図22
図23

が用意され、右足を半跏に左足は踏み下げて座っている。

僧侶が坐る場所には絨毯が敷かれていて、さらにその上に敷かれた敷物が僧侶の居場所を、家臣とは別格の位置に定めている。そこから一歩下がった床面にはタイルが敷き詰められていて、剣をもった護衛はその上に直接坐っている。古来、家のなかでも靴を脱がない中国では、かなり早い段階から椅子座の導入が進んではいたのだが、とくに身分の高い人物の前では、このように地面に直接「正坐」することで、相手に対して「かしこまる」態度を表明することになっていたことがわかる。この坐り方は、おそらく唐代までは残っていて、漢文化を仰ぎ見ていた日本の寺院においても導入された。

この時代、日本にはまだ「正坐」という言葉は存在せず、この坐り方を正統とする考え方もなかったのだが、しかし、皇帝の前に跪く姿勢が、ひとつの作法として伝来したときに、相手に対して「足を向けて坐る」ことが、「無作法である」という感覚が生まれたことは確かなようである。宮中や庶民の日常を描いた中近世の絵画のなかに、投げ足の坐法が描かれることは、日本においては皆無に近く、筆者の調べた範囲ではまったく見当たらなかった。他方、中国においては、おそくとも宋代には椅子座の生活が庶民一般にも浸透し、床坐の習俗そのものが消失していく。

跪いて礼拝をする坐法の形は、統治者に対してだけでなく、神に対する参拝や死者を弔う礼拝の形としても、古来多くの民俗間に共通しておこなわれてきたものである。古くは古代エジ

図24

図25

プトの彫像のなかに、鷲の姿をしたヘメン神に跪くタハルカ王の姿を彫ったものがある（図24）。神格化された鳥は黄金で造られているのに対して、両手に捧げ物を掲げて跪く王は鈍色で、両者の立場が一目でわかる構図となっている。王の足元に注目をすると、踵の上に腰を下ろして爪先を立てた「跪坐」の姿勢である。この坐法は日本人にとっても馴染みが深く、たとえば「春日権現験記絵」に描かれた、藤原教道の宮中に控える廷臣の坐法にも、まったく同じ形がみえる（図25）。神に対して跪く姿勢と、主君の前に控える姿勢とがまったく同じ形であらわれているのである。

このような踵の上に坐る坐法というのは、立った状態から坐ろうとするとき、あるいは正坐から立ち上がろうとするときにあらわれる中間的な坐法でもあり、通常は長時間おこなうものではない仮初めの坐法といえる。たとえば図26の祭壇の前で礼拝をするバリ島の人々をみると、祭司の男性は胡坐だが、女性たちは履物を脱いで「跪坐」で坐っていることがわかる。いちばん手前に写っている少女は足首をのばして正坐の形になっているが、おそらく足首を立てて踵の上に坐っていることが辛くなって、このようにしたのかもしれない。さらに図27を見てみると、成人式の儀礼のなかで合掌をする女性たちが居並んでいる。これも大腿部の角度から、手前の四人、つまりいちばん奥の女性以外は足首をのばして「正坐」で坐っていることが明らかである。

「正坐」は「跪坐」と比べると、一定時間おちついて坐るときにもちいられる坐法である。こ

図26

図27

の坐り方は、腹部を圧迫することが少なく、胡坐よりも腰が立てやすく、食事のときには適した作法だが、足首に柔軟性が充分やしなわれていないと、膝や足首にストレスを強いることがある。つまり、足には一定の負荷がかかるけれども、腰や腹にはストレスの少ない坐法なのである。

こうした図像からも、食事のときにおこなわれる正坐の姿勢は、礼拝の形の延長上に派生した坐法であることがわかるだろう。日々の食餐が、動植物の犠牲の上に成り立っている恩恵が、切実であるほど、食事の坐法は礼拝の色彩が濃いものとなる。また食事は、美味を堪能してエネルギーを蓄えるという、肉感的な官能を秘めてもいる。したがって食卓の作法は、葬いの感情が濃くあらわれるほど、宗教的な色彩が強くなり、美味に酔いしれる趣向がつよくあらわれるほど、官能的な娯楽の方へと傾いていく。食卓の座は、食作法を構成する席主と客人の見識にしたがって、死と生を両極にもつ祝祭の狭間で多様な展開をみせる。

胡坐と服飾様式

膝を横に開いて坐る開膝系の坐法は、平坐の生活様式をもつ民俗のなかでもっとも頻繁にみられる坐り方である。胡坐や安坐を代表とするこの坐法は、男性に多くおこなわれる坐法ではあるのだが、女性の間でもこの作法が定着するようになるためには一定の条件があって、それ

図28
図29

は足を覆い隠す下穿きや、ゆとり量の多いスカートなどで下半身の露出を防ぐための配慮が必須のものとなっている。いわゆる民族服の多くは、西洋下着のような身体に密着したショーツのようなものをそなえてはいないので、身を護る衣服の役割が充分でない場合には、自分の坐り方や立ち居の配慮によってプライバシーをまもらなければならない。

女性の間でも胡坐が普通におこなわれている地域としては、やはりインドには古くから成熟した身体の作法と服飾文化との関係がみられる。多民族国家のインドでは、伝統服の種類も多様ではあるのだが、人口がもっとも多いヒンドゥー教徒の着用するサリーは、一枚の布を全身に巻きつけるスタイルである。通常のサリーは長さが五〜一一メートル、幅が一メートル二〇センチほどで、これをペチコートの上縁にはさみ込むようにして下半身の全体を覆い、胴体から肩、首へと螺旋状に巻きつけるようにして着付ける（図28）。サリーは腰から下をゆったりと覆うため、膝を大きく開いて胡坐をかいても、両膝を立ててしゃがんでも、下半身が露出する心配はない。上体衣はちょうどバストが隠れるほどの「チョリ」という丈の短いブラウスで、着こなしによっては腹部や肩、腕が露出し、温暖な気候のなかでも涼をとることができる構造になっている。

図29は、サリーを纏ったジョドプール王家の女性たちを写したもので、その坐り方は片立膝や胡坐であることがわかる。古代の昔から平坐の習慣が伝承されてきたインドでは、サリーが女性の身体をゆったりと覆っていたために、膝を立てたり、開いたり、脚の配置には自由があ

図30

図31

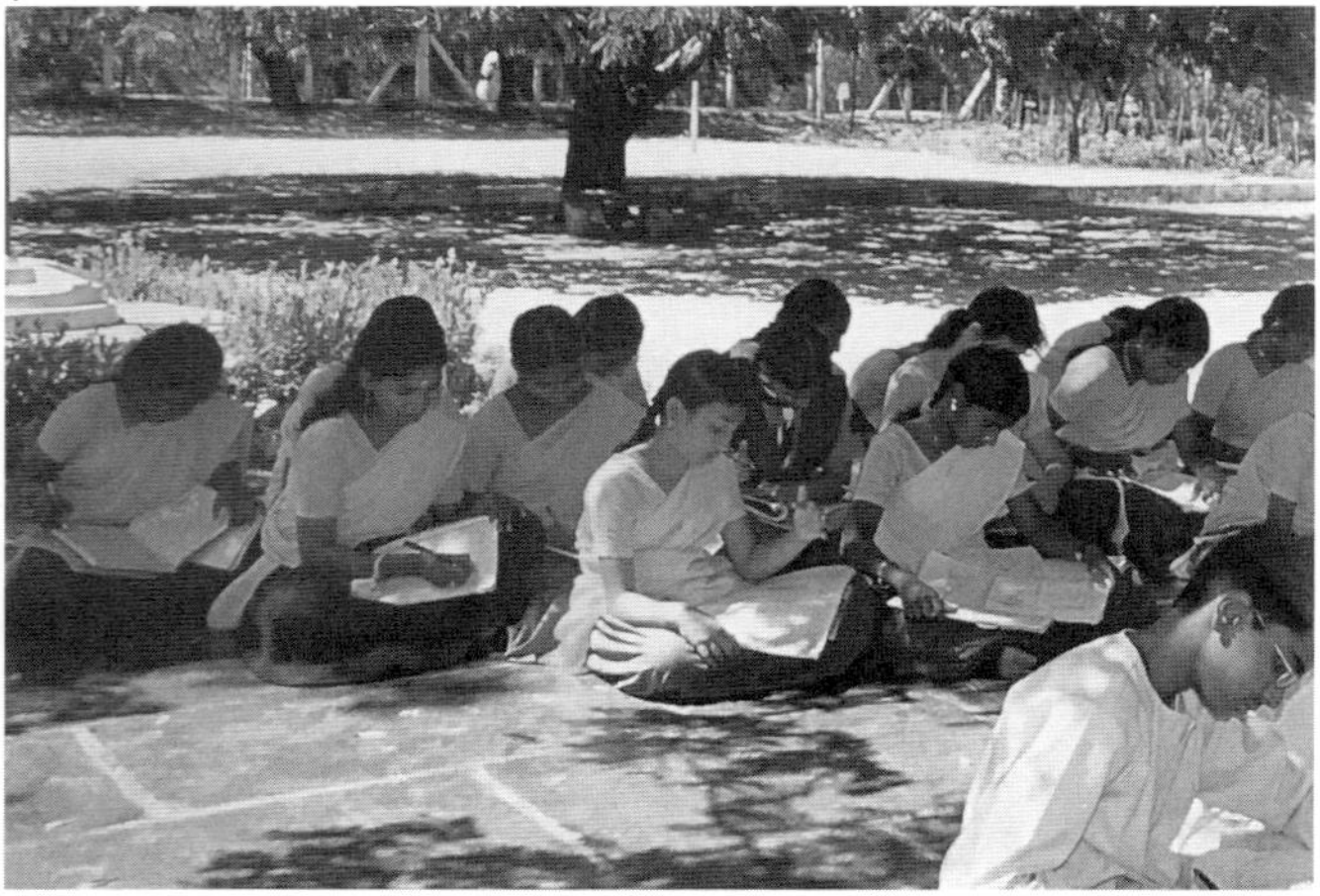

りながらも、そのことによって女性の品格を下げることにはならなかった。

インドでは女性が脚を露出することをタブー視する風習があるため、西洋式のスカートは普及してこなかった。ところが女性が上半身の肌を見せることや、膝を開いて坐ることについては、なんら抵抗がない。図30は一般家庭における食事の風景だが、カレーの盛られた皿は床の上に直接置かれていて、これを右手で掬って食べるのも古来の作法である。サリーを着た女性たちはいずれも立て膝で坐っているが、上体を前に屈んだときに膝が邪魔にならないように、体側の脇の方へと膝を大きく開いているのがわかる。

図31はサリーを着た中学生たちが屋外で学習している場面である。椅子も机もないいわゆる青空教室だが、生徒たちは規則正しく胡坐で自分の座を定め、膝の上にノートを置いて学習をしている。膝を台代わりに使用する作法は、かつて日本の歌人がおこなっていた歌膝を想い出させるが、あるいは日本の職人のあいだにも膝を作業台としてもちいる作法が普通におこなわれていた。

インドの生徒たちは、身なりも髪型もきちんとしていて、貧しさのために椅子と机が持てないのではなく、床坐でも集中して勉強できる能力が、文化としてそなわっていることを示しているのである。たとえ椅子や机といった耐久消費財をもてないような状況であったとしても、心を落ち着ける自分の居場所を何処にでも定めることができ、食事や勉強に勤しむことのできる坐法の能力は、インド人が数千年来育んできた身体文化にほかならない。

図33

図32

図34

多民族国家のインドでは、その社会を統率する宗教思想を服飾様式にも反映させながら、多様なスタイルが生み出されてきた。そのなかでもサリーの存在はインド女性にとって特別な意味をもっているという。サリーは素材の格式にしたがって、婚礼や祝祭にもちいられるフォーマルなものから、日常的な労働着まで、あらゆる用途で着用されているが、一枚の布を全身に巻きつける着付けの様式については一貫したものがある。このことは衣服のなかに素材の生命力のはたらきを認めるインド独特の思想と関係がある。つまり、サリーのなかには、生糸や綿花から紡ぎ出された自然の生命と、それらを一本一本編み上げた織子たちの手のはたらきが宿っていると考えられていて、そこにハサミを入れて裁断をしたときに、布地に宿る霊的な力が弱まってしまうと信じられているのである。サリーの服飾様式は、欲望の目線から女性を護ると同時に、霊的な意味でも着る人の魂を護るという、ヒンドゥー教由来の思想が流れているのである。

インドの伝統服は、一枚の布を巻きつけるスタイルになっているために、布を裁断して服を成形する仕立屋という職業が発達してこなかった。ところがムガール帝国時代にはイスラム文化が普及して、服飾様式についてもイスラム様式の仕立服が広まる。これは北インドのパンジャブ地方を中心に広まったことから「パンジャブドレス」といわれ、上下ツーピースのパンツスタイルになっている（図32）。

「パンジャブドレス」の上体衣は「サルワール」と呼ばれ、頭から被るプルオーバーのシャツ型である。「サルワール」はフォーマルなものになるほど着丈が長くなる特徴があり、形はイスラム男性服の「サイダ」と基本的に同じである。下穿きは「カミーズ」という身幅のゆったりとしたパンツスタイルで、いずれも風通しが良く、動きやすく、肌の露出も少ないことから学生の制服として採用されることも多い（図33）。サルワールとカミーズは色柄のことなるものを合わせてセパレートスーツの形にするのが一般的で、活動的な女性にとくに好まれる。これらも婚礼衣装のように格式の高いドレスになると、豊饒を意味する赤い図柄の生地が好まれ、襟や袖にビーズや宝石を刺繍するなどして、花嫁を荘厳するための財が投じられる（図34）。

イスラム文化にせよ、ヒンドゥー・仏教文化にせよ、いずれも床や地面に直接坐る平坐の生活様式がインドには伝承されてきたために、それぞれの伝統服飾には床坐を妨げない工夫があり、それでいて身体の美観を高めるための素材や造形、装飾などのデザイン的な展開が、さまざまなかたちで凝らされてきた。

このようにインドの伝統服は、宗教や民族、地域によって多様ではあるが、いずれも衣服と身体との間のゆとり量が多く、床に坐ったときに足を自由に配置できるようになっている。くり返しになるが、こうした服飾上の配慮によって、インドの女性たちは床坐の生活様式のなかでも膝を立てたり、開いたりする自由が保障されていて、そのことによって自分の品位を下げることにはならなかった。

極東アジアの坐法と服飾

床に坐りながら、足腰にストレスをかけず、動きの自由をもつことと、外観的な威厳やエレガンスを同時に兼ねそなえる服飾様式は、インドの女性服に限ったことではなく、床坐の生活を営んできた社会においては、それぞれの民俗に固有の優れたスタイルが形成されているものである。たとえば寒冷地の韓国では「オンドル」といわれる床暖房が生活上の必需品で、その上に直接坐る床坐の習俗は、中国文化の影響下にあっても変わらずに持続した。韓国における女性の正式な坐法は「片立て膝」だが（図35）、食事や炊事、キムチを漬けたりする作業時などは胡坐で坐ることも多い。しかし、いずれの体位をとっても、胸から下に大きく広がるスカート状の「チマ」が、下半身の全体を広く覆っているので、足の配置にはかなり自由がある。図36には、立て膝で毛筆の書を綴る韓国女性たちが撮影されている。いわゆる正坐が作法化されている日本人にとっては、カルチャーショックを受けるような驚きがあるかもしれない。書道をはじめとして、諸芸諸道の身構えを正坐でおこなうことには、あたかもそれが自然の摂理であるかのような大義がさまざまな形で付着しているが、そうした坐にかんする伝統文化の常識は近代以降につくられたもので、中世まで遡れば、歌道も茶道も立て膝が正式と定められていたのである（詳しくは『日本人の坐り方』参照）。

図35

図36

このように、ゆとり量の多い下穿きによって足の露出を防ぐスタイルは、日本の宮廷装束においても同様であった。宮中に仕える高貴な女性たちは、「裳」や「五衣《いつつぎぬ》」、「袿《うちぎ》」の下に緋袴を穿いていて、どのように足を崩しても外からは見えることがなかった（図37）。袴で腰をしめていれば、はげしく動いても小袖の打合せが乱れることもなく、どのように足を崩しても外から見えることもない。したがって「正坐」でかしこまることを礼儀とするような考え方は、古代・中世の日本には存在せず、安坐、立て膝、横坐りなど、ゆとり量の多い装束のなかで、自由に足を配置することができたものと思われる（図38）。

地面に坐る坐り方の形は非常に多様ではあるが、先にも示したように、身体の構造的な条件から、坐り方の系統は四つのグループに大別される。すなわち下腿を尻の下に畳み込むか、膝を大きく横に開くか、それとも膝を縦に立てるのか、足を前に投げ出すのか、である。これらを畳脚系、開膝系、立膝系、投足系という基本系統に分類し、その派生系の坐法として、多様な坐り方が展開されてゆく様子は、平坐位で生活する民俗におしなべて認められる。そうした多様性のなかから、民俗によっては膝を横に開くことを禁じたり、足を前に投げ出すことを無作法としたり、身の処し方に倫理の枠組みを嵌め込む発想が生まれる。

衣服の形態は、そうした倫理観にもとづいて、身幅を狭くして膝を閉じるような制約を加えたり、逆にストレスを慮ってゆったりと身にまとう形になることもある。その形式的な作法を定める根拠となるものが、はたして「身体の自然に適うのかどうか」という身体技法の本質的

図37
図38

な技術傾向（tendance）を見極めることは重要である。物質文化が内包する身体技法は、人間を自然由来の調和に導くこともあれば、場合によっては、ストレスや緊張を強いるような形で人間を支配することもあるからである。

そもそも「道具」という言葉が、物事の「道理」を「具える」意味に由来することを鑑みると、優れた文化の型に助けられて、人間は自然の理法にしたがい、調和的な生を送ることができる。このように優れて循環的な思想に立ち戻るための道筋を、遺された物質文化の形式から、いまいちど思い起こしたい。

二章

坐の象徴論

椅子座と床坐の文明

正坐の身構え

「坐」は人間のすわる姿をあらわし、「座」はその居場所を示す。そして長い時間をすわりつづけるような状況下では、足腰へのストレスを軽減するための敷物や腰掛けを人はこしらえる。それらの道具類に一定の合理性が認められると、多くの人々の間で共有されるようになり、道具の形には独特の様式が生まれる。「筵《むしろ》」や「茣蓙《ござ》」や「座蒲団」、「腰掛け」など、すわる道具に与えられた名称は、いずれも素材と機能にもとづいた道具の様式性を一言で表現した言葉である。

平坐の生活でもちいられる座具にはさまざまな役割があり、たとえば衣服や身体を汚れから守る防汚の目的のほか、寒冷な地域では保温の機能をはたし、敷物に一定の厚みをもたせれば、踝や坐骨が地面に当たるストレスを和らげるクッションの役割もはたす。前章で示した平坐で機織りをする女性たちはいずれも、毛糸や藁を編んだ敷物を自分の腰元に布いており、長時間にわたる労働のストレスから身を守る工夫をそれぞれにこらしていた。

尻の下に布く敷物に、ある程度の厚みが加わると、骨盤を前に傾けて腰痛を予防する機能が加味されるようになる。この方法は古来、日本の禅宗が伝承してきた坐禅の作法のひとつでもあり、瞑想時には「座蒲」といわれる二〇センチほど高さのあるクッションを坐骨の下に布き、地面との高低差を利用して骨盤の前傾を促す。膝を大きく横に開く開膝系の坐法では、とくに股関節の柔軟性が充分に養われていないと、骨盤が後傾して猫背の状態になりやすい。すると椎間板に不均一な加重がかかり、それが腰痛の症状を引き起こす主な原因になるといわれている。

床に坐りつづけることが日常であった民俗の間では、坐るストレスの回避を含め、自分の身を適切にコントロールするための技が、生活の必然として身につけられる。宗教学者の山折哲雄は、かつて戦前の教育を受けた世代の日本の老婦人が、床に坐った途端に堂々たる身構えになる様子を次のように描写している。それは御詠歌を披露する大会での出来事だった。

二、三十人くらいのグループが順次舞台に上がっていって、それぞれ得意の御詠歌をとなえるのである。六十をこえた方が多く、ほとんどは腰のまがった老齢の婦人であったが、舞台にのぼるまでの足どりは、どれもたよりなげで、列はしばしば停滞し乱れた。だが、おどろいたことに、ひとたび舞台にならんで正坐すると、その老人たちは、例外なく、まるで別人のように背すじをぴんとのばし、その上体は微動だにしない、みごとな「坐」の姿勢になっていた。かれらはいずれも芸の専門家でもなければ洗練された舞台人でもなかったけれども、その正坐の美しさと毅然とした風格には、正直いって眼を洗われる気持ちがしたのである。(山折哲雄『坐の文化論[3]』)

山折が初期の代表作の序文にしたためたこのエピソードは、坐り方の作法が、人間の存在そのものを形成する文化の基層に組み込まれたものであることを開示しているように思える。それは高度な技芸や特別な訓練を受けなくとも、生活にあらかじめ組み込まれた文化様式を生きることで、からだの配置がもっとも落ち着く本来的な形を、美的な印象とともにかもすようになることを伝えている。

あえてそこに技術的な解釈を加えるならば、踵の高さを利用して容易に骨盤の前傾を促す正坐という坐法の利点であったり、意識をしなくても背すじがまっすぐに保たれるキモノの帯の機能であったり、あるいは毛筆の先に意識を集めた途端に、全身の感覚が一定のまとまりを見せる古来の筆法であったり、歌会を構成するひとつひとつの要素が有機的に関連しながら、市井の老婦人の居ずまいからも文化が溢れ出るのを見るようである。

平坐の座具というのはいたってシンプルである。それは敷物だけでなく、自分の踵を座具としてもちいたり、膝を文台や肘掛としてもちいるなど、坐る人間の身体的な工夫によって、姿勢を保つことが習慣づけられるからである。とくに日本の場合、骨盤まわりを帯や腰紐、腰板などでしめつけることによって、姿勢・動作が構造的な安定性をたもつ方法が一般化した。つまり装身具の工夫によって、姿勢を合理的に制御する機能が存在していたために、坐る道具はいたってシンプルな段階から発展することがなかった。

座具の象徴性

床坐の生活様式が、ごく簡素な形の座具しか生み出さなかった背景には、自分の身体を自分で整えることを自然と習得させるような文化があってのことである。これに対して、すわる道具に依存しながら、身体の安楽性を保とうとする立場をとると、座面を高くして膝や足首への負担を軽減する考え方がまず生まれる。地面からほんの二〇センチだけでも高さのある低座具があると、立った姿勢からそこに尻を着けるだけで坐が取れるので、履物を脱いだり、足を尻の下に畳み込んだりする手間がかからない。

足の裏を地面に着けて、低座具に腰を下ろした姿勢は、卑近なところでは風呂屋の腰掛けなどが想像しやすいだろう。洗面器を床におき、低い蛇口から湯水を汲む洗い場の設計は、床坐の延長上に配置された寸法が基本となっている。もし風呂屋の腰掛けが通常の椅子と同じように四〇センチ以上も高さがあったとしたら、日本人の感覚としては落ち着かないことだろう。世界的にみても低座椅子の利用は、地面の上で炊事や軽作業などをおこなう東南アジアやアフリカ、南米などの国々に多く、作業用の腰掛けとしてもちいられるものが大半を占めている。

低座具の仕様は、原始的な段階では路傍の石のような自然物の利用からはじまるのだが、自ら道具を制作する段階になると、明確な使用目的のもとに、比較的加工のしやすい素材をもち

図2

図1

図4

図3

いて、大方の場合は木材を削り出す方法で座具が制作される。

複雑な木組みの技術を知る以前の、丸太から削り出しただけの原始的な座具の形態については、アフリカ大陸の各地で、ユニークな装飾をもつ木彫りの座具が、ひときわ存在感を放っている。図1はスーダンのディンカ族の椅子で、図2はガーナのアカン族の椅子である。いずれも座面が大きく湾曲していて、腰を下ろしたときのフィット感へのこだわりをうかがわせるけれども、材料となる木材が豊かで、制作に充分な手間をかけられる環境のもとでは、こうした曲線的なデザインというのは、むしろつくり易い形であったかもしれない。

これらアフリカの低座椅子は、呪術的な能力に長けた族長の座としてもちいられた。民衆一般が地べたに直接坐る社会のなかで、一定の高さをもつ「座」の上に座るというだけでも力ある者としての特別な意味を放った。たとえば図3のドゴン族の椅子は、女性が手を上げて族長の座を支えるデザインになっていて、あたかも民衆が日々力を尽くすことによって、族長の存在が成り立っていることを象徴しているかのようでもある。椅子にほどこされた装飾的なデザインは、一体一体がすべてことなっていて、その個性的な表情は座る個人の存在と深い結びつきをもっている。道具としての「座」は、そこに座る主《あるじ》の存在そのものを象徴する役割をはたしたのである。

太古の時代から変わらない生活を続けてきたアフリカの先住民族は、森羅万象に霊威を認めるアニミズム思想を信じているために、椅子の素材となる木材にも魂が宿ると考えていた。椅子のなかに宿る木材の魂と、それを制作した作家の魂と、そこに座る族長の魂とが、ひとつの道具に宿るのを認めるアフリカの人々にとって、「椅子」は単なる道具としての機能を超えて、呪術的な霊威を宿す生命体のような価値を宿していたのである。

これらを日本の低座椅子と比べてみると、制作意図が真逆の発想からつくられていることがわかる（図４）。完結な直線で管理された日本の椅子は、複数のパーツの組み合わせでできており、同じ形のものを大量に再生産することが可能になっている。それらは不特定多数の人々による毎日の使用にも充分に耐え得るひとつの完成されたデザインといえる。その秘訣に到達するまでの間には、素材や寸法、木組みの角度や構造など、ものをつくるあらゆる人々が共有できる数々の情報が詰め込まれている。

一方、アフリカの低座椅子に座る人物は唯一人である。したがって二つとして同じものが存在しない唯一無二性に価値が置かれている。曲線の多用された装飾的な椅子は、「唯一人のための椅子」という極めてプライベートな動機で制作されていて、一般大衆の生活をサポートする日用品とは、真逆の極にあるものづくりのスタイルといえるだろう。アフリカの椅子は、樹木のなかに宿る魂と、座る人間の魂とを結び合せて、民衆の魂をも鼓舞する呪術の道具であり、みえないものの依代《よりしろ》としてのそのはたらきは、芸術作品のはたしてきた役割と近接するものを宿しているのである。

低座と高座

いままでもみてきたように、人類の大半は床や地面に直接すわる平坐のスタイルで生活をしてきた。床に坐って自分の身体を適切に保つ能力を身につけていれば、場所もとらず、余分な道具をもつ必要もなく、よほど経済的であるという見方もできなくはないだろう。ではなぜ人間は椅子に座るようになったのか、という根本的な問いについて考えてみると、座具の発祥からそれを庶民へ普及させ、日常的な生活に定着させるまでの経緯を調べてみなければならない。

ここでひとつ整理をする必要があると思われるのは、座面の高さが一〇～二〇センチ程度の「低座具」と、座面高が四〇センチ前後の膝を直角に曲げて座ることのできる「高座具」との用途のちがいについてである。

先に示した風呂屋の腰掛けなどは、平坐を主体とした生活のなかから生まれた作業用の腰掛けである。ところが腰掛けの座面が、現在市販されている椅子と同じくらいの三八～四五センチ前後の高さになると、テーブルや机などの作業台を必要とするようになる。たとえば高さが四〇センチのスツールに座って床に置いてある金槌を取ろうとした場合、上体を深く曲げなければならない。こうした動きを何度も反復するような労力を省くために、椅子と机はセットで用意されるのが通例である。あるいは椅子に座って食事をするとき、食器を地面に直接置いたとしたら、その違和感は甚だしいことだろう。そして食卓や作業机というものは、大きくなるほど空間の場所をとり、材料的にも、工法的にも贅沢なものになる。

たとえばヨーロッパ語では床に坐ることを「裁縫師風に坐る（sitting like tailor made)」というのだが、それは貧しい針子たちのほとんどが、ドレスを広げられるだけの大きな作業台を持つことができなかったため、床に直接坐って針仕事をしていたことに由来している。このような語法の例を鑑みても、限られた空間を有効に利用しようというのであれば、やはり床面全体を作業台にすることのできる床坐の合理性は大きい。

しかしながら、中国とヨーロッパでは、椅子に座ることが古くから好まれ、いまや椅子座の習俗が世界の全体を席捲しようとするほどの勢いで普及しているのはそもそもどういう理由からなのだろうか。作業能率や経済性だけを考えたならば、椅子座よりも床坐の方がはるかに合理的な場合もある。しかし人類は、そうした生産的な合理性のみの理由で椅子を使用してきたわけでは必ずしもないのである。

人間のすわる場所としての「座」が、ときに座る人物の存在と深く結びついた象徴性を宿すことは、先にアフリカの族長の椅子でも示した通りである。多くの民衆が地べたに直接坐って生活していた社会のなかでは、地面よりも高い場所に座るという意味合いだけでも、椅子の主の人格が特別なものであることを象徴する機能をはたした。つまり、高い所に座を設けるということは、共同体における身分の序列を明確にするのである。

さらに宗教的な意味合いでは「天の位に属する者」を象徴することもある。たとえば「高御座」といわれる天皇のための座などは、神の霊威を身に宿すシャーマニズムにもとづいて設定された空間であり、神や死者からの託宣を受けるシャーマンは、しばしば神と同一視され、その身分にふさわしい座の様式は、一般民衆よりも高い位置に設定された。天上に神の存在を想定する思想のもとでは、神に近い存在とされるシャーマンや聖職者の座を、天に近い場所に設えようとする発想が生まれるのは自然なことである。

人や物を高い台の上にのせるという行為は、その上にのっているものが特別な存在で、感謝や崇拝といった眼に見えない心の動きを、誰にでもわかるような形に定着させる装置にもなる。この形式がもっとも端的にあらわれるのは、共同体を維持するための代償として、動植物や場合によっては人身を生贄に捧げるような場面である。古代中国の家具の歴史をさかのぼると、紀元前二〇〇〇年頃の遺跡のなかに「俎」といわれる捧げ物をのせる台がみられる。「俎」とは文字通り「まないた」の意味で、吉凶を占う呪術の際に生贄をのせる台として使用されたものである。この頃、すでに青銅器の鋳造技術をもっていた夏商時代の遺跡には、精巧な家具類が数多く出土していて、「几」や「案」といわれる台状の家具がみられる。それらのなかで台座の部分が大きく湾曲した台があり、材質は銅や木材がもちいられて「銅俎」（図5）や「木俎」（図6）と呼ばれる。

古代中国では、殷、周、春秋時代を通して、金属や木材の加工技術が高度に発達していて、

図6

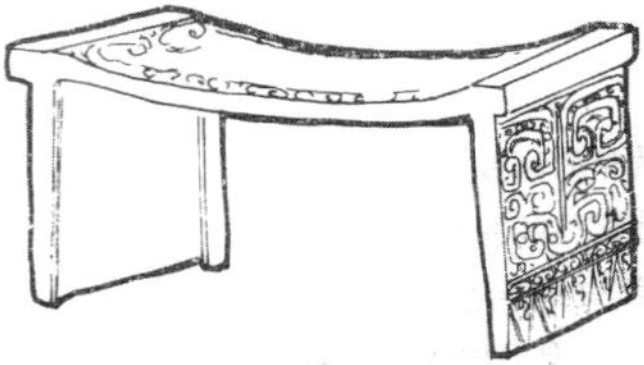

図5

図8

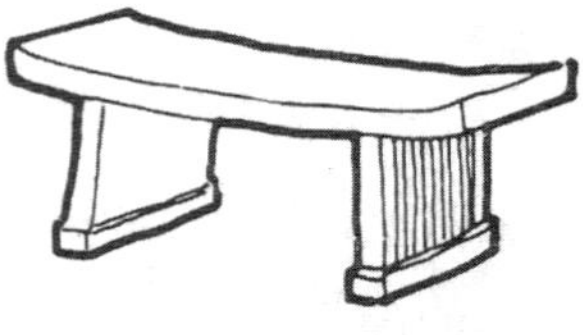

図7

武器や呪術の道具を製作するために駆使された技術は、神官を中心とする有力者のための家具や調度類の製作にも転用されていった。したがって、高貴な者に対して物を献上する台座と同じ構造をもつものが、今度は高貴な者自身が座るために転用されたとしても何ら不思議ではない。

なぜなら地面から一定の高さがある台座は、その上にのせられたものを、より価値の高いものとして象徴化するはたらきがあるから、共同体のなかで民衆を統治する立場の者を荘厳する装置として、座具のもちいられるケースはあらゆる社会に見られる。たとえば日本においても、古墳から出土した器財埴輪のなかに、台座の部分が大きく湾曲した椅子が発掘されており、その上には人物埴輪が腰掛けている（図8）。殷周時代からはだいぶ時代は下るけれども、道具のデザインから導かれる身体技法の論理から考えると、古代中国の「銅俎」「木俎」の湾曲した台座の形状は、人間が腰を下ろすのにもおさまりがよく、座具として使用されたか、あるいは「机《き》」（図7）といわれる座具の開発を導く原点に位置するものであったことが考えられる。

古代オリエントの椅子

食事をしたり、休息をするときに、すわるのにちょうど良い石や切り株に腰掛けることを椅子の原点とするならば、おそらくそれは旧石器の時代から存在したことだろう。そこから人類

図9

図10

図11

は、すわることを目的とした道具を自分の手でつくり出すようになるのだが、そのためには「すわる」という明確な使用目的と、「椅子」としての機能を成立させる構造と強度、同じものを複数制作するための再現性、素材を加工する道具と技術など、人間の側で用意しなければならない幾多の条件がかかわってくる。では人間はいつ頃からすわるための道具を自ら制作するようになったのだろうか。発掘された資料のなかから確認できる最古のものとしては、チグリス・ユーフラテス流域に発祥したシュメール文明の、壁画や印章のなかに、立派な構造をもつ椅子が数多く描かれている。図9はウルの王墓から出土した石碑で、ラピスラズリや貝殻をモザイク状に象嵌して「戦争と宴」の様子が描かれている。この石碑をみると、ウル王朝の宴席が椅子座でおこなわれていたことがわかるのだが、杯をもつ王家の人々が座る椅子の前脚は、動物の足を模したデザインがほどこされている。この宴席は、戦争の残虐さと対比する形で記録されているのだが、戦車の車輪に着目すると、半円に加工した木材を合わせて「契留め《ちぎりど》」をし、車輪に仕立てていることがわかる。複数の馬を動力に疾走する戦車の下には、無惨に轢き殺された人間の姿も描かれている（図10）。

この図像に記録された椅子や戦車の形からも、紀元前二五〇〇年頃の初期王朝時代には、すでに洗練された木工技術が存在していて、青銅器の鋳造とともに木材加工のための刃物についても、優れた道具を開発していたことがうかがえる。

楔形文字を発明したシュメール人は、粘土板の上に捺印するかたちの印章を数多く残してい

図12

図13

図14

図15

て、当時の生活の様子を記録した図柄も豊富に出土している。それら考古学的な資料のなかには椅子に座る人物も多数登場することに驚かされる。図11はラガシュ第二王朝の王「グデア王の彫像」（紀元前二二世紀末〜二一世紀）である。胸の前に掌を結びあわせる王は神官の居住まいを思わせるが、衣服には楔型文字が細かく彫り込まれている。グデアの王座は背もたれのないいわゆるスツールだが、前後の脚部の間には二本の「貫」が渡されていて、構造的には現代の木工椅子と見比べても遜色のないほどの明確な構造をもっている。

古代オリエントの遺跡に記録された椅子の描かれ方をみていくと、まず神話のなかに登場する神の玉座としての役割がある。つまり人民を統治するための思想を構築するときに、王の権威と権力が神から授けられたものであることを民衆に知らしめるためのアイコンを創造したのである。たとえば、ハンムラビ法典の石碑には、バビロニアを統一したハンムラビがシャマシュ神より杖と腕輪の神器を授かり、人民を統治する権能が与えられる場面が浮き彫りにされている（図12）。

これとまったく同じ図柄が、ウル第三王朝時代の石碑にも描かれていて、ウルナンム王がナンナ神より王杖、腕輪、網を授けられている（図13、紀元前二一世紀末）。これをハンムラビ法典の図柄と対比してみると、神の出で立ち、神の玉座のデザイン、統治権を象徴する神器と、それぞれに酷似したものとなっていることがわかるだろう。

王権神授をモチーフとしたウル第三王朝期の別の印章では、椅子に座るナンナ神の足元に足

図17

図16

図18

台が描かれていて、座面には植物繊維を編み込んだクッションがほどこされているようにみえる(図14、紀元前二〇〇〇年頃)。「天の位に属する者は地に足を着けない」という考え方は、他の宗教儀礼にも頻繁にみられるものだが、神々の玉座をより高貴なものとして、一般民衆と差別化しようとする意識が、こうしたデザインにあらわれるのである。

シュメールの神々は、人間と隔たった遠い存在としてばかりではなく、なかには人間と一緒にビールを呑んで、神と人とが宴席をともにする様子が描かれていたりもする。図15には、麦を醸造した甕に麦わらをさし込み、神と人とが同じ甕から麦酒を呑む姿が描かれている。そこでは、人間は立ってビールを呑んでいるのに対して、神は四角いスツールに腰掛け、さらに椅子の下には台座があって、人間よりも高いところに神の座がしつらえられているのがわかる。

神話に描かれた神々の「玉座」は、神から統治権を授かった者の「王座」へと役割を引き継いでいくようになるのだが、古代オリエントにおける椅子の役割はそれだけではない。遺跡に記録される多くが神や王の業績が圧倒的多数であることは当然のことではあるのだが、少ないながらも職人や楽士を記録した印章がオリエントには存在する。

図16はラルサで出土した木工職人の印章で、時代は紀元前二〇〇〇年紀はじめと考えられている。木材にノミをあて、槌で叩いている姿である。職人の椅子は四本足のスツールで、脚部の足元には貫が渡されて、シンプルではあるけれども椅子の最低限の構造をそなえた形が完結している。職人の腰の部分に帯のようなものがみえるのも興味深いポイントであり、作業中に

かかる腰へのストレスを回避するための配慮であったかもしれない。

図17には椅子に座って糸を紡ぐ女性の姿が描かれているが、その座り方に着目すると腰の真横に足の裏が見えていて、横すわりをしていることがわかる。椅子、テーブルともに脚部の基底はライオンの足のような装飾がほどこされていて、かなり裕福な身分の女性であることがわかる。背後には仕女が団扇をもって立っている。日常生活のなかで椅子に座る習慣が定着すると、机やテーブルがセットになって導入されるのは、すでにこの時代から存在していたのである。

さらに図18は脚部が交叉した折りたたみ椅子が描かれている。座面には動物の皮もしくは植物繊維が張られていたはずで、交叉する木材の留め具まで克明に描写されている。椅子の上にはハープ奏者が座っていて、移動の多い音楽家がどこでも椅子に座って演奏ができるように考案されたもののようである。この形の折りたたみ式スツールは、古代エジプトにも古代中国にもみられるものだが、ラルサに出土した紀元前二〇〇〇年紀の印章は、もっとも古い時代に位置するものと思われる。

このような職人や楽士の印章をみると、シュメール文明において椅子は、王侯貴族のためだけの占有物ではなく、統治者に近仕する人々の間にも普及していたことが考えられる。とくに木工職人の技術は、巨大な富をもつ権力者に奉仕するだけでなく、自分の身のまわりの人々のためにも、生活に役立つものであれば良心的に提供したであろうことが考えられるからである。

ちなみに古代エジプトでは、椅子は王や高官のためのもので、庶民のための道具ではないと考えられているのだが、シュメール文明においてはその限りではなかったようである。メソポタミアに発祥した諸王朝のどの程度にまで、椅子が普及していたのかを説明するのは容易ではないが、少なくとも王族以外の身分の者であっても、椅子に座る習慣が存在していたことは、この三つの印章からでも知ることができる。

王座の象徴性

わたしたちが古代文明について学ぶとき、文字の発明や都市の形成、他国との交易などによって、当時の人々が意外にも先進的で、豊かな生活を享受していた様子に驚かされる。また文明の進歩の度合いをはかる指標にもちいられる石器や金属器は、生活の豊かさと同時に武器としても使用できる二面性をもっていた。先に示した「戦争と宴」の石碑が伝えていたように、饗宴図に描かれた豊かさは、過酷な戦闘と表裏一体になって成立していることを教訓としている。そしてシュメール人の都市国家はたびかさなる戦争のために国力が衰え、紀元前二三五〇年にはアッカド人に征服されることとなる。

シリアからイラン南西部のエラムまでをアッカド帝国が支配をした後、シュメール人は再びウルを奪回して第三王朝を成立させるのだが、この王朝も、三〇〇年ほど続いたのちにアムール人に征服されて、こんどはバビロニア王国が建国されることとなる。バビロニアは六代王ハ

図19

図20

ンムラビの治世に最盛期を迎えるが、紀元前一七世紀の半ばになると製鉄の技術で武力をたくわえたヒッタイトに滅ぼされる。のちにオリエントの大半を統一することとなるアッシリアも、鉄器の使用と戦車の騎兵で勢力を拡大した。

アッシリアが最盛期を迎える頃にも、戦争に勝利したことを祝う「アッシュバニパル王の饗宴図」が記録されている。アッシリアの生活文化には寝そべって食事をする「寝食」の習慣があり、饗宴図の右端には王妃が寝台に寝そべって杯をもつ姿が描かれている（図19）。その傍らに座る王の椅子にはアール状に湾曲した肘掛けがついていて、椅子もテーブルも寝台も、地面からは相当高い位置にしつらえられている。アッシュバニパルが使用する家具調度は、全体が王と王妃の存在をできるだけ高い位置に設定することを意図したデザインで統一されている。

宴席の左端に視線をうつすと、戦に敗れたエラム王の生首が松の木の枝に吊り下げられていて、ある意味、戦闘の場面を直接描く以上に生々しい描写で、宴の代償となった犠牲の多大さを暗示している（図20）。また図21には、エラムの王テウンマンが斬首される場面も克明に描かれている。さらに図22には、バビロンからの戦利品を記録する書記の姿も記録されていて、石碑は武力によって収奪した富の莫大さを誇示するかのようでもある。略奪された物のなかには椅子も含まれていて、それらが戦利品のなかでも特別な価値をもつ工芸品であったことがうかがえる。

前五三九年、オリエントはペルシア帝国がほぼ全域を支配するが、ペルセポリスから出土し

図22

図21

図23

たクセルクセス一世（アケメネス朝ペルシア、在位紀元前四八五〜四六五年）のレリーフをみると（図23）、王座の脚部に旋盤加工の技術がもちいられているのがわかる。木材を回転させながら横から刃物を当て、円形の意匠を規則的に彫っていく旋盤加工（図24）は、ルネサンス期のヨーロッパで流行した代表的なデザインなのだが、オリエントでは、おそくとも紀元前五〜六世紀には、この技術が発明されていたことがわかる。

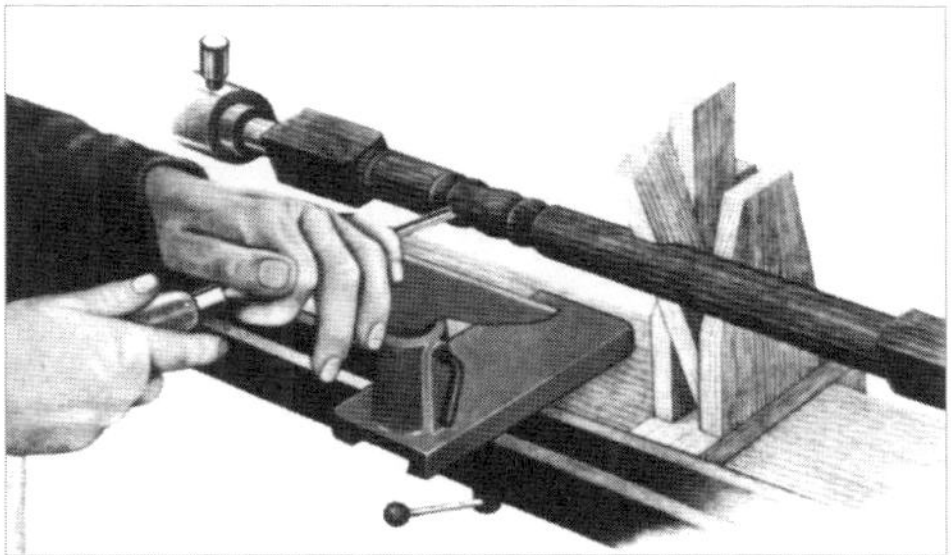
図24

文明発祥の地とされるメソポタミアの歴史は、同時にめまぐるしいほどの闘争と支配、破壊と略奪の軌跡でもある。この地に最初の都市国家を築いたシュメール人は、神権政治によって階級社会を築き、人民を差別化する制度を発明することによって、支配層が富と権力を独占することのできる思想を生み出した。チグリスとユーフラテスの大河にはさまれた肥沃な土地の生産物は、商工業を発展させる土壌にもなって、支配者には莫大な富が流れ込んだ。王族の起源と血統を示すことからはじまる彼らの神話も、支配権を絶対的なものとするための宗教思想を形成した。統治者の椅子は、民衆とことなる権力の絶対性を象徴化する装置として、身体尺よりも大幅に高められた座面と背もたれをもち、足台を常備する様式を定着させた。この足台をもちいる王座の様式は、エジプトを含むオリエントに台頭した王朝の、ほとんどすべてに共通してみられるものである。

序章の最後でも触れたように、そもそも「文明（civilization）」という言葉自体が、「市民」を意味するラテン語の civilis に由来し、大勢の人間が「市民化」する現象を起源としている。その統治思想が、階級差別を前提とした中央集権的な発想で成立するとき、権力者は、自らの存在を、強大で、威厳あるものとして象徴化するために、特別な王座をこしらえた。それらは職人や楽士らがもちいる実用的な椅子とはことなり、政治的な身体の象徴物として、複雑な装飾を付帯させた、オーバースケールなものとなる傾向を示す。

古代オリエントに発祥した椅子座文化は、アナトリア半島からギリシアへ渡り、ギリシアを仰ぎみて自国の文化を形成したローマ帝国の生活様式に根源的な影響を与えた。わたしたちがヨーロッパ家具の歴史を調べてみると、大概の書物は中世を起点に歴史が描かれているのだが、その生活様式は、古代ローマからオリエントにまでつながる深い地層の上に成立してきたものであることがわかる。

坐の文明

古代オリエントとほぼ同時期に発祥した諸文明のなかで、インドに興隆したインダス文明は、明らかに他の文明とことなる特別な特徴をもっていた。北インドのパンジャブ地方から東西一五〇〇キロ、南北一八〇〇キロにまたがる広大な都市遺跡のなかからは、武器の遺品がほとんど発見されず、戦士や武士の彫像も見つかっていない。また絶対神に跪くような偶像も存在せず、エジプトやオリエントのような王座も発掘されていないという。

彼らの生活様式を示すもっとも古い時期の資料としては、シヴァ神の祖型と思われる印章がモヘンジョダロの遺跡から発見されていて、紀元前二五、六世紀のものと推定される。その姿は膝を大きく横に開いたヨーガの坐法(バッダコナ・アサナ)を示している。そもそも「シヴァ」とは yogasvara といって「ヨーガの王」という意味に由来する。モヘンジョダロから出土した粘土板印章は、シュメール印章と同様の方法で制作されたものである。その分布する範囲の調査にもとづいて、インダス文明の都市ではメソポタミアやペルシア湾地域と交易がおこなわれていたことも知られている。

図25

図25の印章には、坐る人物の頭上に水牛の角のような冠物があり、虎、像、犀などの猛獣らが中心の人物に寄り添い、讃えるような構図で描かれている。坐像の股間には男性器らしきものが隆起している様子からも、印章の人物は、強い生命力をもち、生きとし生けるものを従える王の

ようなイメージを見る者に抱かせる。古代のインドでは、リンガやヨーニといった性器像の崇拝もおこなわれていて、命を産み育てる縁起や生命力を肯定的に歓迎する風土が存在し、その名残りをとどめる石像はアジアの各地へと広まる。こうした生命観についても砂漠の辺縁に発祥した一神教（ユダヤ・キリスト教、イスラム教など）とは真逆の思想を示している。

古代のインドにおいて、出家した行者は基本的に生産労働に携わることがなく、物乞いの托鉢生活を送っていた。彼らは何らかの理由で、社会とは折り合いがつかず、孤独な生を選んだ者であるから、人間以外の生命が豊かに満ちている森林地帯は、世俗を離れても命をつなぎやすく、修行の場として好まれた。

無所有無所得でおこなわれる修行の背景には、世俗との決別という大義はあるものの、より差し迫った問題として、おそらくは飢餓の克服ということが深くかかわっていたのではないか、と思われる。歴史時代を通じて、人類の営みの大半は、食の獲得にかかわる生産労働に費やされてきており、「生きること」と「食べること」は言葉の上でも同じ意味で結ばれている。そして人々を教え導く宗教団体のほとんどが、戒律としての「断食」を励行してきたことの根底には、飢餓の克服ということが、どの社会においても深刻な問題であったからにほかならない。宗教的な戒律のなかでは、節制した生活を習慣化することによって、欲望をコントロールし、より少ない資源によって心豊かに生活する方法を学ぶのだが、そのなかで、もっとも重要な修行法のひとつが断食行なのである。

イスラム教やキリスト教における断食では、エネルギーの浪費をできるだけ少なくするように静かな生活を送るのが通例だが、ヨーガの行者は必ずしもその限りではなく、呼吸法によって外界の自然から生命のエネルギーを取り込む方法が伝承されている。ヨーガ行者は、あたかも「食事をするように呼吸をする」というが、循環機能が極度に効率化された修行者は、有機物全体の生気に満ちた山の大気を体内に取り込みながら、生きるのに必要な生命力を得ることができたという。そして木の実や野草、天然水などをわずかに摂取するだけでも、過酷な修行に耐えられるだけのエネルギーに変換することができる能力は、現代のヨーガ行者の実態からも確認ができる。

人間は、口から食物を取り込む以外にも、生命のエネルギーに満ちた環境に身を置くだけで、生きるのに必要な生命力を増すということがある。こうした事例は、特別な修行をおこなった者でなくとも、たとえば登山を愛好する者の多くが、長時間山道を歩きながら、益々元気が増していくような感覚をもつことと似ている。それは山に限らず、川や海であっても、生命の息吹に触れられる場所というのは、そこに居ながらにして生きる力を活性させるはたらきがある。

坐の瞑想の発祥した古代のインドにおいて、修行者が世俗を離れて赴く場所というのが、人間以外の生命に満ちた山や森であったことは、宗教的な悟りの内容についても、身のまわりでくり返される死と再生の循環する思想を生み出した。そして自らの身体のなかにも、同じ自然

図26

図27

の秩序ではたらいている生命の実相を感得し、あらゆる生命が調和的に結び合う世界の認識法が発見されることとなる。

つまり限られた資源のなかで、複数の人間が生きていかなければならない場合、他者から搾取してでも欲望を満たすための考略をめぐらす者と、その対極にある生き方として、犠牲を最小限にとどめる方向で、自己の身体を開拓する知恵を得る者があり、前者の生き方が覇者とするならば、後者は聖者と呼ばれる。

古代オリエントに発祥した数々の王座が、武力闘争に勝利した覇者たちの象徴であったのに対して、インドに発祥した聖者の像は、仏教を興したゴータマにしても（図26）、ジャイナ教を興したマハヴィーラにしても（図27）、先のシヴァ神の印章と同様の、開膝系坐法で描かれてきた。瞑想する聖者の坐像は、万有の叡智に啓《ひら》かれた人間像の象徴として、インド亜大陸から東に広がるアジア諸国に広まり、「東洋」という地図上のどこにも存在しない架空の言葉に対しても、一定の共通認識を生み出す身体感覚を醸成してきた象徴的存在として見ることができる。

身体の風土性

バラモン教の聖典であるヴェーダのなかに「森林の書（アーラニヤカ）」というものがある。

祭式の作法やマントラ（真言）の祝詞を記したこの伝書は、人里を離れた森林のなかで秘教的に伝えられたことからこの呼び名が付けられている。二百余りの宗教文書が編纂されたヴェーダは大きく四部構成となっていて、「森林の書」はその第三巻に位置する。最終巻は宇宙の創生と人間存在とのかかわりを中心的に記した奥義書で、表題は「ウパニシャッド」と呼ばれる。意味は「傍らに坐る」ことであり、また、そこから「同一視する」という意味が派生する。「ウパニシャッド」の中心思想を簡単に説明すると、宇宙の根本原理を象徴する「ブラフマン（梵）」と、自己の根源的な中心にある「アートマン（我）」とを同一化させる「梵我一如」を体感する道についての伝承である。この秘儀書についても、やはり森林のなかで口伝されたのだが、「傍らに坐る」ことを意味する「ウパニシャッド」という表題自体が「ひとつになること」と同じ意味をもつ独特の身体観をもっている。つまり古代インドの修行者にとって、「坐」は賢者の教えに耳を傾ける姿勢であり、自己の内面と対話する瞑想の身構えであり、そこから宇宙万有の叡智に開かれた姿勢として伝承されて、それぞれが共有する真理のもとに、ひとつながりの宇宙を観想しようとする試みであったことがわかる。

求道者が超越的な存在とひとつになることを指向するモチーフは、これに限らず、さまざまな宗教に遍在するものだが、たとえば「ヨーガ」という言葉についても、牛にくびきをつけることを意味する yuhji に由来し、そこから野性（身体）と理性（心）とを一致させること、そして人間と宇宙とが一体化した生のあり方を悟る「サマディ（三昧）」へと、認識が高められていく。

「三昧」という言葉は、ヨーガ・スートラに記された八枝則の修行法の最終段階の認識をあらわしているのだが、中国で漢訳されて日本へと渡来する過程で、言葉の意味内容が大きく変化していった。もはやわれわれの日常語にさえなっている「三昧」は、同じことをひたすらくり返す意味で使用されているが、それはサンスクリット語のサマディ（samadi）からはだいぶかけ離れている。むしろ修行の過程で、自己と宇宙とが一体化するような原体験を示した言葉は、たとえば空海の記した「即身成仏」や道元の言った「身心一如」といった思想が思い浮かぶ。宗旨によって細かい定義や解釈のちがいはあるけれども、日常言語として別々に存在している「身」「心」「梵」「仏」といった言葉が、ひとつに結び合う位相を認識しようとするはたらきに、教派を超えて共通する修行者の生き方が垣間見える。

こうした観点からみると、イエス・キリストの言葉のなかにも神と人とをひとつに結ぶ思想がみられる。新約聖書に収められたヨハネの福音書を開いてみると、磔刑に処せられる前のキリストの祈りは、自身の教えを信じる者たちが、父なる神と「ひとつになること」を希求している。彼の苛烈な人生のすべてが、神の御心として示されることによって、その言葉を信じ、実行する者が、神とひとつに結ばれるよう、キリスト自身が仲立ちになるというのだ。

「わたしは彼らのためばかりではなく、彼らの言葉を聞いてわたしを信じている人々のためにも、お願いいたします。父よ、それは、あなたがわたしのうちにおられ、わたしがあなたのうちにいるように、みんなの者が一つとなるためであります。すなわち、彼らをもわたしたちのうちにおらせるためであり、それによって、あなたがわたしをおつかわしになったことを、世が信じるようになるためであります。わたしは、あなたからいただいた栄光を彼らにも与えました。それは、わたしたちが一つであるように、彼らも一つになるためであります。」（ヨハネ福音書第一七章二〇節〜二二節）

ユダヤ・キリスト教の聖書において、預言者が神と対話をするために、世俗を離れて赴く場所というのは荒地や岩山がほとんどで、キリスト自身も荒野に赴いて祈りと断食の日々を過ごし、自身の肉体に潜む悪魔の誘惑に打ち勝ったことが記されている。乾燥した砂漠の辺縁で、修行の日々を過ごした求道者は、したがって自然物の延長にではなく、自然界を超越したところにひとつの人格神を見出すこととなった。

キリストの生誕したイスラエルは、雨量が少なく、日照は強く、空気は乾燥して、乾いた風がいつも砂を運んでくるような土地柄である。都市部から数キロ足を運べば砂漠のような土と岩だけの荒野が広がっていて、生命の繁殖を阻む厳しい自然に囲まれている。しかし、そうした原初の自然は、夜と朝の交わる時間帯になると、視界一面に広がる地平線の狭間から朝陽が兆し、紺碧から朱に至るあらゆる波長のグラデーションで天地が彩られ、幻想的な世界の像を見せることもある。砂漠はただ単に命を阻む過酷な地というだけでなく、人間を超越した存在をもっとも身近に感じられる場所でもある。

こうした砂漠の自然環境は、修行者が悟る世界への認識を、砂漠の辺縁で生きるのに適した思想へと導いたことだろう。日中の気温が五〇度近くになるイスラエルの荒野で、長時間同じ場所に留まることは命を危険に晒すことにもなる。したがって只管《ひたすら》坐禅を組むような瞑想法が、この地で生まれることはあり得ないことだろう。灼熱の陽射しのもとで、生きとし生けるものは砂の下に息絶え、天空に浮かぶ太陽だけが、規則正しく日々を巡る世界のなかで、唯一神の思想は生まれた。多様な生命の営みを神格化した多神教の世界では、神々の位に序列がつけられ、最高神という認識を生み出したが、それらのすべてを退けて、より抽象度の高い「唯一神」という存在が発明されたことは、一つの思想によって万人を統治しようとする巨大な文明を生み出す契機にもなった。

砂漠の民が発明した唯一神は、人間の外部にあって、優れた求道者の祈りに対しては、時折「啓示」という形で答えを下賜する。したがって唯一神教における礼拝の形は、天空に存在するとされる神のもとに跪く形でおこなわれる。中国ではこの姿勢を「跪拝」といったが、この形から踵に尻をつけると「跪座」と記し、そこから足首をのばすと、日本語で「正坐」といわれる坐り方になる。これらの坐法は、つまり神や皇帝、将軍、封建君主といった、自分より身分の高い、崇高な存在に対する服従をあらわす身体的な記号であり、礼拝における願意の答えは身体の外から下る形で認識される。これらの姿勢は、身体の内部を感覚的に観察する瞑想の手法とは、認識の方向性が根本的にことなるのだ。

他方、膝を横に開くヨーガの坐法は、身体の動きが前に進む方向性を遮断し、外形的な動きを止めることによって、身体の内部に蠢く諸現象を感覚的に把握することへと深められる。先にも述べたように、呼吸や血液、内分泌の物理的な動きを緻密に感覚することの修練は、自己の身体が、外界の気象や天体の引力とも呼応しながら日々変動していることを、からだの実感として教えるのである。したがって瞑想の深まりにおける「悟り」の認識は、自己の身体の内に見出されるのと同時に、外界の自然に対しても開かれるのである。自己と世界を認識するこうした身体技法の差異は、生活様式として顕現する文化と文明のあり方にも、ことなる方向性を付与したにちがいない。

天空に存在する唯一神を信仰する人々が、天を指し示すような高層建築の聖堂を好み、天井に穿たれた窓から差し込む光に向かって跪き、祈りを捧げるような習慣は、彼らの宗教思想を体現した文化様式の典型といえる。日常の起居様式についても、地面から一定の高さがある椅子座が古くから好まれたことは、「地」よりも「天」に近くありたいという宗教感覚と無関係ではあるまい。たとえ個々人の身体感覚が千差万別であったとしても、社会の全体に流布していった文化の様式が、天上の神を指し示す形で統一され、それが数千年単位で持続していくと、その社会で暮らす人々の感覚を、一神教的な世界観のなかへと、暗黙のうちにも涵養していくのである。

　他方、床や地面に直接坐る平坐の習慣のなかでは、大地に腰をおろすことで食事や休息、瞑想等の身構えを定め、低い目線から周囲の自然を観察する作法を身につけながら、他の生命がもつ自然の波長と共鳴していく身体感覚が養われてきただろう。瞑想する聖者の坐像を仰ぎみてきた人々の文明は、ことなる生命をひとつに結びあわせる認識の深みを大事にしている。自己の身体の内にさえも、小宇宙を見出すことのできる修行者の認識には、神と自然と人間との間に序列や優劣を設けることなど何の意味ももたないだろう。広大な「自然の理法」の一部として、自身が存在する喜びを感得するとき、自己と他者を隔てる「自我」のはたらきなどは、いとも簡単に捨て去ることができる。こうした世界に対する認識法のちがいは、「東洋」と「西洋」という、地図上には描かれることのない文明の境界線を、地理的な区分とはまったくことなる次元で象徴しているのである。

三章

座の空間論

中国椅子史と日本の受容

冒頭で表記の問題にふれたさいに、「坐」がすわる形をあらわすのにたいして、「座」はすわる空間をあらわすことを説明した。「土」の上に「人」が二人居ることを示す「坐」は、人間の存在そのものを意味する言葉としても定着したが、そこに「广」が屋根のようにかぶさると、こんどは人間の生活空間を意味するようになり、「坐」を支える道具の呼び名についても「座」をもちいることが学術的な決まりごととなっている。こうした区別は、古代の文献すべてに当てはまるわけではないのだが、文字の成り立ちとして意味があり、椅子などの道具を使って「座る」ことと、地面に直接「坐る」ことと、それぞれの体験世界のちがいを語感のなかに秘めている。

人間がみずからの手で生活世界を形づくろうとするとき、「坐」と「座」のあり方をどのような形で調えるのか、という問題は、食事の作法をはじめとして、人間関係の結び方や世界の見方にかかわる思想を物語る。その具体例は、いままでも示してきた通りなのだが、隣国の中国においては、椅子座の歴史がながく、すわるための道具や座卓、テーブル類の名称についても豊富な語彙が発展した。

人間の存在をあらわす「坐」と、人間の生きる空間とをひとつながりに連続させる「座」の思想は、もちろん古代中国に起源がある。しかし、中国と日本の起居様式が、まったくことなる発展を遂げるようになったのは、はたしてどのような理由からなのだろうか。

中国史における起居様式の変遷は、地面に直接坐る「坐」の時代から、一定の高さのある「座具」

をもちいる段階を経て、個人個人が単独で「椅子」に座る様式へと推移していくのだが、すでに唐末から宋の時代には椅子が広く普及して、中国の生活様式として定着してからすでに千年来の歴史がある。

日本がさかんに交易をおこなっていた平安期には、遣唐使船に運ばれて椅子がたびたび輸入され、唐様の「御椅子《ごいし》」が宮廷や寺院で使用されていたりもしたのだが、庶民一般にまでは椅子が普及することはなく、文化様式としての居住空間は、日本と中国とではまったくことなる進路を歩むこととなる。文字、税制、宗教、都市計画など、国家形成の根幹にかかわることがらの多くを中国から学びながらも、生活の基本となる「すわり方」の様式については、日本では床坐が基本となって、独自の文化が組み立てられてゆく。つまり、生活様式の根幹にかかわる「文明の進路」について日本と中国は真逆の道を選んだのだといえる。

中国家具の名称について

坐と座の表記にみられる身体と空間のつながりは、中国史における家具の変遷と深いかかわりがある。このことを理解するためには、まず中国語の家具名称について確認をしておかなければならない。中国語には物や人をのせるための道具の名称が多様で、用途と形態にしたがって語意が細かく分類されている。座具や卓にかかわる言葉の多様さは、椅子座の習慣が古くか

図1

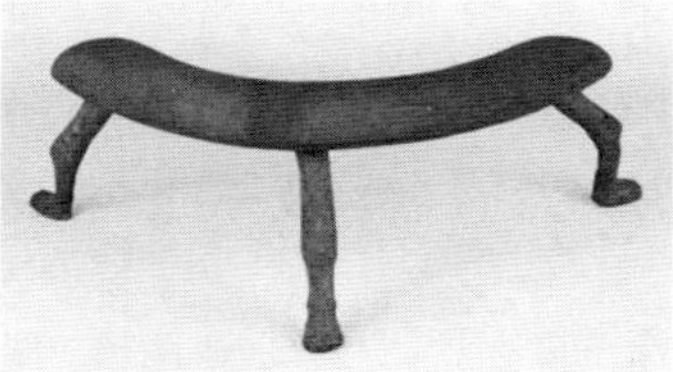
図2

図3

図4

図5

ら定着してきたことに起因しているわけだが、この点においても日本とは大きくことなる。

まず地面から一定の高さがあって脚をもつ台のなかで、もっとも小さく簡素なものを「几」とあらわし、主に小物類を置く目的で使用された（図1）。「几」は、象形文字として、脚をもつ台の形を端的にあらわしているが、これは人が肘を凭せかけるために使用されることもあって、「凭れる」ための「几」は、そのまま「凭几《ひょうき》」と記された（図2）。「凭几」は日本における「脇息」の原型にあたるもので、形態的には「几」と変わらない直線的なものから、肘と体幹を密着させたときに、ぴったりからだに沿うよう湾曲させた形のものなど、多様なデザインが見られる。こうした造形の工夫は日本の脇息にもみられる。

「几」が小物を置く台であったのに対して、食器や食物をのせる台として使用されたものは「案」と記し、神仏へ食物を捧げる奉納台についても「案」と記される（図3）。「案」は書物を読み、文をしたためるときにも使用されたため、物事を深く考えることを「案ずる」「思案する」というのもここに由来している。食用にせよ、文筆用にせよ、「案」は一人で使用する台であったため、奥行きが狭いのに対して、横幅が広くつくられているものが多い。

天板の奥行きが広く、複数の人が同時にもちいるものになると、「桌」とあらわして区別をされる。また「桌案」と記して広く「大きなテーブル」をあらわす場合もある（『中国語大辞典』角川書店）。「桌」は床に坐って使用するものと（図4）、椅子に座って使用する天板の高いものとがあるが（図5）、いずれも複数の人間で使用する比較的大きな台については「桌」と記

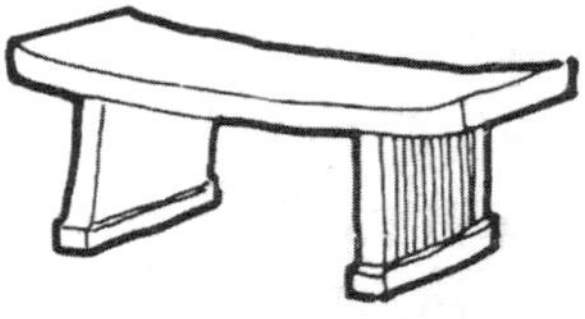

図6

図7

図8

図9

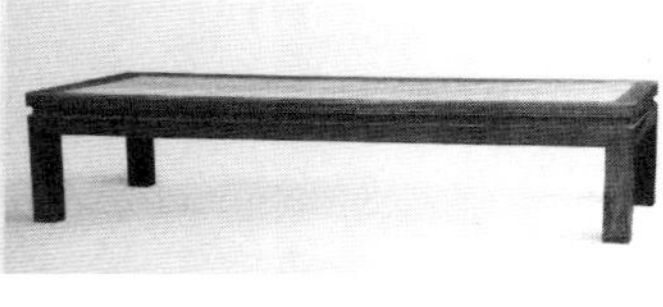

図10

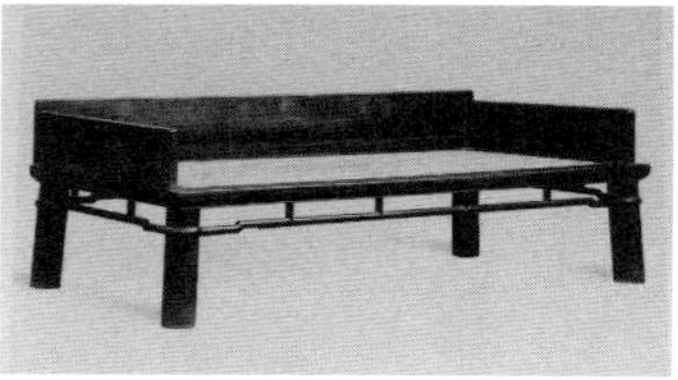

図11

図12

図13

される。

形態的には「几」とよく似ていても、人がすわるために使用されるものは「杌《き》」と呼ばれ（図6）、日本語における「机《つくえ》」とは意味も用途もことなる。中国家具の研究家である王世襄によれば「杌」という文字は、「枝のない樹」のことを意味し、背もたれのない腰掛けに対して「杌」という字を当てるのだという[9]。

前章でも示したように、生贄の供物を捧げる「俎」から「几」という道具が発展してきた経緯を考慮すると、「俎」「几」「杌」と連続する中国語の名称は、人がすわる道具のルーツが黄河文明の古代にまで連なるものであることを示唆する。ちなみに中国語には、人がすわるための台をわざわざ「坐几」と記して、物をのせる「几」と区別する用例もある。

これら、台の上に人がすわる行動をあらわした文字が「凳《とう》」であり、背もたれのないスツール一般をあらわす場合にもちいられる（図7）。これは文字通り「几」に「登る」ことを表意したものであり、「杌」と「凳」を連用させて「杌凳」とあらわす慣例が中国の北部地域には多く見られるということである。

「几」がときに座具を兼ねることがあったように、人は腰を下ろすのに丁度よい道具をみつけると、すわるためのものでなくともそこに腰掛けることがある。こうした習性は、今も昔も同じであったようで、太鼓を座具としてもちいたことから名称化されたものを「墩《とん》」とあらわす（図8）。これは、背もたれのない、腰掛けのなかでも太鼓状に中央が膨らんでいて、この形の座具にはもともと座面に革が張ってあったということである。まさに、太鼓胴の形態をデザインに残しながら、すわる道具へと転じた形である。

さらに一人用の腰掛けのなかでも折りたたみ式の座具が古代から存在し、中国ではこれを「交杌」とあらわす（図9）。この様式の座具は、古代中国の西北部で移動生活をしていた「胡族」からもたらされたことが『後漢書』に記されており、古くは「胡牀《こしょう》」といわれ、漢民族が常用していた「牀」とは明確に区別されている。

「凳」の横幅が大きくなって、一人もしくは二人で坐れるほどの大きさになると「榻《とう》」と呼ばれ（図10）、これは主に日本の縁台やベンチと同様の役割をはたした。人が坐るための道具のなかでも寝具として使用できるほどの大きなものになると「牀（床と記すこともある）」と記され、座具と夜具との両方を兼ねた（図11）。これの四方に柵を渡したものを「架子牀」と呼び（図12）、屋内におけるプライベート空間としての役割をはたした。

「牀」と「榻」の区別は、文献によって定義が一様ではなく、大きさで区別する考え方があるかと思えば、「圍《い》」といわれる囲いがついているものを「牀」とし、囲いがないものを「榻」とする考え方もある。いずれにせよ、「牀」や「榻」は基本的に靴を脱いで、床坐と同様の坐り方で使用された点については両者に共通している。

一人用の座具に背もたれが設えられると、こんどは「椅《い》」と記されてまったく別の機能をもつ座具として区別をされる（図13）。ちなみに「牀」の三方を囲う「圍」については、もたれかかることを目的としてはいなかったが、「椅」については「靠背椅」と書いて、背を靠《もた》せかけることがあらかじめ想定されている。「椅」は基本的に靴を履いたまま、座面の下に足を垂らして座るもので、使用法においても牀榻《しょうとう》類とは区別をされる。

以上をまとめると、食器や書物、小物類などをのせる台は「卓案類」として分類でき、すわる道具は「牀榻類」と「椅凳類」として区分される。「牀榻類」は履物を脱いで、床坐と同様の坐り方でもちいるのに対して、「椅凳類」については靴を履いたまま、一人ですわるタイプの座具である。したがって「几」「案」「卓」と記されるのは物をのせる道具であり、「凳」「墩」「榻」「牀」「椅」と記されると人がすわる道具をあらわす（図14）。

中国における座具の変遷

中国史のなかに座具としての明確な機能をもつものが最初に登場するのは、文献上の記録としては漢の時代からである。当時漢民族が主にもちいた座具は「牀《しょう》」のタイプで、書物によっては、これを「床《しょう》」と記すものもある。「牀」に坐る場合には、まず履物を脱いで地面に坐るときと同様の坐法でもちいられた。「牀」には複数の人が同時に坐ることができるだけの大きさがあり、寝具としてもちいられることもあった。

人の居場所を示す「座」が、その寸法を拡大し、「圍」といわれる囲いを配し、さらに「架子」

案（あん）

桌（たく）

香几

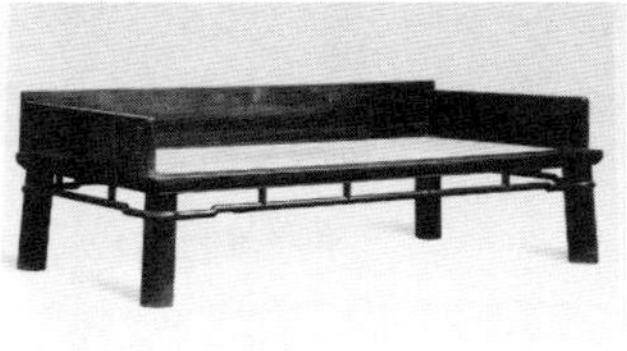

牀（しょう）

架子牀

扶手椅

圍椅

圍背交椅

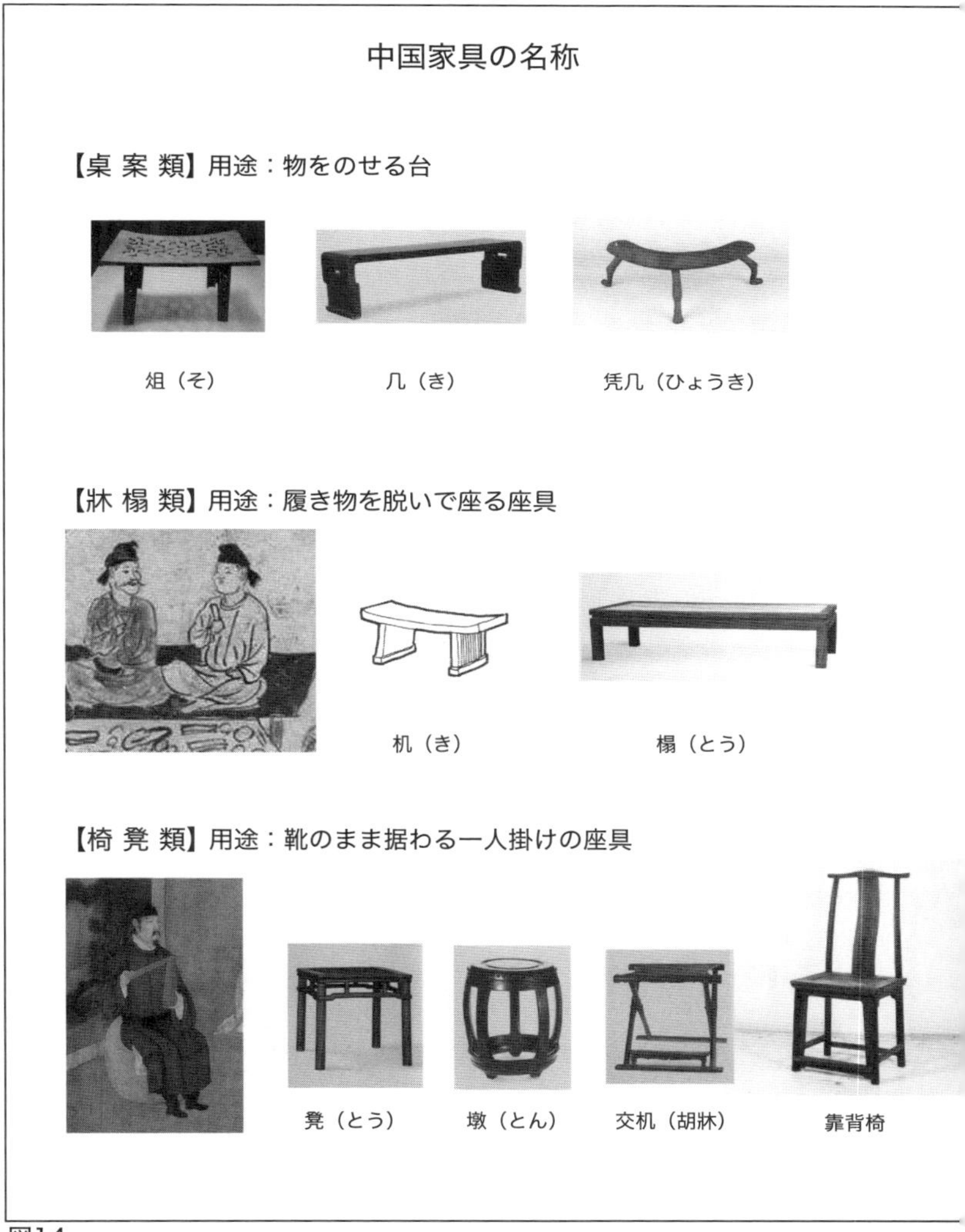
中国家具の名称
【桌 案 類】用途：物をのせる台
俎（そ）
几（き）
凭几（ひょうき）
【牀 榻 類】用途：履き物を脱いで座る座具
机（き）
榻（とう）
【椅 凳 類】用途：靴のまま据わる一人掛けの座具
凳（とう）
墩（とん）
交机（胡牀）
靠背椅
図14

といわれる柵を渡し、その上に天蓋までのせると、それは「座具」であると同時に居間や寝室のような小部屋の役割さえはたすようになる。身体の「坐」と、空間の「座」を結ぶ漢字の思想的な連続性は、「牀」や「架子牀」といった座具の用途に端的にあらわれていて、それは「座具」であると同時に「寝具」であり、家屋のなかに設えられたひとつのプライベート空間そのものである。

中国の家屋は日本のような高床式ではなく、石を敷き詰めた床《ゆか》の上で、靴を履いたまま生活するスタイルが基本である。したがって、地面から少し高さがある「牀」が古くから好まれたのは、まずは衛生的な理由からも自然なことであった。またすわるための道具をしつらえると、客人を招くときにもすぐに席へと案内ができるので、そうした利便性からも宮廷から官邸へと富裕層の必需品として広まっていった。

「牀」は日本へも渡来して、現存するものでは聖武天皇の使用していた「御床」が正倉院に保管されている。こちらは純然たる寝台として使用され、座具としての使用法は庶民一般までには広まらなかった。むしろ日本語で「床」といえば、家屋の「床面」のことを意味し、室内全体が「座敷」というかたちで人の居場所を示すものとなっていった。

日本家屋のなかで、「床」がひとつの独立性をもつ空間といえば「床の間」だが、そこは通常、軸や花を飾る小空間となっている。ところが、天皇の行幸するような屋敷においては、床の間は、天皇を迎え入れる「座」の役割をはたし、座敷のもっとも高い場所に設えられるのが作法であった。つまり中国においては座具として独立していた「床」は、日本に渡来すると、家屋のなかに組み込まれるかたちで、室内全体が坐るための座具の役割を担うようになる。「床」は中国においては坐るための道具であり、履物を脱ぎ、胡坐や立て膝の坐法で使用されていた。そこから次の段階として、靴を履いたまま、椅子に腰掛けるようなスタイルへと移行する。ところで、こうしたすわり方の変化は、いつ頃、どのような要因によって生じたのだろうか。

中国に現存する資料のなかで比較的年代の古いものとしては、敦煌の「莫高窟二八五窟」に、両足を垂らして椅子に座る釈迦の彫像がある（図15）。製作年代は西魏とされているから西暦五三五年〜五五六年頃のものと推定される。椅子の下には足台があり、聖者はその上に素足を乗せている。

こうした椅子座仏は、インドのアジャンタやエローラ石窟群の仏教遺跡のなかにも多数見られるのだが、第二章でも示したように、足台をもちいて椅子に座る様式は、古代オリエントの諸王朝で多用された王座のスタイルと同様のものである。釈迦が実際にこのような椅子に座ったかどうかはさておき、聖者を荘厳するための座像のイメージに、古代の王君の威光が重ねられたかたちとなっている。

のちに中国では、これと同様の形式をもつ足台の付いた椅子（図16）が普及し、明代においては、デザイン的にも極めて完成度の高い様式が生み出されることとなる。古代オリエントで

図15
図16

は、度重なる戦乱の末に、消滅してしまった王座とおなじ起居様式が、中国で再現され、伝統様式の主要な一角を占めることとなる。

さて、本題の「牀榻類」から「椅凳類」への移行の理由についてであるが、少々穿った見方をすると、私たち日本人が、家に上がる前に、靴を履いたまま縁側に腰掛けることがあるように、「牀」や「榻」の上に座る前段階として、靴を履いたままそこに腰掛けるようなことは、生活上の利便性から自然と生じたであろうことは容易に想像がつく。

その根拠となる資料を古代壁画のなかに探していくと、たとえば唐の太宗李世民（五九九〜六四九年）の陵墓壁画に当時の宴会の様子を描いたものが残っている（図17）。そこでは大きな食卓を囲むように三台の「榻」が置かれ、一台の「榻」に烏帽子を冠った男性が三人ずつ、計九人が食事をする様子が描かれている。彼らの坐り方に着目をしてみると、九人のうち胡坐が五人、立て膝が一人、残りの三人は「榻」の端っこで片膝を下に垂らして坐っており、日本ではこの坐り方は「半跏踏み下げ坐」という名で呼ばれる。しかも、この坐法で坐る三人のうち、手前の二人は靴を履いたまま榻に腰掛けている。

「榻」は、基本的に靴を脱いで床坐と同様に使用されると説明されるが、こうした絵画資料をみる限りにおいても、片膝を垂らして坐ったり、あるいは場合によっては両膝を垂らすこともおそらくはあっただろう。この考えを裏付ける資料は宋代の養蚕農家の生活を描いた「蚕織図」なかに見られる（図18）。二人の女性がすわっているのは幅・奥行きともに広さのある「牀」

図17

図18

のタイプの座具だが、右側の授乳をする女性は赤子を抱えて「胡坐」をかいているのがわかる。対する左側の女性は裁縫をしながら両膝を垂らし、足裏を地面に着けて「牀」に腰掛けている。くり返し指摘するが「牀榻類」は履物を脱いで床坐と同様の坐り方でもちいられると説明される。しかし作法の原則がどうであれ、実際の生活場面では、図18の裁縫をする女性のように、足裏を地面に着けたままで、「牀」や「榻」に腰掛ける使用例はあって、それが「牀榻類」の使用されはじめた漢の時代にはまったくおこなわれなかったとは考えにくい。

また五代十国時代の南唐（九三七〜九七五年）の大臣韓熙載《かんきさい》の生活を描いた「韓熙載夜宴図」（図19）をみると、床坐仕様の「牀榻類」と椅子座仕様の「椅発類」が混在していて、それぞれの用途のちがいがよくわかる。まず、食卓のまわりで椅子に座る男性が三人描かれているが、いずれも靴を履いたまま椅子に座っている。主人である韓熙載は「圍」に囲われた「牀」に上がって胡坐をかいており、この空間のなかではもっとも寛いでいるようにみえることからも、高い立場にいることがわかる。この絵のなかで、「牀」は身分の高い亭主の居場所で、男性家臣が「靠背椅」、琵琶を弾く仕女には「墩」が用意されている。

宴の後の別の場面では、韓熙載は下着姿で靴を脱ぎ、「靠背椅」の上で胡坐をかいている姿なども描かれている（図20）。椅子の前には足台があって、履物が脱ぎ揃えられている。こうした私邸の光景を眺めると、韓熙載にとっては靴を履いて椅子に腰掛けるよりも、靴を脱いで胡坐をかいてしまった方が楽であった様子がうかがえる。

図19

図20

王世襄によれば、下腿を垂らして椅子に座る習慣に移行したのは宋代からであるという。[9] さらに補足をするのであれば、当時の風俗を記した絵画資料を見る限りでは、椅子座の普及と並行して、「牀榻類」の座具も使用されていた。とくに身分の高い者が寛ぐような場面では、広々とした「牀」の上に履物を脱いで過ごすスタイルが、唐末においても好まれた様子が確認できる。

中国における「牀榻類」から「椅凳類」への移行は、身体技法の上では平坐から椅子座への変化を端的に意味する。したがって、「すわる」という行為を表記する場合には、「牀榻類」の道具をもちいた場合でも、平坐と同様のかたちのものであれば「坐る」と記し、他方、足裏を地面につけた椅子座については「座る」と記して区別することを、本書は提起したいと思う。

なぜならば前者の坐法は、古代インドに発祥する瞑想修行によって様式化された身体技法であり、他方、後者は古代オリエントの王座の形式が伝播するかたちで定着していった生活様式であることに、根拠をもとめることができるからである。したがって、片方の脚を半跏に踏み下げる坐についても、瞑想的身体技法の範疇に属することから、「半跏踏み下げ坐」に「坐る」と表記することが妥当であると考える。

胡牀の起源説

中国に椅子座が導入されたもうひとつの要因として、北西部で移動生活をしていた胡族から

図21

図22

の影響であるという説がある。胡族によってもたらされた座具は「胡牀」といわれ、『後漢書』には武帝の宮廷でこれが使用された記述がある。「胡牀」とは、脚部が交叉した折りたたみ式の椅子で、一人掛けとして使用されるものである。「胡牀」は、漢民族由来の「牀」や「榻」とは明確に区別をされている。

山折哲雄は『坐の文化論』のなかで、椅子の原型が騎馬民族から発祥したことの理由について自論を展開しているのだが、つまり、馬に乗ることが日常化した遊牧民は、平地に坐ることが苦手であったため、腰掛けのようなものをもちいたのだろうということである。山折は中国史家の藤田豊人の説を援用しながら、「胡牀胡坐の習慣は騎馬人種に特有のものではなかったか」と推察し、その理由として「騎馬を常習とする人間は、ひざを折ったり、曲げたりするのになれていなかったからである」としている。

しかし、北方遊牧民の暮らしを実際に調べてみると、彼らの住居であるゲルの内部では、必ずしも椅子に腰掛けていたわけではなく、地面に直接坐って生活する様子が確認できる。図21、22は現代のモンゴルで遊牧生活をする人々の室内の様子を撮影したものだが、男性はおもに「あぐら」、女性は「正坐」か「立て膝」で坐ることが多く、場合によっては「胡坐」をかくこともある。

こうした起居様式の状況は、千年前に遡っても同様で、すでに椅子座が定着していたとされる北宋の時代、中国北方の内モンゴル自治区で出土した遺跡からも確認ができる。当時、この

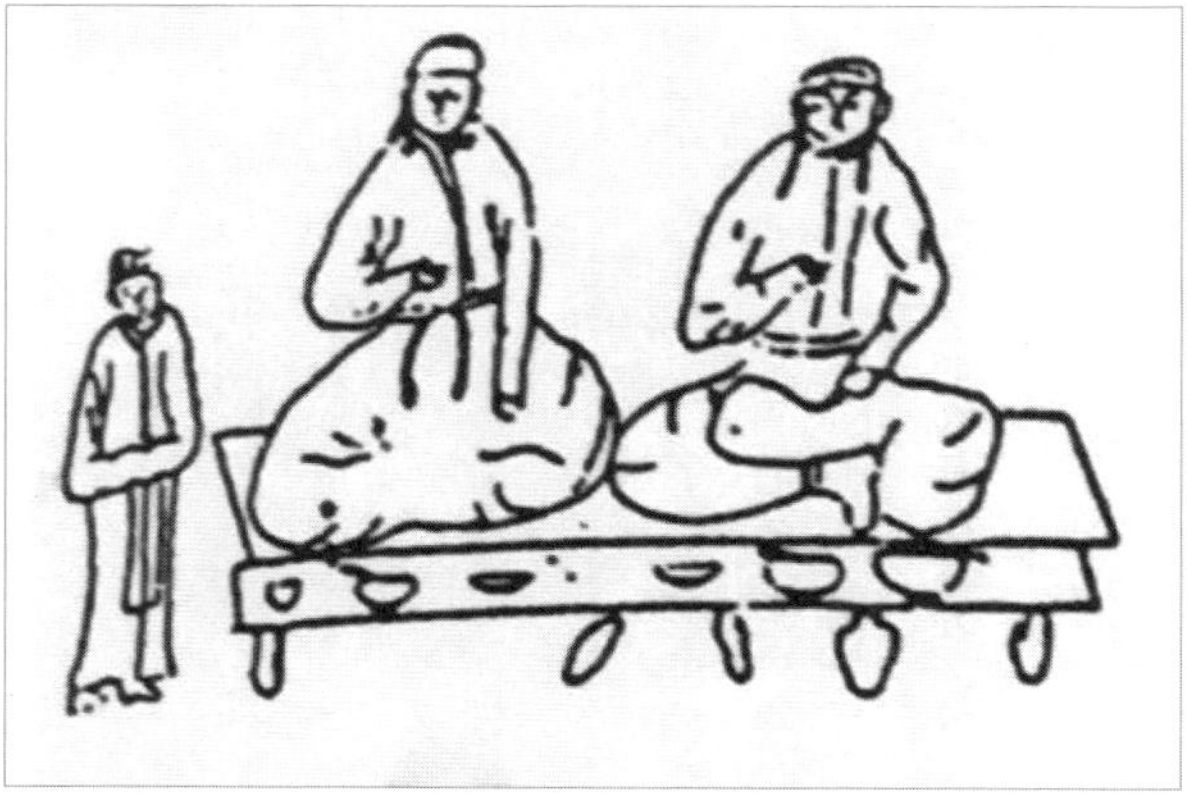

図23

図24

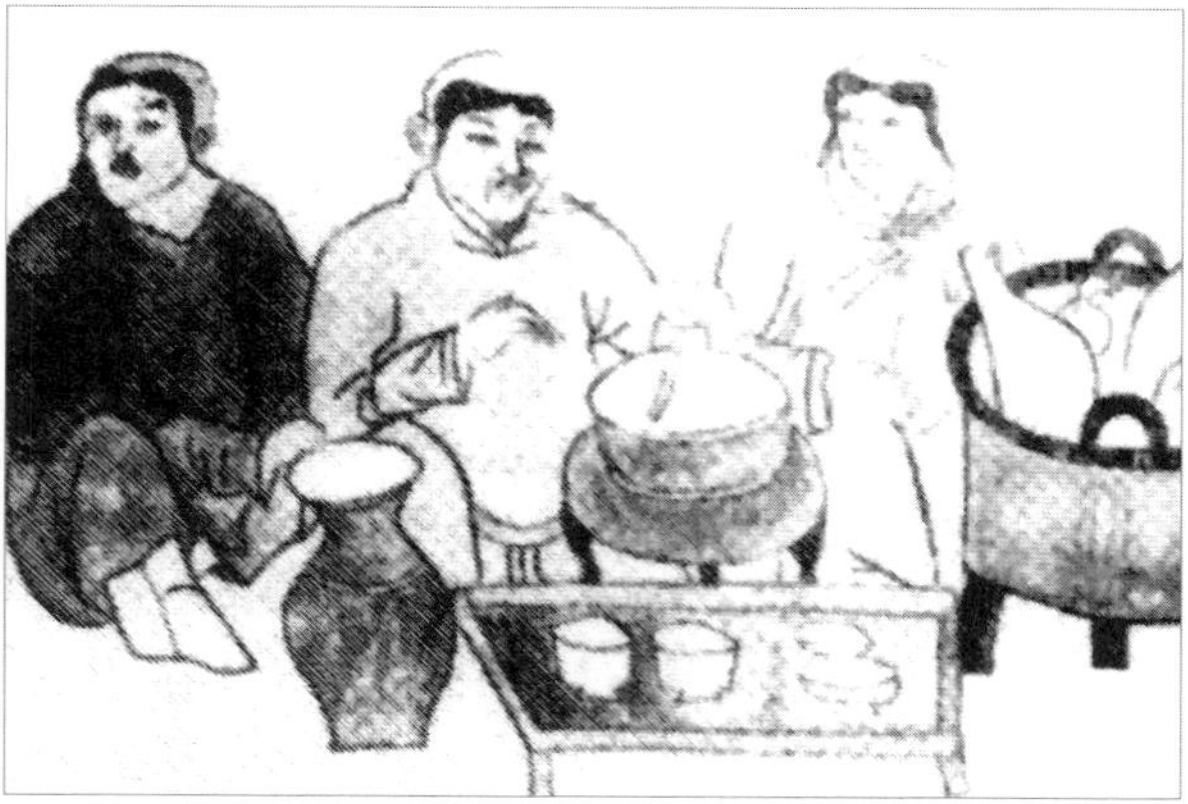

地域は遊牧民である契丹人の興した遼王朝が支配しており、周辺から出土した「墓主人夫婦宴飲図」のなかには当時の宴席の様子が描かれている（図23）。

中国史家の太田昌子は、図23について「墓主人夫婦は榻上に坐って飲食をしている」[10]と説明をするが、見方によっては、主人の夫婦は食卓の前で、地面に直接布かれた敷物の上に坐っているようにも見えなくはない。図24は、宴席の支度をしている様子を描いたものだが、三人の人物はいずれも地面に腰を下ろし、膝を立てて坐っている様子も確認できる。つまり、太田はこの時代になっても北方遊牧民の間では平坐の生活が営まれていて、必ずしも椅子に座る生活ではなかったことを、資料は裏付けている、という。

こうした図像で確認をすると、「騎馬を常習とする人間は、ひざを折ったり、曲げたりするのになれていない」とする藤田の説は事実とはことなる。さらに中国の史書に収められた北方民族史のなかには、遊牧民の坐り方を記したものがあり、それは「蹲踞」といわれる膝を立てた坐り方であったり、膝を抱えて坐る様子などが記録されている。太田はこれらの資料を例示しながら、狩猟や遊牧で暮らしていた北方民族が、「中国よりいち早く、椅子座にテーブルの生活をしていたとは到底考えられない」とし、椅子に腰掛ける生活は、やはり中国内部から起こったものであろうと指摘する。[10]

山折・藤田説にしても、太田の指摘にしても、「胡族」という呼び名に対して北方の騎馬民族の文化に起源を求めようとしているわけだが、いずれの説にも筆者には疑問がある。話をふりだしに戻すようだが、古代中国における「胡族」とは内モンゴルの東部を拠点としていた遊牧騎馬民族のみをいうのではなく、ペルシア系民族のソグド人の呼称でもある。細かくいえばモンゴル系やテュルク系の民族を「東胡」というのに対して、ペルシア系の民族は「西胡」と呼ばれた。彼らはシルクロードの中間に位置するソグディアナを居住地とし、交易や経済活動を営んで栄えたため「商胡」とも呼ばれた。

中国で「胡風」といえば、「胡服」「胡弓」「二胡」「胡笛」「胡舞」など、北方の「東胡」と、西方の「西胡」がそれぞれにもたらした異国趣味のことを指す。「胡」という文字は他にも多数用例があり、「胡椒」「胡瓜」「胡桃」「胡麻」「胡坐」など、日本語としても定着しているものが少なくない。

中国が中央アジアと通じるようになったのは武帝の統治した前漢時代であり、ペルシア系のソグド商人がシルクロードを渡ってもたらしたもののなかには、一人掛けの椅子も当然含まれていただろう。第二章でも示したように、当時、ペルシア一帯のメソポタミア地域はシュメール文明の発祥以来、椅子座の文明を伝承してきたからである。武帝も愛用したという「胡牀」は、ちなみに古代バビロニアにおいては紀元前二〇〇〇年紀にはその存在が確認されている。駱駝の背に荷物を載せて乾燥地帯を延々と旅するシルクロード貿易のなかでは、権力者が使用した玉座のような重量物を運搬するのは至難のことであったはずで、携帯に便利な折りたたみ式の椅子が多くもたらされたのにちがいない。したがって「胡牀」の起源は、内モンゴルの騎馬民族にではなく、シルクロード貿易によって西胡族がもたらした西方渡来の椅子にもとめられると筆者は考える。

「牀」や「榻」といった座具が主流であった前漢の時代、「西胡族」のもたらした「一人掛けの折りたたみ椅子」は、まず皇帝の愛用品となり、漢民族の座具とはことなる特別なものとして区別をするために、わざわざ「胡牀」と呼称されたのだろう。それは「胡風趣味」の他の文物と同様に珍重されながら、その後千年近い時間をかけて全土に普及し、中国独自の文化様式として定着してゆくこととなるのである。

「牀」から「椅子」への展開

中国における椅子座の文化はシルクロード貿易によって西胡族からもたらされたものであり、古代オリエントの生活様式から波及してきたものと考えるのが妥当であろう。椅子座の文明を発祥させせたメソポタミア地域は、イスラム教徒が征服して以降イスラム式の床坐文明となり、椅子座の習慣はほぼ消滅して現在にいたる。一方、中国においては椅子座の生活様式が宋代までには全土に普及し、なかでも折りたたみ式の「胡牀」の機能は継続的な発展を遂げて、中国家具史のなかでも極めて重要な位置を占めるようになる。

漢民族が「胡牀」と呼んだ座具の構造をあらためて検討してみると、まず脚部の中央が交差

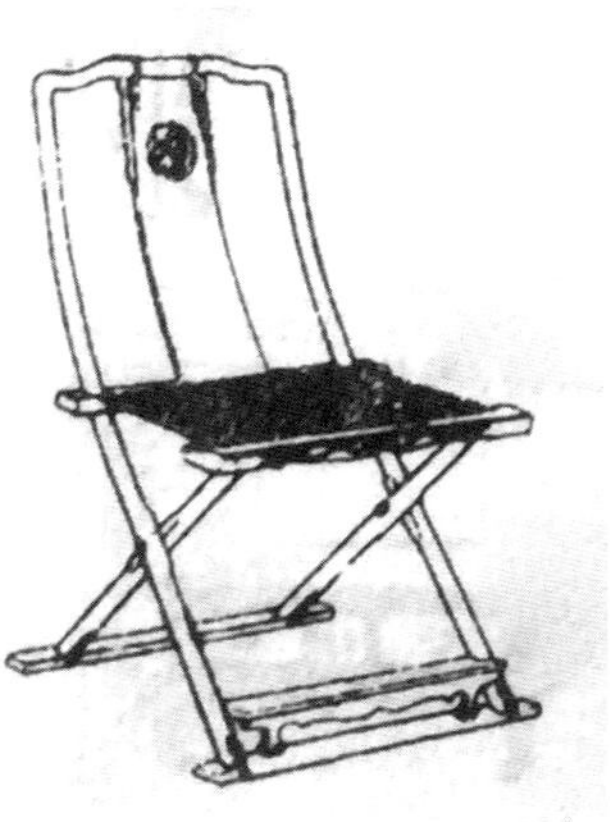

図26

図25

図27

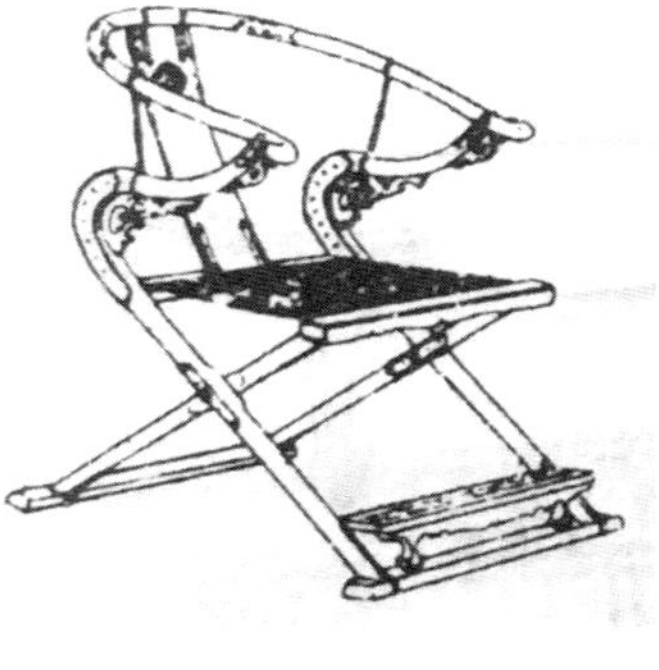

していて、折りたたむことのできる構造をもっている（図25）。この形の椅子の起源は、古代バビロニアにまで遡ることができるけれども、中国においては、折りたたみ椅子に背もたれを付けることが発明され（図26）、背もたれに円形の湾曲をほどこすような工夫まで生まれて「圏背交椅」と呼ばれた（図27）。これらはいずれも、西胡族がもたらした「胡牀」の構造から発展していったデザインである。

第二章の冒頭では、夏商時代にもすわる道具が存在した可能性を検討したが、おそらく政治・宗教的な権威者の間では、史書に記される後漢時代の遥か昔から、地面から一定の高さがある座具の使用はあっただろう。漢民族の使用していた大振りな牀榻類と比べて、「胡牀」には決定的に優れた機能があり、それは中国人の生活様式に大きな変化をもたらす契機になったものと思われる。具体的な要因としては以下のようなことが考えられる。

まず携帯可能で持ち運びができる利便性を筆頭に、靴を履いたまま一人で座れる手軽さ、さらに「牀榻類」よりも少ない材料で、容易に製作できる工法の経済性、そして紐や皮を座面にもちいた座り心地の柔らかさなど、漢民族の従来の座具と比べて多くの優れた特色が挙げられる。それらは、まず前漢の宮廷内で好んで受け入れられたのだが、大きな木材や緻密な木組みの技術が必要なわけでもなく、身近に入手できる材料と工具があれば比較的手軽に制作することのできる座具であった。その簡素な構造の特色から、「胡牀」の形式は庶民にとっても比較的再現しやすいものだったにちがいない。

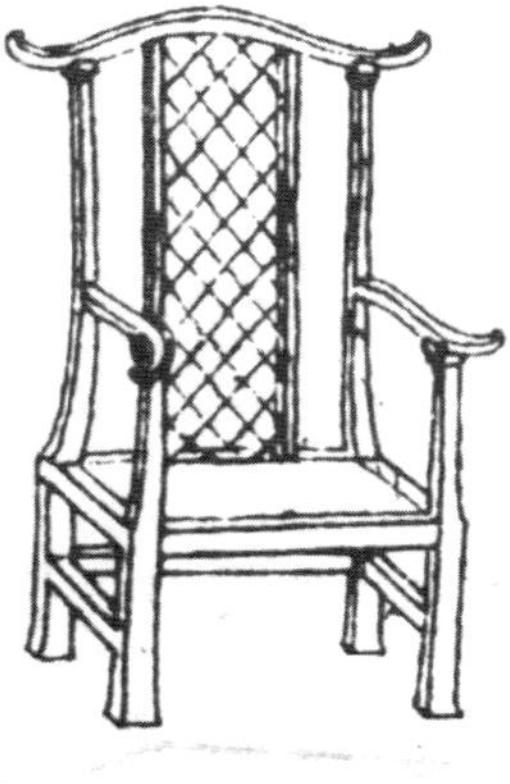

図29

図28

図30

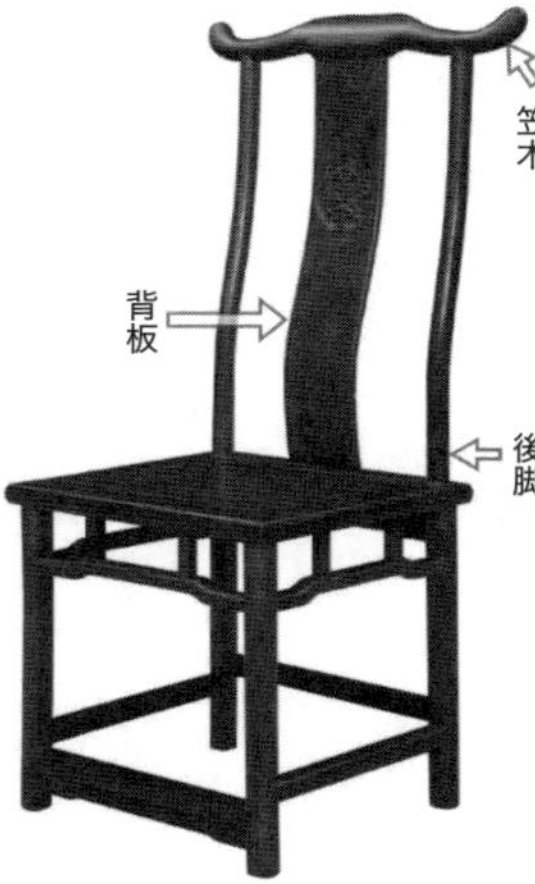

漢代の「牀」や「榻」が、靴を脱いで、複数の人で座るものであったのに対し、「胡牀」の到来は、「靴を履いたまま一人で座る」という「椅子座」の発想を広くもたらしたのではないだろうか。靴を脱いで座る牀榻類の様式から、靴を履いたまま腰掛けることのできる「胡牀」のスタイルは、その後、南北朝から隋唐へと至る歴史のなかで、一人掛けの椅子の普及を加速させる大きな転機をもたらしたことが考えられる。椅子やテーブルといった家具をもつことは、ある程度生活が豊かでなければ叶わないことではあるけれども、家のなかでも靴を履いたまま生活をする中国の起居様式のなかでは、椅子の需要は高く、唐末から北宋の時代には広く定着していたということである。

明式家具の様式性

中国で、椅子の生活が広く定着しはじめた宋の時代には、工法、デザインにおいても洗練が進み、続く明代になると、それぞれの様式のなかで、もはや手を加えることができないほどの完成形にいたる。中国の椅子について語られる場合、明代に確立された諸様式を基準にしていて、それ以降の清代になると、装飾的な彫り物が豪奢になるだけで、むしろ椅子の構造や身体支持にかかわる合理性については、ほぼ発展が止まってしまう。

そもそも「椅」と記される背もたれのある座具のデザイン的な変遷を振り返ると、まず「四

図32

図31

図33

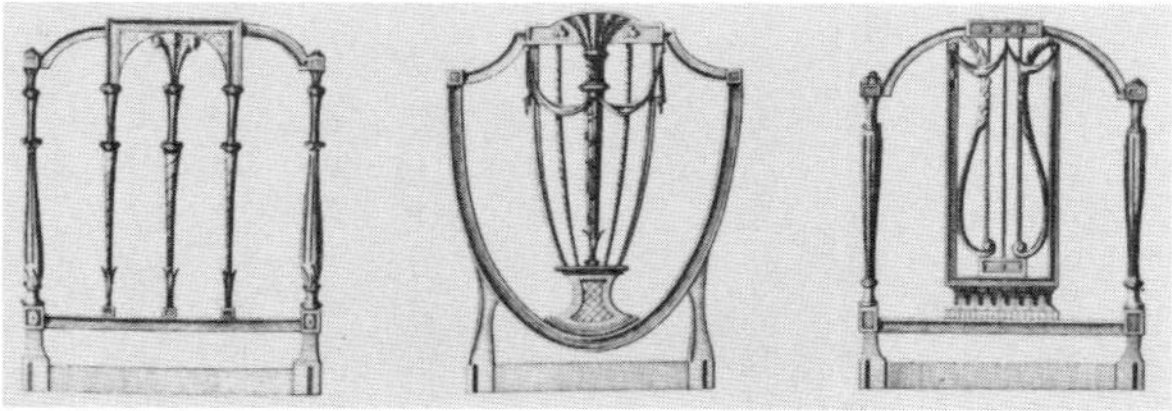
図34

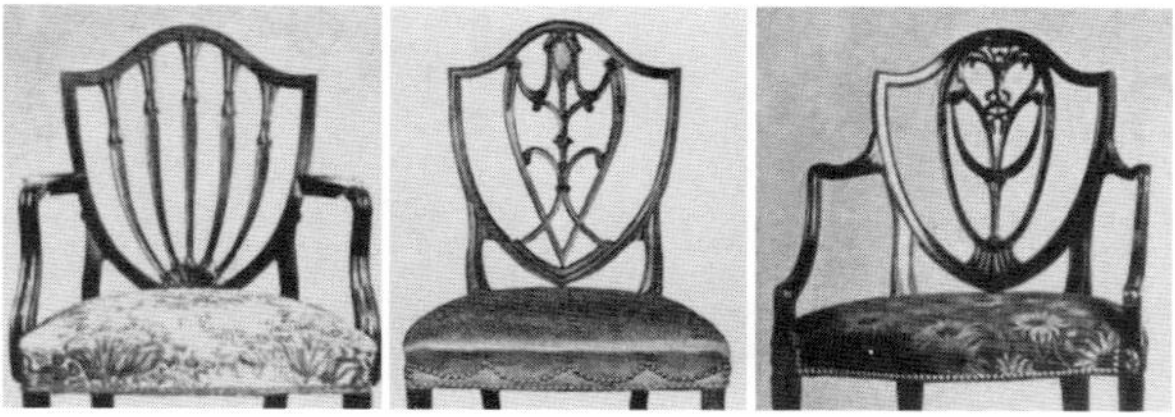
図35

足床」に後架を渡しただけのものが原型で、それは凭れるためのものではなく、そこに坐る人物を荘厳するための象徴的な意味で設えられたものと思われる。たとえば敦煌の一三八窟に描かれた「禅椅」（図28）などをみると、床の上にすわるときと同様の坐り方で使用されており、構造的にも、形態的にも、身体を支えることを想定していたとは到底思えない。しかし、この形から座面の幅と奥行きが小さくなり、図29にみられるように、背もたれの支柱が後脚と一体化され、笠木と座面を結ぶ中央に背板が渡されるようになると、文字通り背を凭せかけるための機能を意図した椅子であることが読み取れる。

これが宋代になると、背板にS字型の湾曲をほどこす技術も考案され（図30）、座る人の背骨の形に沿うようにして腰のストレスを回避し、心地よく座り続けることができるような機能の探求がはじまる。近代の整形外科学が二〇世紀の中頃になってようやく提唱しはじめた姿勢理論が、中国においてはすでに一二世紀頃には理解されていて、自然の道理に適った姿勢をサポートするための椅子が、一四世紀にはすでに様式化される域にまで到達していることに驚かされる。

背板、後脚で構成された背もたれのフレーム構造をもつ椅子は、中国では「靠背椅」といわれる。この様式は、植民地支配を目的としたイギリスとの交易のなかで欧州にも持ち出され、英国家具におおきな影響を与えたようである。「スプリットバック（割板支持）」（図31）といわれる英国式サイドチェアのスタイルは、明代の「靠背椅」（図30）と酷似しているが、構造的な強さと無駄のなさ、それを支える木組みの精度、造形的なバランス等において、明式椅子の方は、他の多くの椅子の基準を示すような完成度にまで到達しているように思われる。

一方、英国における「スプリットバック」の椅子は、その後、中央の背板に装飾を凝らす方向でデザインが発展し（図32）、トーマス・チッペンデールの一連の作品群（図33）にいたって一時代が築かれる。しかし、それらは背板の装飾性を強く重視した結果、人間の背骨を合理的に支えるためのS字の形状は失われ、明式家具に見られる身体性を捨て去る形で、装飾の優美さに多くの労力を費やす仕事へと方向づけられていく（こうした傾向は、のちに続くトーマス・シェラトン［図34］やジョージ・ヘップルホワイト［図35］など、イギリスを代表する木工家具職人の仕事についても同じことが言える）。

圏椅

中国の椅子におけるもうひとつの代表的な様式として、半円形の背もたれをもつ「圏椅《けんい》」の存在が挙げられる。「圏椅」の特徴は背もたれと肘掛けとが一体化していて、からだに角を立てずに背を包み込むような座り心地をもつ。もっとも古いものとしては、唐の時代につくられた「唐圏椅」が存在する（図36）。椅子の側面には支柱が格子状に並んでいて、そのなかに座ると欄干に囲まれるようなデザインになっている。近代においては建築家のフランク・ロイド・

ライトがこれとよく似た「バレルチェア」というものをデザインしている(図37)。ライトが「唐圏椅」の存在を知っていたかどうかは定かではないが、ライトの椅子デザインにおいては幾何学的な円や直線に還元されるものが多く、身体に沿うような有機的な曲線がこれ以上の展開をすることはなかった。

「圏椅」は明の時代まで下ると、円形の笠木の中央にS字に湾曲した背板が渡されていて、これは明式椅子のなかで非常に多くみられるひとつの特徴となっている(図38)。つまり、この時代の椅子は、ストレスなく姿勢を保持するための身体性が明確に自覚されていて、それがひとつの時代様式のようになっている。肘掛けは先端に行くにしたがって波打つように湾曲し、これも「気韻生動」を大事にした宋画の墨跡に通ずるものがある。肘掛けの先端を下げる工夫は、肩や腕に力みをもたせないための配慮にほかならず、椅子の上での禅定を永年に渡って積み重ねてきた歴史が、こうしたデザインの細部からも垣間見える。

クッションは多用せず、木材の造形的な工夫だけで、座のストレスを回避しようとした物づくりの思想は、近世ヨーロッパの椅子とは大きく異なる方向性を示している。おそらくそこには、自力で姿勢を保つための修行法が、古くから伝承されてきたことが関係していたものと思われる。姿勢と呼吸を整えることで、心身の調和を高める坐の技法は、歴代皇帝が庇護してきた仏教にも、道教にも、儒教にも共通して存在する。坐の訓練によって洗練された身体感覚が、過度に道具に依存することなく、姿勢保持のための優れた造形を導くようになることは、いたっ

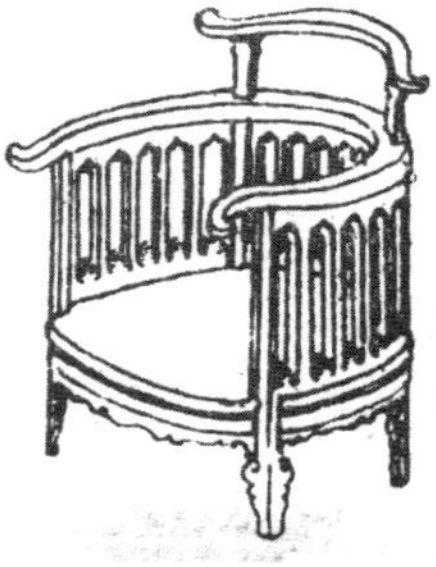

図36

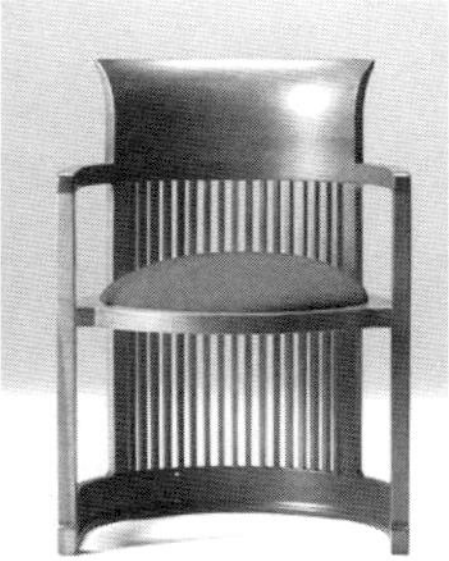

図37

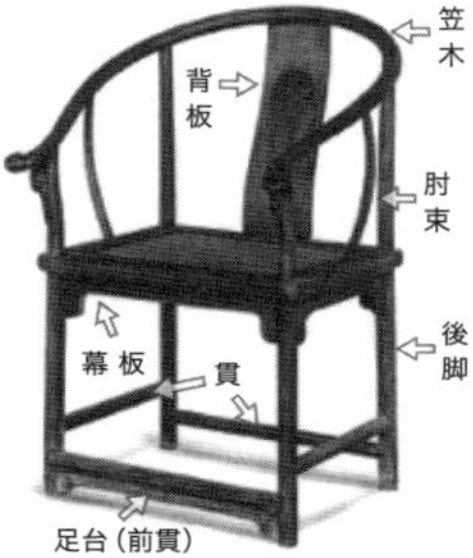

図38

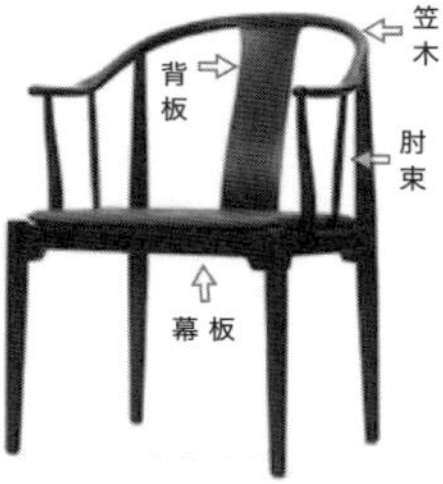

図39

図40

て自然なことである。かくして明代の「圏椅」は、構造的にも、造形的にも、無駄な要素を極力削ぎ落とす形で洗練が進んだ結果、その形式は現代にいたるまで持続するほどの、永い生命力をもつものとなる。

近代の名作椅子のなかで中国の様式を明確に意識したものについては、ハンス・ウェグナーのチャイニーズチェアが筆頭に挙げられるだろう（図39）。それは名称の通り、明代の「圏椅」から忠実に学んだものである。半円形の笠木はもちろんのこと、S字に湾曲した背板といい、肘の部分を支える「肘束」といい、脚部の構造を補強する「幕板」といい、構造の細部にいたるまで、敬意と愛着をもって過去の名作から学んだ様子がデザインから読み取れる。

顕著な変化としては足台が省略され、脚底の四方に渡された「貫」がなくなった点だろう。また座面の構造も、木材を張らず、平紐を編んだ上に座蒲団を乗せるだけのシンプルなつくりになっていて（図40）、長時間座った際にかかる坐骨へのストレスを回避するための配慮がなされている。

ウェグナーは明式椅子の研究を足がかりにして、その後、現代的な工法をもちいた椅子デザインを展開し、数々の名作を発表していったのだが、その詳細については別の機会に論ずるとして、ここでは、明朝の滅亡したあとに、どのように椅子が発展していったのかを確認しておかなければならない。

図41

図42

図43

図44

図45

図46

清式家具の装飾性

清王朝の時代に使用された座具は、牀榻類、椅凳類のいずれも、椅子の構造自体は明代のものとほとんど変化がない。しかし、清代の椅子には細かい彫り物装飾が競うようにほどこされ、それは背もたれや肘掛けだけでなく、椅子の全体を覆い尽くすまでの過剰さで、もはや人体を合理的に支えるためのものではなくなっていく。

図41の肘掛け椅子は、明代においては「官帽椅」といわれたものだが、これが清代になると、背もたれと肘掛けは複雑な装飾で覆われ、背骨の形に沿った背板の湾曲は単調な平面となり、その上にほどこされた豪奢な装飾のみを見せる形となっている（図42）。折りたたみ式の「交圏椅」についても同様で、明代のもの（図43）に比べて、清代のものは背板の湾曲はなく、身体を支えるための合理性は失われて、装飾の豪華さだけを強調する形で多大な労力の費やされた作品となっている（図44）。こうした傾向は、椅子だけでなく、清代のあらゆる家具や室内装飾に同様の特徴となっている。

家具や室内に過剰な装飾を盛り込む傾向は、たとえばヨーロッパにおいてはバロックの時代に盛んであった。ところがルイ一五世の統治時代になると、身体を心地よく支えるための椅子のフレーム構造が著しく発展し、その後、フランスにおいては使用上の快適さを阻害するような装飾はむしろ控える方向で洗練が進んでいく。このテーマは第四章で詳しく解説するけれども、他方、中国においては明の時代に構造、工法、身体性のあらゆる要素で、これ以上ないほどの完成形に到達していながら、満州族の支配する清王朝以降は、明代に完成した構造様式の上に、過剰なまでの装飾を乗せていく方向で複雑さを増していく。それは見る人のすべてを圧倒するほどのエネルギーを秘めているのかもしれないが、椅子の構造や身体性の合理については、完全に発展を止めてしまったことを示してもいる。

故宮博物館の宝物を編纂した全集のなかに『明清家具』の二巻がある。[11] 中国の歴代王朝の文化財を編纂した写真資料のなかで、それらは明と清の時代に制作された家具類をとくに重要視した編集になっている。しかし、明式家具と清式家具の作品内容は、まったく別の価値観でつくられていることが、それぞれを対比させるとよくわかる。つまり、各時代に制作された椅子の様式から「その社会で何が大事にされていたのか」という時代感覚の差異が読み取れるのである。

まず明式椅子の製作意図として特筆すべきは、椅子を構成する脚部、座面、背もたれ、笠木など、すべての部材が最小限の細さ、薄さで構成されている点である。これはどういうことかというと、材料に極力無駄を出さないための経済性と同時に、永年の使用に耐え得る木組み構造の探求がなされてきたことをあらわしている。たとえばそれは、日本にもたらされた「曲彔(図45)」などと比較をしてみると、明式椅子の笠木がいかに無駄がなく、合理的な造形に到達していたかがわかる。

過去の名作を模倣することは、学びの大事な過程にはちがいないが、そこから新しい価値を生み出せるか否かは、椅子の構造、造形、身体性の本質を探求する制作者の見識に委ねられる。清式椅子の場合は、以上のような意味での新しい展開は皆無に等しく、明式椅子の構造の上に、ひたすら装飾を増していく方向で複雑化していったことは、先にも指摘した通りである（図46）。職人の多大な労働力を注ぎ込んだ装飾の豪華さは、財力と権力との大きさを端的に象徴するから、大樹の影に寄り添うことを望む人々の心を支配するためには必須のものであるかも知れない。しかし、それは民衆を統治する支配者の椅子として機能するのみで、それ以外の大半の人間にとっては無縁のものとなる。

対して明式椅子の場合は、最高級材の紫檀をもちいた贅沢なものではあるが、木材の構造と造形的な合理が追求された結果、無駄な要素が極限まで削ぎ落とされ、あくまで人間が座るための合理性を探求した椅子となった。結果、宮廷から地方官僚などの富裕層を中心に広まり、経済が発展していくにしたがって飲食店や宿泊施設、そして一般庶民の住居のなかへと、徐々に普及し、海外の作り手たちにも多大な影響を与えるにいたった。おそらくそれは、千年を越える椅子座の歴史が醸成してきた文化遺産にちがいなく、生活空間の豊かさを考える上で、重要な情報を秘めた宝物となったのである。

図47
図48

日本における椅子座の受容

牀榻類の多用された漢代から、千年ちかくの時間をかけて椅子座が普及した中国文化に対して、日本はその先進性を常に仰ぎ見つつも、こと起居様式にかんしては中国とは別の道を歩んだ。ただし、椅子の存在ということについては日本でも歴史は古く、第二章で示した器財埴輪の例にもあるように、古墳時代まで遡ることができる。西暦では三世紀後半〜六世紀頃になるが、中国では晋から南北朝の時期と重なっている。つまり後漢の史書に記された座具は、その後改良が進んで二、三百年の間には、海を越えて日本にももたらされていたものと思われる。

欽明期の六世紀になると仏教が公伝され、推古八年（六〇〇年）に最初の遣隋使が派遣されてからは、唐の滅亡する九〇七年までの間に度々朝廷使節団が遣わされ、先進的な大陸の文物が輸入される。勿論そのなかには椅子も含まれていた。唐様の椅子は宮廷や貴族の邸宅のなかで、あるいは仏教寺院のなかでも、身分の高い僧侶にのみ限定して使用された。たとえば紫宸殿のなかで天皇が坐る「御倚子《ごいし》」（図47）は、唐代の莫高窟の一三八窟壁画に描かれたもの（146ページ、図28）とほぼ同じ形をしている。中国では時代の変遷によってさまざまに形を変えていった椅子が、日本の宮廷儀礼のなかでは古代から変わらずに保存され、継承されてきたことがわかる。

日本に渡来した「御倚子」は、背をもたせかけて使用するものではなく、中国の「牀榻類」と同様、履物を脱ぎ、床に坐るときと同じ坐り方で使用された（図48）。先にも示したように、中国の宋から明代にかけてつくられた椅子の多くは、背もたれがS字に湾曲していて（図41、43）、背をもたせかけて座ることが明確に想定されているのに対し、日本における舶来の椅子は、あくまで装飾として背もたれや肘掛けが設えられていて、実際にそれらにもたれるという使用はおこなわれず、唐代初期の使用法のまま、特権階級の間で限定的に使用された。

唐様の「御倚子」は、中国では「禅椅」と呼ばれることもある。その名称は、文字通り「坐禅をするための椅子」という意味である。禅の語源であるサンスクリット語の「ディヤーナ」は、ヨーガ・スートラに記された八枝則の七番目に位置付き、瞑想時の深まりにおける「静けさ（静慮）」に由来する。その修行は基本的には坐禅によっておこなわれるが、禅的な感覚そのものは立ち姿勢でも、椅子座でも、あるいは歩きながらでも実現できる。中国の仏教においては禅の解釈が広く、椅子の上でも禅定をおこなう融通があったようである。

他方、日本にもたらされた「禅宗」というのは一四世紀になって道元が興した曹洞宗にはじまるといわれるが、「禅定」の修行法自体は天台宗にも、真言密教のなかにも存在し、坐っておこなう瞑想法は仏教の伝来とともに渡来していたものと思われる。ところが「禅椅」といわれる座具の使用法について調べていくと、中国においては座面から下腿を垂らし、背にもたれてゆったりと座るように設計も改良され、足を乗せるための足台までデザインに組み込まれているものもある（図41〜44）。対して日本においては、畳の上に坐るときと同じように「あぐら」や「安坐」で使用され続けた。その理由は釈迦が悟りを開いた体位に忠実であろうとしたためなのか、日本人の古来の習慣のためなのか、舶来教養の枠組みから逸脱することを赦さない閉鎖的体質のためなのか、いずれも想像の域を出ないけれども、いずれにせよ中国では広く普及した椅子座の習慣が、日本では近代までは広まらなかった。

坐と日本家屋

日本で椅子座が広まらなかった要因のひとつとして、建築様式の問題が考えられる。縁の下をもつ高床式の住居は、家屋の床面全体が中国の「牀榻類」のように地面から上昇し、さらに莚や畳を敷いて、履物を脱いで生活する習慣が定着した。この高床、畳、靴脱ぎ、という習慣は、床坐を定着させる条件としては理想的で、生活文化に一連の様式をもたらすものとして相互に機能している。日本の建築は、仏教寺院の屋根の部分などは中国の影響を強く受けているが、いわゆる一般的な日本家屋の基礎にかんしては、弥生時代の米倉の構造を引き継いでいる（図49）。穀物を守るための高床構造は、住居としても応用されて、その完成された形式は寺社建築の様式へと結実し、日本家屋の構造的な原型となっている（図50）。

「弥生時代の日本人は高床式住居に住んでいた」という知識は、中学校の教科書にも載ってい

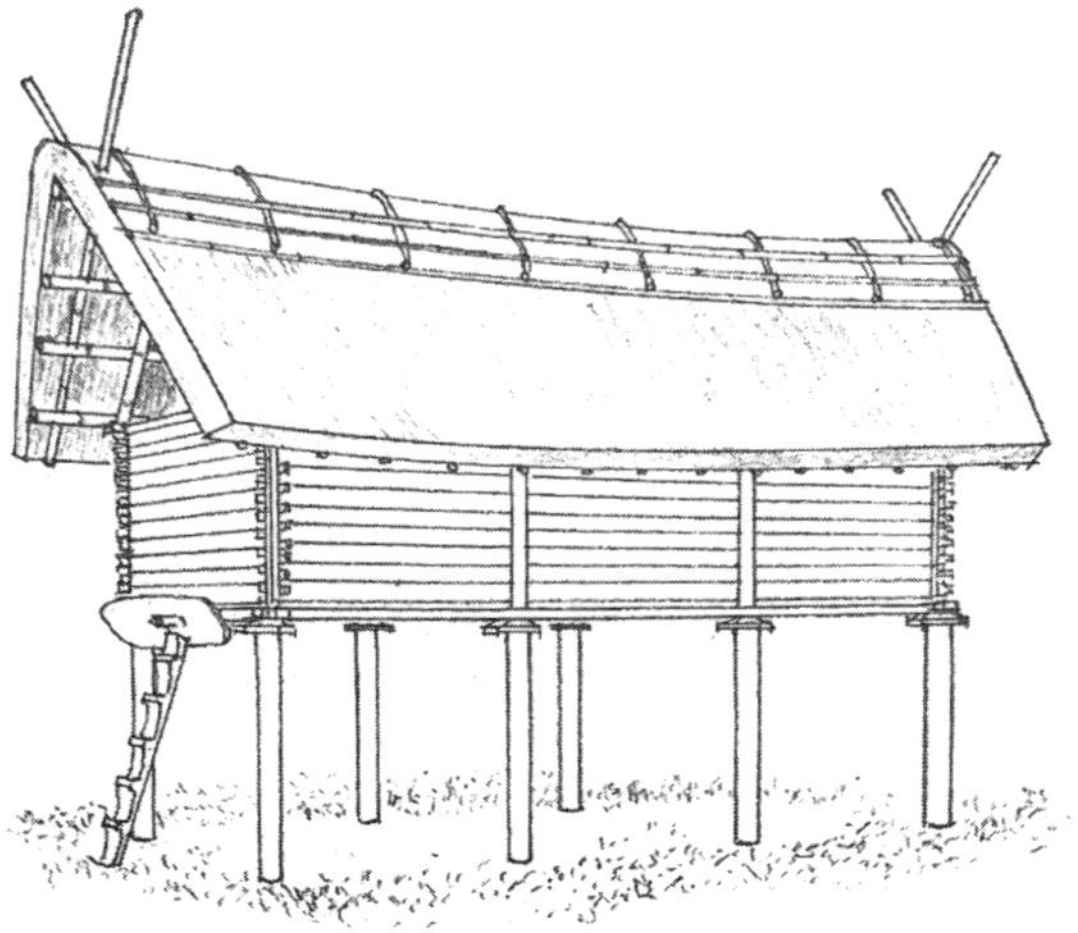

図49
図50

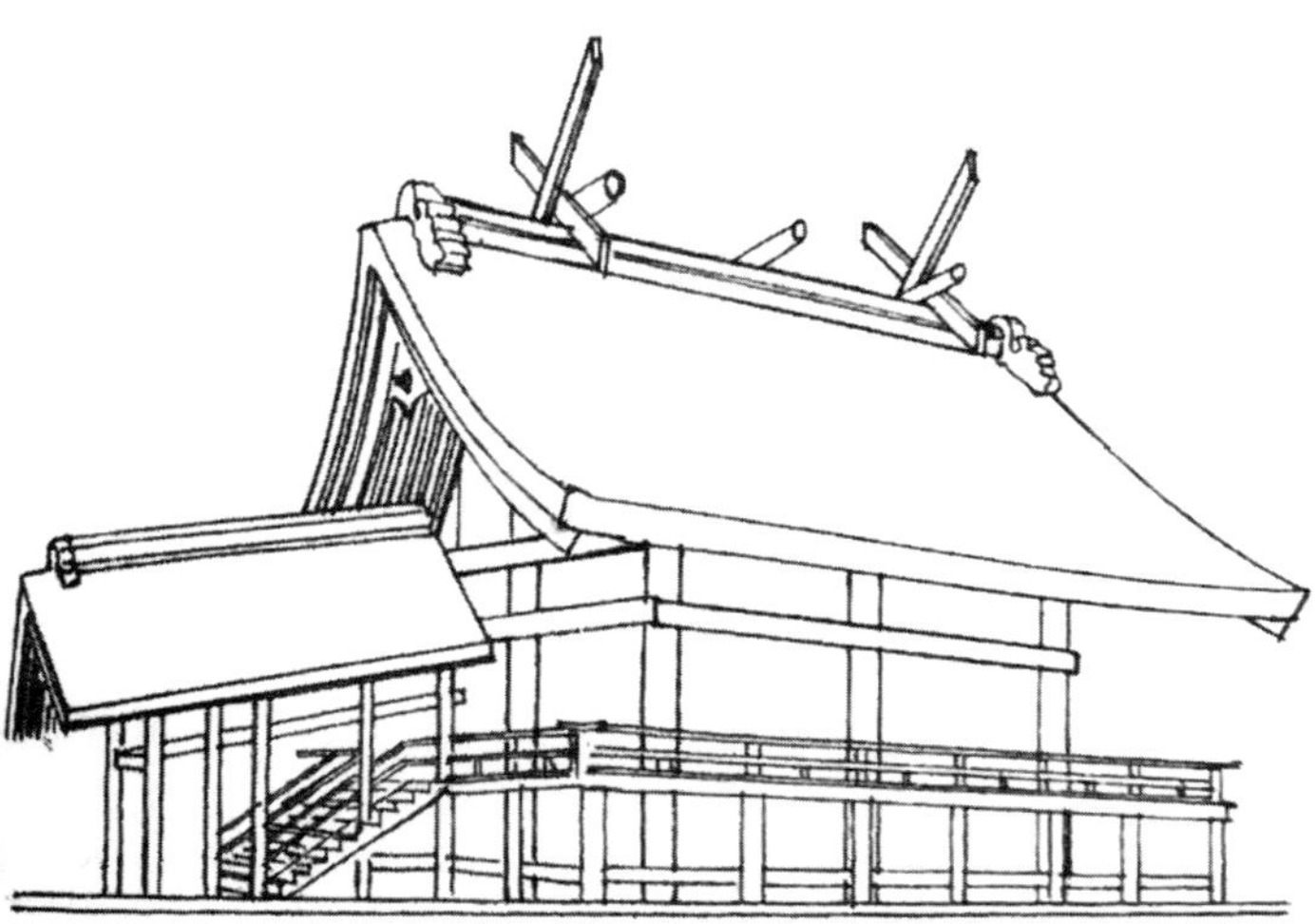

るほど基本的なことではあるが、「日本人はなぜ坐り続けてきたのか?」という問いをあらためて考え直してみると、高床の住居は、建築様式と不可分にある「坐」と「座」の方向性を決定づける主要因であったものと思われる。

中国において、「牀榻類」に靴を脱いで座ることよりも、靴を履いたまま「椅子」に座ることが広まっていったのは、生活上の利便性から自然の流れであったと歴史家は指摘する。一方、日本において椅子座の習慣は、大和朝廷が開かれて以来、千年以上の永きに渡って定着することがなかった。その理由のひとつには、「靴を脱ぐ労力を省く」という生活上の便益以上に、重んじなければならないものが明確に意識されていたからでもある。

高床式の住居は、熱帯多雨地域の東南アジアに多い建築様式で、湿度の高い日本の気候から穀類の劣化を防ぎ、鼠や野獣の侵入を防ぐのに適した構造であると学校では教わる。またこの構造が住居にもちいられたことは、夏の湿気を凌ぐためだけでなく、履物を脱ぎ、足を洗い、外の土や埃を落としてから屋内を清潔に保つことを習慣づける役割もはたした。

この「清らかさのなかに棲む」という感覚は、日本人の宗教意識と深く結びついていて、「祓い清め」によって罪穢れを除去しようとする神道の儀礼祭祀にも重なる。そして大和朝廷が米の徴収によって租税制度を定めて以来、「米によって生きる」という身体感覚を、米倉を原型とした建築様式によっても、棲む者のからだに浸透させていったにちがいない。

日本の伝統建築では、住居の敷居を跨いでから、まず踏石に上がって履物を脱ぎ、そこから一段上の框に上がり、廊下を渡って座敷に上がり、さらに客間の奥の最上部には神仏の霊威を宿すための床の間が設えられている。このように日本家屋の造りというのは、住居の奥に進むにつれて、物理的にも、象徴的にも、外からの穢れを祓い清めるための呪術的な装置が随所に設えられている。したがって、客人を招くときに「お上がりください」というのは、関係性の次元が異なる「身内」の空間へと、客人《まれびと》を招き入れる象徴的な意味まで含まれているのだ。

漢代に使用された「牀」が日本にもたらされて以来、その使用法は中国とは逆方向に発展した。漢民族の「牀」は、より小さな「榻」を生み出し、さらに小さな一人掛けの「胡牀」の伝来をきっかけに、「椅子」の発明・普及へと展開した。一方、日本においては、床から高さのある座具を空間から排除する形で、室内の全体が坐るための「座敷」となった。つまり、床面全体を地面から上昇させ、段差と間仕切りによって「外」「内」「奥」へと空間を分節化し、家屋そのものを聖なる次元につながる装置として、様式化することに成功したのである。

日本家屋の身体性

「聖」なるものと「清」なるものを同じ音韻であらわす日本語の習慣は、単なる偶然ではなく、ともに感覚の純度を高めるはたらきの、それぞれの次元が言葉の背後に潜むようである。そしてわれわれの「生」を「活かす」ための生活空間も、同じ音であらわされ、通常そこには畳が敷かれていた。「畳の上で死にたい」という、かつて日本人の多くが抱いていた共通感覚は、人が生まれ、生活し、死を迎える場所として、畳の感覚がからだに深く沁み込んでいたことを示している。その空間は、清潔で、神聖さを保つために、土足で上がることは強く禁じられてきた。

いまでは日本間の全体に敷き詰めることが常識となっている畳だが、このような使用法が一般に普及するのは近代になってからのことで、もともと畳は貴人が座を占めるための座具として発明されたものであった。畳という名称についても、来客があったときにのみ板間へと持ち出すからで、普段は押入れに畳んで収納してあることに由来する。現代の言葉でいえば、フローリングの上に置き畳を敷いて坐る形である。

稲藁を密に編み込んだ畳の土台は、稲作民族にとっては毎年大量に生産されるもっとも身近な素材であり、床下から上がってくる湿気をほどよく吸収した。その表層を艶やかな藺草《いぐさ》で覆い、正絹で縁を囲み、広い板の間に一畳敷かれていれば、そこが高貴な者のための「座」であることが一目で示された。「坐って半畳、寝て一畳」といわれる寸法も、もともとは「貴人の座」としての見栄えと使い勝手をもとに考慮して定められたものだった。

中世も半ばを過ぎて、経済活動が盛んになると、畳を部屋全体に敷き詰めた「書院造」の様式が貴族社会を中心に広まり出す。すると畳の寸法を基準として、その縦横の倍数で柱の間隔を定める必要が生じた。すると丸太から材木を木取る「木割」の寸法についても、身体尺に寄り添う形で規格化が進んだ。したがって、どこか身の丈に馴染むと感じられる日本家屋のスケール感は、畳が寸法基準を司っていたことが深く関係している。そもそも畳は坐る道具として発祥したことを鑑みると、日本家屋の様式は「坐」の延長上に秩序立てられたものである、といってまちがいではない。

畳の寸法は縦六尺、横三尺が中京間の基本であり、京間はそれより五パーセント大きく、江戸間は三パーセント小さい。しかし、こうした寸法は、あくまで基準でしかなくて、日本間に敷き詰められた畳のすべてが同じ寸法で管理されているのではない。したがって一度畳上げをしてから戻す場所をまちがえると、隅と隅が合わずに空間の形を成さなくなってしまうのだ。

これはどういうことかというと、入り口から奥まったところに位置する上座の畳は、遠近法によって小さく見えるから、基準より一寸大きくつくり、逆に下座は小さく抑え、部屋の広さの加減を見ながら、畳の敷かれる位置によって寸法に微妙なズレが加えられているからである。この寸法の加減を塩梅よく設えることによって、下座の敷居から室内を眺めたときに、空間の全体が歪みなく見え、端正な方形の部屋が、からだに馴染む有機的な印象を与えるようになる。あたかもそれは、立像の頭部を意図的に大きく造ったミケランジェロの美意識のように、作品を見るものの視点から、造形の秩序を再構成しようとする感覚とよく似ている。

身体を基準に空間をつくるという発想は、ヨーロッパにも古代から存在し、「黄金分割」という崇高な呼び名が与えられている。近代でもル・コルビジェが「モデュロール」という身体尺にもとづく設計手法を提唱した。しかしながら日本の職人は、理想化された寸法の比率にもとづいて空間を構成するだけではなく、規格化されたモジュールを遵守しつつも、空間の条件に応じて畳や壁面に大小のズレを生じさせる感覚的な妙技に鎬《しのぎ》を削ったのである。その微細な身体感覚を広く様式化してきたことは、日本建築の最も重要な遺産のひとつであったと筆者は思う。

見る者や棲む者の視点から、感覚的にとらえられる心地よさの論理は、図面で管理できる技術ではない。それは職人の見習い段階で、叩き込むようにしてからだに覚え込ませるものであり、美を再現する感覚が肌身に染み込んではじめて、制作技術を教える段階へと進むことができる。

人間の身体をはじめ、自然物の造形には幾何学的な直線というものが存在しないから、生活空間の全体が図面で管理された壁面で覆われてしまうと、私たちの身体感覚は硬直して、外界の自然とつながるしなやかな感性が萎縮してしまうのだ。それはどんなに耳触りの良い崇高なコンセプトを掲げてみても、その空間の中に身を置いたときに、空気の密度や流れによって、生命を活かす空間と萎縮させる空間とを、優れた身体は瞬時に直感するのである。

椅子座の近代

近代になると西洋化を国是とする変化のなかで、富裕層を中心に椅子座の習慣が導入されはじめる。明治から大正に至る激動のなかで、近代の建築家たちは「床坐と椅子座の起居様式のちがいを、どのように解決すべきか」という問題に多大な労力を費やしてきた。食卓や寛ぎの空間を床坐と椅子座のどちらに定めるのかによって、床面や壁面の素材、窓を開ける位置や大きさ、天井の高さ、照明の当て方など、空間のあらゆる配置が変わってくる。

日本人の住まいの近代化は、はじめ西洋の建築様式をそのまま模倣する形の「洋館」が建てられ、しばらくすると部分的に西洋の要素を取り込む「洋風」という言葉が生まれる。そして明治の終わり頃には日本と西洋のそれぞれの特徴を融合させた「和洋折衷」という発想が生まれた。大きくことなる生活様式の融合を図った折衷建築は、思想としては素晴らしく革新的ではあったが、作品の出来栄えについては、建築家個人の裁量に任されていて、大正から昭和初期にかけてはいくつかの名作も生まれたが、その技法が一般的に共有されるような様式へと高められるまでには、あまりにも時間が短かった。

そして一九四五年に終結した大戦で壊滅的な大敗を喫してから、古き伝統への連続性は大きく断たれ、急激な復興と経済成長を遂げると同時に、米国的な生活様式へと日本全体が呑み込まれていくのである。それでも昭和四十年代頃までは、床坐に卓袱台で生活していた家庭がほとんどであったが、「三種の神器」といわれる電化製品（テレビ、冷蔵庫、洗濯機）が普及して間もなく、椅子とテーブル、応接セット、といった耐久消費財が一般家庭にも普及してゆくこととなる。このように見てくると、日本の家庭に椅子が普及してから、まだ四、五十年の時間しか経っていないことがわかる。

古代から中世にかけて、日本には度々椅子がもたらされていたが、それらは庶民一般に普及することはなかった。しかし、近代においては、約一世紀の時間をかけて椅子座の生活様式がほぼ完全に普及した。とくに戦後の高度成長期に進んだ生活の変化はあまりにも急激で、それは経済的には眼を見張るものであったにちがいないが、文化的には古来の伝統を断ち切る形で、欧米化へ大転換をはかるための過程であったといえる。

いままでもみてきたように、起居にかかわる文化の様式は、その土地の自然と風土に育まれながら、永いながい時間をかけて醸成されてきたものである。なかでも日本家屋に優れて特徴的なことは、自然由来の形式に守られながら、畳の目数に代表されるような匙加減の自由があって、その質的領域に磨きをかけることによって、過去にも未来にもつながるような、新鮮な「間」の感覚を再生産できた点にあると考える。しかしその領域についても、空間の美感を堪能するための「坐」の技法や、目的に応じて適宜に「座」をしつらえる使い手の嗜みに熟練がなければ、日本の空間は本来内に秘めている機能の大半は発揮されることがない。しかし、わたしたちは、残された文化遺産のなかから過ぎ去った時代の生活を知ることができるし、物質文化の扱い方や、動作の型として伝承された無形文化の詳細を知ることで、文化を再生させる糸口をみつけることができる。

文字情報が言語的な思考の組み立てによって「我思う自己」を形成するのに対して、坐の技法や物質文化の使用法をはじめとする身体技法の形式は、環境世界との相互的な連関のなかで「生きられた自己」を形成する。そして日本には、過ぎ去った時代の記憶を宿した有形無形の文化遺産が、他国には例がないほど数多く保存されていることを、いま一度思い起こしたい。遠い過去から連続する身体技法の記憶は、遠い未来へと続く生活の方向性を指し示す羅針盤の役割をはたすと思われるからである。

四章

座の様式論

フランス家具の様式と名称

様式と身体

人間が生きるために必要な道具を自らの手で生み出し、そこになんらかの合理性が認められると、多くの人々がそれを模倣し、共同体に広く共有されるような様式にまで発展することがある。たとえば「和服」と「洋服」という言葉であらわされる衣服の特徴には、日本とヨーロッパのそれぞれの社会で広く共有されてきた衣服の形が明確にあって、その持続的、集合的な形象にたいして様式という呼び名がもちいられる。あるいは休息や食事のときに床や地面に直接坐るのか、あるいは椅子という道具をもちいるのか、という生活上の作法についても、起居様式という用語があり、それらを含む社会に広く共有されてきた生活の形は生活様式と呼ばれる。

文明史家のアルフレッド・クローバーは、様式が諸文明の本性を知る上で極めて重要な役割をはたしていることを指摘しているのだが、そこには社会全体に共有された自然と人間との関係を具体的に示す情報が秘められているからにほかならない。物をつくるための様式には、素材となる自然物にたいする態度が端的にあらわれており、また物を扱うための使用法についても、くり返される動作の論理から、身体という自然にたいする思想がおのずと浮かび上がるのである。

われわれが知っているのは、文明が生起するということであり、文明には進路があり、文明が達成されるということである。われわれはこうした進路や文明の諸成果について多少のことは知っているが、それがどうしてそうなるのかについては、ほとんどなにもわかっていない。(『様式と文明』[12])

クローバーのいう「文明の進路」というものは、「座」の様式についても端的にあらわれているように思われる。いままでもみてきたように、椅子は最古の文明が発祥した頃から存在していたわけだが、聖者の坐像と覇者の座像のそれぞれの様式には、自然にたいして支配的な態度をとるのか、それとも自然にしたがい親和的な生き方を学ぶのか、といった生き方の方向性があらわれていることを説明した。神や統治者の存在を象徴する「座」の様式は、社会を構成する人民の生き方を、強大な力で牽引していくための目的を持っていた。つまり、社会が仰ぎみる人間像に、どのような人格が想定されていたのか、という問題は、文明の進路を決定づける基層に坐る要因のひとつであったにちがいない。

人間の立居振舞いの仕方には無数のパターンが考えられるわけだが、そこに一定の法則性を見出し、作法として定着させ、その動きを導き出す道具が発明される。したがって衣服や履物、椅子、食具など、それら道具の形態は、それを使用する人々の身体の動きを如実に伝える客観的な資料となる。そして個々の道具の形態に、社会全体に共有されるような様式性が認められる場合、そこには身体と自然にかかわる社会的な思想までもが刻み込まれていることがわかるのである。

おこなわれる傍から消えていく身体の動きに、一定の形式が生まれると、それは「作法」と呼ばれるが、眼に見えないものに形を与え、現実世界に定着させてゆく試みというのは、「様式」の語源にあたるラテン語の stilus と本質的に同じはたらきをもつ。もともと先の尖った筆記具に由来する stilus は、筆記された「文体」や「話法」のことを意味していた。つまり style とは、眼に見えない感情や思考、イメージに、眼に見える形を与えるはたらきから生まれた言葉であり、そのためにもちいられる文字や言葉や色彩、造形、音の波長などは、形あるものを生み出す媒体にあたる。つまり「様式」という言葉の根底にあるものは、眼に見えないものに形を与えようとする意思であり、そのなかでも恒常的な持続性をもつ域にまで到達した一連のかたちを「様式」と呼ぶ。

様式概念の形態的側面に特化した場合には「フォルム（form）」といい、様式の再現性に着目すると「パターン（pattern）」と呼ばれ、他と区別するための分類を強調すると、それは「類型（type）」とあらわされる。たとえばルース・ベネディクトが「文化の型（Pattern of culture)」という様式概念をもちいるときに、そこで強調されているのは、日々くり返される生活様式の再現性への視点である。あるいはカール・G・ユングが人間の深層心理を、「グレートマザー」や「老賢者」「トリックスター」といった人格に分類するのは、明らかにほかと区別されるような神話的人格が、典型的な心の動きとして示されることにもとづいている。

また様式は、西洋美術史においては装飾の図柄についてもちいられることが多く、椅子の様式についてもフレームや脚部にほどこされた装飾の形から、時代様式の分類されることが一般的である。しかし、装飾の起源をさかのぼっていくと、それらは動物や植物の造形をモチーフとして、平面や立体の文様に抽象化し、身のまわりの道具や空間を美化しようとして制作されたものであることがわかる。なかでも唐草の連続する植物装飾は、オリエントの神殿やヨーロッパの宮殿の内装を一面に飾ってきた。そこには宗教的な楽園のイメージや自然物の造形美のほか、政治力の強大さなどが複雑に絡みあっているわけだが、本書の関心はそれとは少々別のところにある。

動植物の装飾は、一見すると人間の身体性とはなんのかかわりもないようにみえる。制作する上でも非常に手間のかかることから、家具や室内を豪奢な装飾で飾ることは富者や権力者が好むところであった。そうした華美な装飾がほどこされた椅子は、人間の身体を心地よく支えることなどまったく考えていないようにみえるし、皮膚に角を立てるような装飾をもつ椅子はたしかに多い。ただし、「家具装飾と身体性は相反するのか」という問いを立ててみると、必ずしもそうとばかりは言えない事例もある。

様式概念の役割としてとくに重要と思われることは、まったくことなる事物を、おなじひとつの文化的文脈のなかに結び合わせるはたらきである。たとえば「動物」と「植物」と「人間」は、別々の生き物である。そこに様式的な共通性をみつけようとすると、「動物」も「植物」も「人間」も、いずれもおなじ「自然物」であるという見方もできる。この「自然物」としての特性を、「身体性」を基軸にして再構成しようとすると、たとえば、唐草の葉形をした肘掛けが、前腕の形にぴったり沿って削り出されたり、背骨の彎曲に沿った背もたれと、造形的な韻を踏むようにして貝殻の螺旋を配したり、といった風にして、身体性と見事に調和した椅子の装飾様式は少ないながらもたしかに存在している（もっとも代表的なものとしては、椅子やテーブルにもちいられる「動物脚」だが、それは見た目の美しさだけでなく、猫やライオンの脚部の造形が、重量物を支えるうえでも合理的な構造をそなえているからこそ、古代から現代にいたるまで持続する様式になり得たのである）。

つまり身体性と結び合うところの装飾様式は、同時に椅子デザインにおいて「身体性と政治性は両立するか」という問題とも重なる。このような問いをあらためて立てなければならないのには理由があって、つまり過去のインテリア史にかかわる研究のなかには、王宮を中心に派生したクラシック家具と一般大衆の日常へ普及した近代家具とを、まったく相容れないものとして分断してしまう考え方が、専門家の間でさえ蔓延しているように思われるからである。つまり時代区分を通してデザイン様式を分類することに慣れてしまった視点からは、個々の作品がもつ心地よさの論理を丁寧にくみ取ろうとする感覚が抜け落ちてしまうのではないか、ということを率直に感じるからである。

椅子デザインの政治性と身体性

椅子の研究をひとつの学問体系にまで高めようとした試みのなかに、島崎信を中心とする近代椅子にかんする一連の研究がある。それらは北欧家具をいち早く日本に紹介し、イギリスのウィンザーチェアを体系的に編纂し、モダンデザインを社会一般に浸透させる役割をはたすなど、その社会的な功績には多大なものがある。しかし、「椅子学」ということを標榜して、学問体系を構築しようとした壮大な試みをいま振り返ると、物質文化を分析する際に、様式概念を完全に除外してしまう歴史感覚への欠如が、学問的な普遍性へと認識を高めていくのを決定的に妨げていたのではないかと筆者は思う。島崎は次のようにいう。

注目しなければならないのは、人類の財産として博物館などに残っている家具の大部分もまた、その時代の権力者からの注文を受けてつくられたものだという点である。そのため時代の様式に沿ったものであるのはもちろんのこと、権力者が注文してつくらせているために、良材が用いられ権力や富を代弁するようなものができあがっている。その代表的な例がエジプトのファラオの椅子だろう。この椅子は富を象徴する金箔が貼られ、背中には大きな鳥が翼を広げており、あたかも王は空をも飛べる超能力が備わっているようにみせる。また脚部には獅子の爪をあしらい、百獣の王の能力を象徴している〔中略〕これらの椅子は、現在われわれが椅子を診断する際に重要視している「座り心地」や「使いやすさ」といった観点からすれば、特殊な椅子に属するのではないだろうか。それよりもむしろ、いつの時代にも、庶民が日常的に使用していた「生活の道具としての椅子」こそ注目しなければならないのではないであろうか。(『近代椅子学事始』[13])

近代椅子学の基本思想の要諦と思われるこの一文は、多くの矛盾と問題点を含んでいるように思われる。庶民が日常的に使用していた実用のための椅子に注目することが大事である、という考えには異論をさし挟む余地はないのだが、人類の歴史のなかで、個人が座るための椅子を、一般庶民がもてるようになるのは、ヨーロッパにおいては産業革命以降、一九世紀も後半になってからのことで、「生活の道具としての椅子」のみを研究対象とした場合には、二百年に満たない近代の工業製品に限定された見方で世界観を構成することになる。それ以前の中・近世から古代ローマ、ギリシア、オリエントにまでつながる四千五百年以上におよぶ椅子の作品群は、およそ権力者が発注したものであるから、島崎らの重要視している「座り心地」や「使いやすさ」とは縁遠いものである、というような考え方は、クラシック家具の品質を少しでも検討してみれば、到底当たらないことがわかるだろう。

ファラオの椅子の装飾についても、たんに権力の象徴としてばかりでなく、神官としての役割と、彼らの信仰する宗教思想をきちんと理解したのでなければ、王座の後背に描かれた装飾の意味を批判すべきではないだろう。しかも、エジプトの王族が、儀礼や日常のなかで使用していた椅子には、「座り心地」や「使いやすさ」に入念な工夫が凝らされていることを近代椅子学は完全に見落としている。具体的に見てみよう。

金箔の貼られたファラオの椅子とは、おそらくカイロ・エジプト博物館が所蔵する「黄金の玉座」のことと思われる（図1）。一見すると椅子の全体にほどこされた装飾の豪華さにだれもが眼をうばわれるのだが、座面の部分をよくみてみると着座部分にパピルスの繊維が編み込まれていて、王が座った時に坐骨へかかるストレスを軽減する配慮がほどこされていることがわかる。後背に彫られたレリーフは、ツタンカーメンが妃のアンケセナーメンから香油を塗られている場面で、黄金の太陽光が二人に燦々と注がれている。若き王と王妃のもっとも美しい日々が記録された背もたれの上部に着目すると、両端から中央にかけて微妙に湾曲がほどこされていて、王が背をあずけたときのフィット感までもが、きちんと計算されていたことがわかる。

さらに祭礼用にもちいられていた図2の椅子には、より顕著に身体性があらわれていて、座面の形は横方向に大きく湾曲し、ファラオの腰をストレスなく包み込むことが入念に配慮されている。脚部は折り畳み式になっていて中国の宋から明時代に興隆した「靠背交椅」や「圏背交椅」と同じ構造のものである（第三章参照）。いずれも足台をもちいて座る形式をそなえていて、古代オリエントにみられる王座と同様に、座る者の存在を高める意匠がエジプトでも様

図1

式化されていたのがわかる。背もたれの上部に描かれたハゲワシは、上エジプトの女神ネクベトを象徴したもので、爪には永遠をあらわすシェンの輪が握られている。

図3は王族の子どもが座るための椅子で、この椅子の背もたれにもホルス神の化身であるハヤブサが全面に彫られており、椅子に座る者が王権を担う存在であることを象徴している。そして割板を接合してできた座面は縦方向にも横方向にも湾曲していて、「座り心地」をよくするために、たいへんな労力が費やされている。木材にこのような湾曲をほどこすためには、木組みと切削の技術についても、エジプトの職人たちが非常に高度なものをもっていたことを示している。こうした特徴を部分的に挙げるだけでも、ファラオの椅子は富と権力の象徴としてばかりではなく、王の身体を心地よく支えるための要素が入念に設計されていたことが明らかである。

王族を中心に発展した統治者の椅子は、人民を支配するための政治的要素ばかりではなく、人間の身体をストレスなく支えるための「心地よさの論理」が共存しているものも多数存在する。たとえ華美な装飾が、脚部やフレームに配されていたとしても、身体を支える座面や背もたれの構造を具体的に吟味することなしに、「権力の象徴」ということだけで伝統様式を片付けてしまうとしたら、それは数千年にわたって探求されてきた「座り心地の論理」という宝の山にむかって、眼を瞑ることと等しい。

椅子デザインにおいて、政治性と身体性はたしかに両立し得る。注目すべきことは、政治性

図2

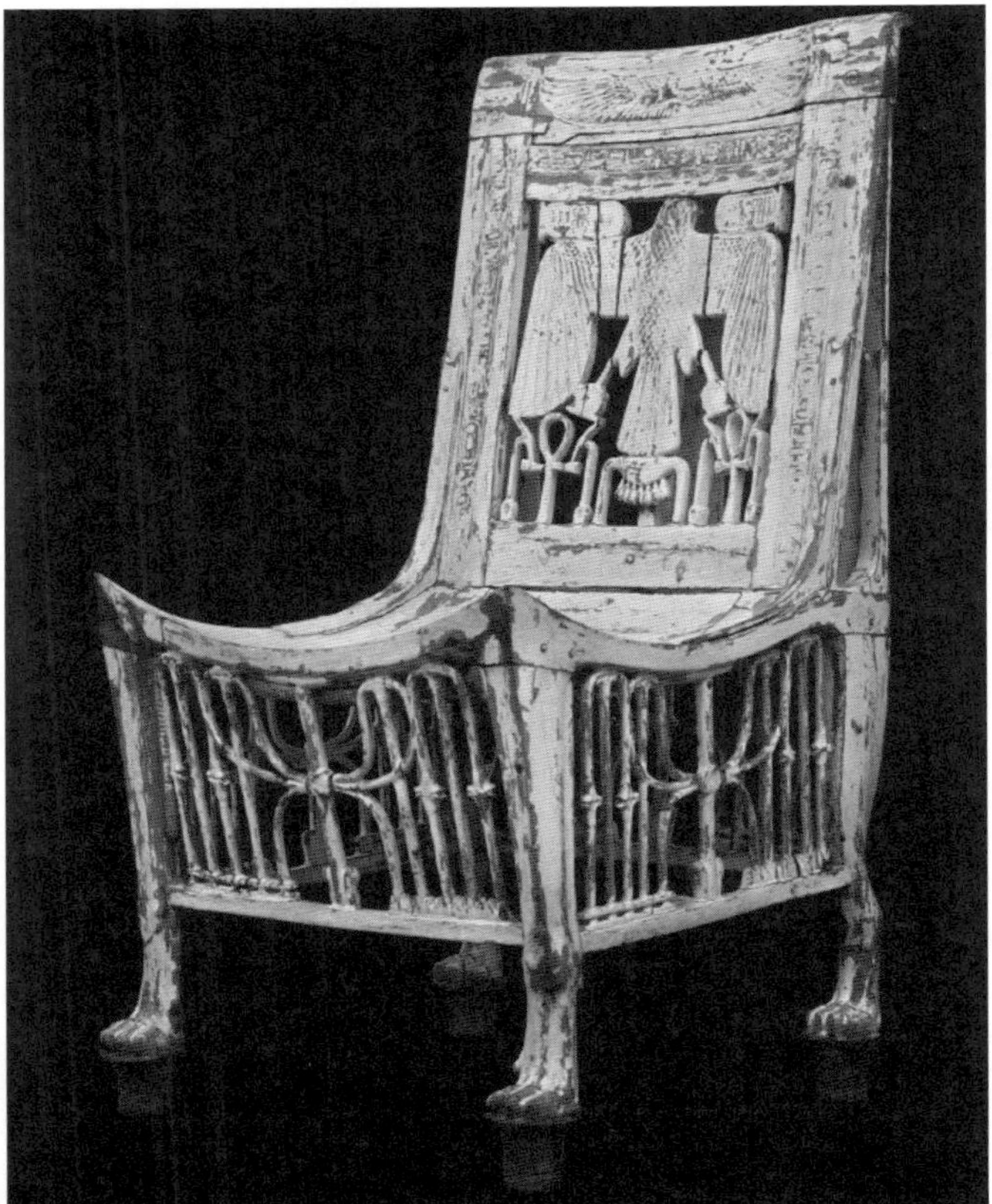

図3

図4

図5

図6

図7

と身体性のそれぞれが結び合う領域を担保する様式概念への理解であると、筆者は考える。たとえ王宮から生まれたものであれ、庶民の日常から生まれたものであれ、作品そのものがもつ特性を正確に読み解くための論理こそ重要視されるべきであり、そのためには、ひとつの椅子が内包している情報について、素材、構造、木組み、装飾、塗装、身体支持の手法など、それぞれの要素を詳細に吟味した上で、どのような思想のもとに作品が構成されているのかということを、具体的に導き出すことが基本となる。

クリスモスの身体性

古代オリエントに発祥した王座の様式は、その地域に台頭した王朝のあいだで次々に模倣され、足台をもちいた椅子座の様式が定着していったのだが、紀元前五、六世紀頃のギリシアでは、従来の王座の形とはまた別の、新しい椅子の様式があらわれる。クリスモスといわれる図4の椅子は、背もたれが支柱に接合されて、座面から離れたかたちで独立するようになる。その高さは肩甲骨の上まで達するほどの高い位置に設定されている。牧神サテュロスが肩に担いだクリスモスは、背もたれが横方向に湾曲した特徴がよく描かれていて、現代ではラウンドバックといわれるスタイルをとっている（図5）。

図6、7に見られるような大きな背の湾曲を、木材から削り出そうとした場合には、ブロッ

ク状の大木が必要となるため、背の支えを肩甲骨周辺の部分だけに限定してデザインすることは、経済的な理由からも合理性がある。この椅子についても、オリエントの王座と同様に、足台がもちいられており、クリスモスに座る人々は、富裕な身分であったことが想像される。

デザイン史のなかでも注目度の高いクリスモスの特徴は、おおきくインカーブした脚部の造形で、図像をもとに復刻した椅子も多数つくられている。復刻されたクリスモスは、いずれも木製のものばかりなのだが、じっさいに古代の図像に描かれたような細さで、この湾曲を正確に再現したとしたら、木材では構造的にまずもたない。毎日くり返し人が座り続けたら、かんたんに脚が折れてしまうだろう。少なくとも現在の工業製品の基準では、木製の椅子としては成立しえない構造である。

レリーフや壺絵に描かれた図像からでは、椅子の素材は特定できにくいのだが、クリスモスの脚部には金属がもちいられていた可能性についても考えてみたい。クリスモスを描いた図柄は、いずれも脚部と座面の接合部分が、栓のようなもので留められていて、からだに直接あたる座面と背もたれは木材を加工し、荷重のかかる脚部のみ青銅をもちいる方法をとれば、クリスモスのデザインでも使用に耐える構造になる。

様式と名称

様式への理解は、モノに名前を与える名称化のはたらきに、論理的な道筋を示す助けとなる。欧米の言語には、坐る体勢をあらわす語彙が少ないことを、第二章でゴードン・ヒューズから学んだが、座る道具の種類や名称については、フランス語にもっとも豊富なボキャブラリーがある。言葉は人間の経験にもとづいて生まれるものだから、たとえば日本語における坐る体勢の語彙の多さは、日本人がかつて道具よりもむしろ自分のからだを使いこなすことに重きを置いて言葉を組み立ててきたことを伝えている。それに対して、ヨーロッパでは、座るための道具の工夫がさまざまな形で凝らされてきたために、椅子にかんする豊富な語彙が生み出されることとなった。

とくにフランスでは、美術史だけでなく、社会科学の立場からも、道具の分類学的な研究が盛んで、「座る」という目的でつくられた数多の道具を、その機能や形態、装飾、用途などにもとづいて整理し、それぞれの特質にふさわしい名称を与えるための論理が整備されている。それは動植物の科目を分類し、万国共通の学名を与えるのと同じく、歴史的に使用されてきた道具類についても、その特性の理解と、ふさわしい名称を与えるための理論が、社会科学の重要な一領域として位置付けられている。あたかもそれは、旧約聖書の冒頭で、天地を創造した神が、被造物のひとつひとつに「名前」を与え、それぞれを「良きもの」として、存在価値を認めていく様子を想い起こさせるかのようでもある。

フランス家具の歴史のなかでも、とくに長い期間にわたって制作され、社会に広く普及した様式について考えると、一七世紀頃からブルボン王朝を中心に、クッションを多用した椅子が著しい発展を見せ、ヨーロッパ全土にまで波及していった経緯がある。それはイタリアを中心に生まれたルネサンス様式よりもむしろ強い影響力をもっていて、現在でも宮廷家具の基本様式として、ヨーロッパ以外の各国でルイ王朝の様式が数多く採用されている。

これらの椅子は、当時の国王の名にちなんでルイ一五世様式、ルイ一六世様式、などと呼ばれるものが有名ではあるのだが、王の名に対応する椅子の特徴というのは、たとえば「猫脚」に代表されるような、脚部やフレームの装飾的な造形にもとづいている。しかし、それとは別に、椅子全体の形態から「カブリオレ」「ゴンドラ」「ベルジェ」「ヴォルテール」など、装飾性とは別の括りの呼び名があって、それらがどのような椅子の特徴にもとづいて名称化がなされているのか、という問題については、日本ではほとんど知られていない。

ヨーロッパ家具の歴史は、多くの場合、装飾的な特徴から時代様式が語られてきたのに対して、ここでは、実際に生活のなかで使用されてきた椅子たちの分類法に注目をしながら、フランスの椅子をみていこう。

日用家具の分類学

フランスの国民教育省（Ministère de l'Éducation nationale）と文化省が共同で編纂した一般遺産研究のなかに、『日用家具（Le mobilier domestique）』という大著がある。[14] フランス家具の体系を示したこの本のなかで、椅子は「休息のための家具」として、ベッドと同じ章に記されている。そこでは作業用の腰掛けから、食事や執務、喫煙、理髪、寝室、音楽、写真撮影から長椅子、寝椅子といった寝具としての機能をもつものまで、家庭や公共のあらゆる場面で使用された椅子の属性が示されている。

この本が、従来の歴史研究と大きくことなるところは、家具の「名称」について独自の切り口を設定している点にある。章立てを詳しく分析してみると、まず「一般的な語彙」を確認し、「用途に関連した分類」「構造に関連した分類」「機能に関連した名称」「形態に関連した名称」「装飾に関連した名称」というように、椅子の多様な属性を客観的に解体した上で、あらためて各々の椅子を分類し直し、まずは名前の由来を理解し、物に適切な呼び名を与えるための根拠が示されている。

物の属性への正しい理解と、それにもとづく名称化の論理を知ることは、まず作り手にとっては、「どのように物をつくるべきか」という問いに対して、過去の優れた仕事から、作り手の意図を正しく読み解く助けになる。また、物を購入する人々にとっても、自分の必要とする物を正しく選び取るためのガイドラインにもなるはずである。

この分類学的な家具研究を検討してまず気づかされることは、為政者の名に由来するような時代様式の特徴というものは、物を構成する上で、もっとも表層の部分にほどこされた装飾や文様にあるということだ。もちろんそれは、見るものすべてに伝わる明快な方法で、富や権力の大きさを象徴するはたらきをもっている。それに対して、椅子そのものを成立させる構造や機能、ストレスなく座れるための形態等については、通常は、専門家でないとなかなか判断がつきにくいのだが、そうした深い部分の品質をあらわす一般名称の存在すること自体が、椅子に座る文化の成熟度を物語っている。

スィエージュ、タブレ、エスカボー（SIEGE, TABOURET, ESCABEAU）

すわるための場所や道具の一般を広く指し示す「座」という日本語には、siége（スィエージュ）というフランス語が対応している。座具のデザインや用途の如何にかかわらず、siégeという と座席一般を包摂するもっとも抽象度の高い言葉である。そのなかから、背もたれのない、脚部と座面だけで構成された「腰掛け」に対象が限定されると、「タブレ（tabouret）」という別の名称で区別をされる。「タブレ」は一人用の腰掛けのことを指し、中国語における「凳」や「胡牀」などがこれに当たる。

背もたれのない座具をあらわすフランス語には、もうひとつ「エスカボー（escabeau）」という語があり、こちらは椅子に限らず、脚立や縁台のようなものも含み、座るための用途よりも「台」という意味合いの方がより強くなる。脚部が広いパネル状になったスツールやベンチなどもこれに含まれ、「エスカボーパノー（escabeau panneaux）」と説明される。

日本語で「腰掛け」というと、一人掛けでも二、三人掛けでも区別はなく、ましてや脚部の形態まで吟味するような意識自体がはたらいていない。ところが、座具にかんするフランス語の語彙を定める根拠には、脚部のデザインにかんする歴史的な展開が、とくに重要な意味を持っているように思われる。

ただ「腰掛ける」だけの「タブレ」についても、脚部の形態に着目すると、明確な時代様式が分かれていて、図８に見られるような流線形の脚は、俗に「猫脚」とも呼ばれるルイ一五世様式である。一方、図９はルイ一六世様式といわれ、旋盤加工された円筒形の脚に規則的な彫物装飾をほどこした形になっている。それぞれがフランス家具を代表するデザインだが、もっともシンプルな座具である「タブレ」の段階でさえも、脚部の形態によってこのような時代様式が区分される。

それぞれの装飾の形が「どうしてそのような形状になったのか」ということを、歴史全体の流れでみていくと、単なる外観上の美的効果だけでなく、座り心地を含んだ「身体性」という

図8

図9

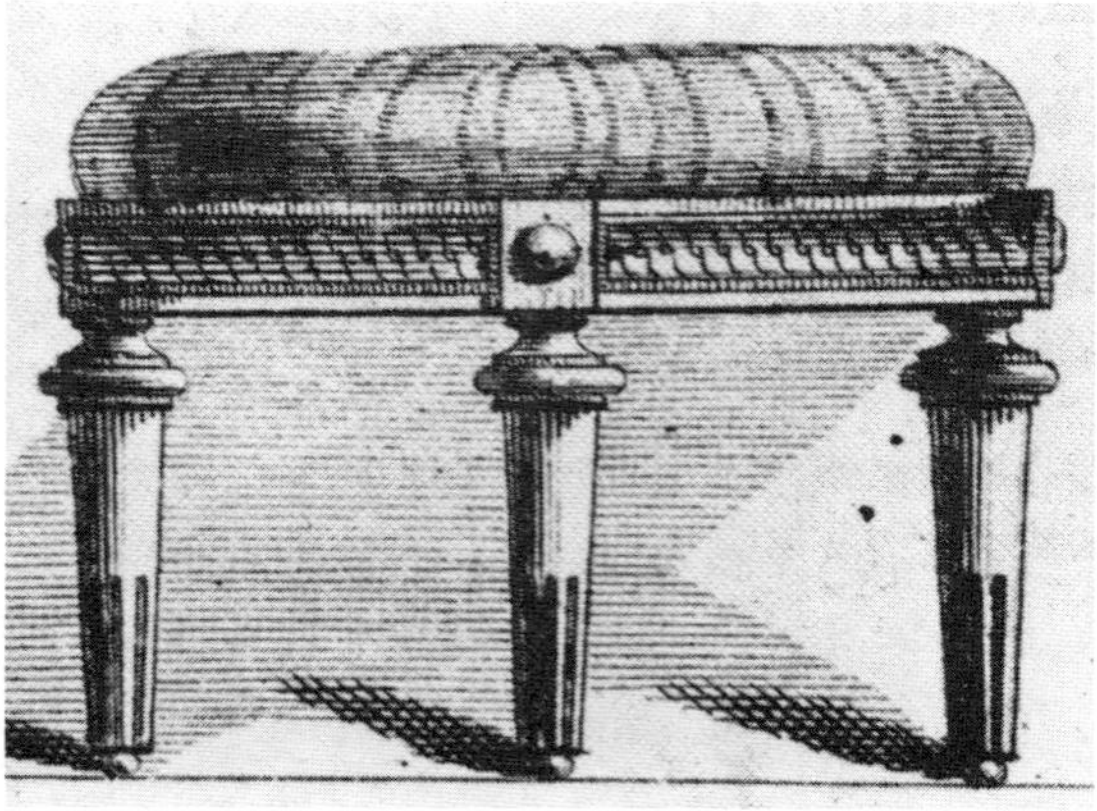

ことと、密接に関連しながら発展してきたことがわかる。具体的にみていこう。

シェーズ、フォテイュ（CHAISE, FAUTEUIL）

さて次に、脚と座面だけの構造物から、背をもたせかけるための機能、つまり「背もたれ（dossier）」がつくと、今度は「シェーズ（chaise）」という呼び名に変わる。日本語や中国語の「椅」という文字も「倚りかかる」という意味であるから、「椅子」という日本語の原義にいちばん近い言葉が chaise である。

ここからさらに肘掛けがつくと、今度は「フォテイュ（fauteuil）」というまったく別の名称に変わって、椅子のステージが一段上がる。肘掛けによって、側面から身体を支えるための意匠は、内と外とを区別する「仕切り」の役割をはたし、それが「自分の居場所」としての空間の独立性を示すものとなる。また肘掛けに脇をもたせかけるという行為は、上半身の対称性を崩して、日常の規範から寛ぎの体勢へと移ることを意味し、すわる者には暫しの安楽が約束される。fauteuil の場合は、そうした崩しの意味を含みつつ、さらに両腕を楽な位置に置くことが想定されていて、この体勢を保持するための機能は、chaise から一段階上のステージをあらわす意味でももちいられる。実際に、「椅子（chaise）」に「肘掛け（actoire）」をつけて「肘掛け椅子（fauteuil）」にすることは、作る側としても、木組みの構造や強度の面で、一歩も二

図10

図11

図12

図13

図14

図15

歩もステージの高い仕事となる。

クッションの探求

より良い座りを実現するために、座面と背もたれをどのような形状につくり、肘掛けにどのような装飾をほどこすのか、という問題については、ブルボン王朝期に発展した一連の様式をみると、まさにエポックメイキングというべき進化の過程が見える。まず心地よい座りと装飾性は、椅子をつくる上で一見、相反する要素のように見える。動植物のレリーフがほどこされた木板の上に身をあずけることは、一見しただけでも抵抗がある。この問題をルイ王朝期の椅子は見事な手法で次々と解決していった。

まず椅子にクッションが使われるようになった一七世紀の初頭はルイ一三世の統治時代で、このときはルネサンス様式の流れを汲んだ螺旋の装飾が、椅子の脚部や肘掛けに好んでもちいられた（図10）。丸棒から規則的な螺旋の溝を彫り出す作業は、非常に手間のかかる仕事ではあるのだが、ルネサンス時代の趣味趣向として、家具や建築のあらゆる表面を、神話的な絵画や彫刻、浮き彫りなどで飾ることが好まれた。現代とはちがって、手間をかけることがひたすら価値であった時代からみると、ルイ一三世時代の椅子に見られる螺旋の文様は、まだシンプルな方であり、螺旋の上昇する先に、唯一神の存在する天上を指し示す宗教的なモチーフさえも込められている。

しかしこうした螺旋の凹凸の上に腕を乗せた場合には、少なからずストレスがかかったはずで、この時代、華美なフレームの装飾は、身体的な心地よさとは相反する形で共存していたといえる。そこで肘へかかるストレスを解決するために考案された方法が、肘掛けの上にもクッションを張ることであった（図11）。

これがルイ一四世の時代になると、肘掛けが植物の葉形をモチーフとした一筋の流線へと変わり、人間の前腕部を置いたときにもストレスの少ない形へと変化が起こる（図12）。この造形は、もともとは建築装飾として好んでもちいられたアカンサス唐草の変形であると、美術史的には説明されるのだが、それが単なる視覚的な効果だけでなく、身体の形状にも沿った流線の形へと、デフォルメがおこなわれたのである。

この形も、はじめは肘掛け部分のみにデザインの変更がほどこされ、脚部はルネサンス的な螺旋の特徴を残していたのだが、徐々に肘掛けの流線が脚部からフレーム全体へと、同質なリズムで統一するようデザインを促し、これがルイ一四世時代のひとつの様式となる（図13）。

次のルイ一五世の時代になると、前時代の植物文様が「猫脚」といわれるひとつの完成形へと確立される（図14）。もともとは植物文様から展開したルイ一四世時代の唐草が、次の時代には「猫脚」という動物の愛称で呼ばれるようになった。腿の筋肉が発達した猫の脚部の造形と、人体の重さを支える椅子の脚部の造形とが、生命由来の合理的な形へと導かれたことも、この様式の完成度をあらわすひとつの指標になるかもしれない。

ちなみに「猫脚」の造形は、中国の几案類には古代から存在し、日本にも奉納物を乗せる台である「宝相華螺鈿案」の脚部によく似た形のものがある（図15）。ただし、中国でこの形が見られるのは、几案類に限られていて、人が座る椅子に「鷺脚」「猫脚」のもちいられることは、清代の一部の「牀榻類」を除いては、ほとんど見られない。

ルイ王朝の統治時代を通じて、中国の家具や陶器が珍重されていたのは有名な話であるが、それはベルサイユ宮殿のなかにも中国陶器や中国家具のための部屋が存在することからもわかる。ルイ一四世の好んだ中国趣味が、その孫であるルイ一五世の時代になっても引き継がれ、几案類の猫脚装飾はフランス家具の様式に、根本的な方向転換をはかるほどの影響をもたらすきっかけを与えたかもしれない。そして過剰なまでの装飾をひとつの形式として取り込むゴシック様式から、生命由来の流線がデザインの基調となり、自然石や貝殻の曲線を多用したロココ様式が誕生する。その典型は椅子の脚部のデザインにもみられるのだが、それは単なる視覚的な装飾の効果だけでなく、座り心地を含む身体性とも深くかかわっていることを次に示していこう。

図16

図17

図18

図19

「女王の椅子」からの展開

「猫脚」といわれるルイ一五世様式が造形的な完成へと導かれる契機は、単なる装飾としてだけでなく、この時代に大きく進んだ座面と背もたれの造形的な変化が深く関係している。つまり前の時代までは方形の座面と背もたれを、張り地でくるみ、中に分厚いクッションをほどこす形であったのが、ルイ一五世の時代になると、背もたれの外側を木枠で囲って、椅子の造形的な輪郭がより明確化される。

椅子の背もたれは、そこに座る人物の存在の印象と重なるから、やわらかいクッションの周囲を額縁のような木枠で囲むと、造形の印象がより強いものとなり、王侯貴族が好んだ格式を、一段高いものへと進歩させることが可能となる。ここに「女王の椅子（chaise de la reine）」（図16）というフランス家具のもっともオーソドックスな形が完成し、これを基本形として多様なバリエーションが展開していくのである。

「女王の椅子」は基本的に平坦な木枠の背もたれの中にクッションをほどこす形となっている。これに肘掛けがあれば「fauteuil de la reine」となり、なければ「chaise de la reine」となる。この形から一歩進んで、背もたれ全体に横方向の湾曲をほどこし、上体を包み込むような丸みが与えられると、今度は幌馬車を意味する「カブリオレ（cabriolet）」という新たな名称が生まれる（図17）。
「女王の椅子」から「カブリオレ」へ至る変化は、視覚的には微妙なちがいのようではあるが、身体的なフィット感の面では大きな進化が得られている。また座面の形態についても「カブリオレ」には重要な進化があって、座面の前中央から両端に向かって凹んだ流線を描くようになったことである。これは膝裏へのフィット感を配慮したためで、この凹みがあることによって、大腿部が短い小柄な人が座った場合にも、背もたれに腰がしっかり届いて、湾曲した背もたれのフィット感を堪能することのできるデザインとなっている。

こうした細かい造形の配慮は、いずれも身体へかかるストレスを軽減するはたらきがあり、長く椅子を使い続けたときにはっきりとした真価があらわれる。上体を包み込むような「カブリオレ」の背もたれは、明らかに身体性の追求から生まれた形にちがいないが、またそれは背、肘、脚と、椅子を構成するそれぞれの要素が、同質の曲線によって韻を踏む形となり、完成度の高い造形的調和が実現している。これらの有機的な曲線は、作る側としては非常にハードルの高い仕事ではあるが、また同時に腕の見せ所でもあっただろう◆1。

さらに時代が一世代降ってルイ一六世の時代には、先に示したように脚部のデザインが、旋盤加工された円筒形になり工法の合理化がはかられる。そして背もたれの形は「メダリオン」といわれる楕円形の木枠が好んでもちいられ、膝があたる座面の前面も幾何学的な弧を描き、造形的な合理化が進んでいる。

この「メダリオン」の背もたれが、横方向に湾曲した形で作られれば「カブリオレ型メダリオン、ルイ一六世スタイル」(図18)と説明され、平坦であれば「女王型メダリオン、ルイ一六世スタイル」(図19)となる。

ルイ王朝末期における椅子の木枠の構造は、幾何学的に単純化された形へと変貌を遂げる。それは、身体に沿った有機的曲線に導かれた前時代の構造を基礎に置きながらも、図面で管理できるような合理的な形態へと抽象化されてゆく。つまり「身体の自然に沿う」という手間のかかる開発の段階を経て、視覚的にも、工法的にも、複雑な要素をそぎ落としていく方向へとデザインが展開したのである。つまり身体的な合理の追求が、ルイ一五世の時代で行き着いた先で、「何をそぎ落とすべきか?」という合理化の発想が生まれたことがわかる。そして座面と背もたれの身体支持構造はそのままに、木枠の形が幾何学的に抽象化される形で、ルイ一六世の様式が生み出されたのである。

この様式は、ルイ一五世様式と同様、いまなお世界中で生産され続け、フランス家具のもっとも代表的なデザインのひとつとなっている。様式の名称に由来するルイ一六世は、周知の通り、マリー・アントワネットとともに、断頭台の上で処刑されたブルボン王朝最後の国王であ

◆1　英国においてはルイ一五世様式の「猫脚」を、【Cabriolet leg】と表すが、フランスにおいて【Cabriolet】とは、背もたれが横方向に湾曲していることを条件として、「女王の椅子」と区別をされている。

る。彼は二〇歳で即位したときに、自分が政治にかんして何ひとつ教えられていないことを告白しているのだが、すでに先王の時代から慢性化していた財政難を克服するための改革に腐心した。王令による拷問の廃止や、聖職者・貴族・平民から成る三部会の招集布告など、国民寄りの政策を施行した人徳も備えていた。しかし政治に参加する機会を大衆にまで広く与えたことが、結果として革命を引き起こす引き金となる。

ルイ一六世は国民投票によって断罪されるのだが、その最後の言葉は潔く、

「私は私の死をつくりだした者を許す」

という、磔刑に処されたキリストにも似たものであった。

不運な若き国王のためにつくられた椅子は、のちに宮廷家具のもっとも著名な様式として世界中に流布し、いまなお紳士淑女の日常を心地よく支え続けていくこととなる。

ラウンドバックの形式

背もたれが横方向の湾曲を描いたタイプの椅子は、古代ギリシアの時代から存在していたことを、先ほども説明した。それらは「ラウンドバック」といわれる形式に属する。ラウンドバッ

クを基調とした椅子は、フランス家具の名称としては二種類あって、ひとつは半円を意味する「ドゥミ・ロンド（demi-rond）」と「ゴンドラ（gondole）」である。両者のちがいは、背から肘までが単Rの半円を描いているものが「ドゥミ・ロンド」（図20）、一方、背の当たる部分が肘よりも高く隆起して、三次元のRになっているタイプが「ゴンドラ」（図21）と呼ばれる。「ゴンドラ」は、ベネツィアの水上交通を担う手漕舟の船首の形になぞらえた呼び名で、腰掛けると上半身の全体を包み込むようなフィット感をもつ。こうした円形の曲線を、木材でつくるのは、材料の面でも、工法の面でも、非常に手間のかかる贅沢な仕事で、まっすぐな直線を基調にしてしまった方が、はるかに経済的ではある。しかし、背もたれが大きく湾曲したこの形が、古代ギリシア・ローマの時代から、連綿と続いてきた由縁を考えると、やはりそれが心地よい座りを保証するための優れた特質をもつからにほかならない。水面を切り裂いて進むゴンドラの船首が、流線形で造られる必然があったように、やわらかく身体を包み込むゴンドラ椅子が、同質の流線で構成されるようになったことも、心地よい座りを追求していった結果として行き着いたひとつの答えといえるかもしれない。

「ロールバック」と「ヴォルテール」

高い背もたれのことを一般に「ハイバック」というが、二〇世紀以降に発展した椅子の研究・

図20
図21

開発では、縦方向に湾曲をほどこす形が主流となってきた。この手法はフランス家具においてはすでに一八世紀には登場していて、中国においてはさらに古く、一二世紀には、湾曲した背もたれの椅子がつくられている。

このタイプの椅子の名称は、フランスにおいては二種類ある。ひとつは「ロールバック(dossier enrolé)」と呼ばれるスタイルで、縦方向に高くのびた背が、後ろに反りながら湾曲している形である(図22)。このタイプの椅子は、背もたれの低い部分は直立していて骨盤を立たせ、背の中央から上にいくにしたがって後ろに反るように弧を描く形になっている。湾曲した背もたれの上端には巻貝のような意匠をほどこされたものも多く、これも上半身をゆったりあずけるための身体性と、貝殻の螺旋の造形とが詩的な韻を踏むようにしてできた、フランス家具の代表的なデザインのひとつである。

もうひとつハイバックの椅子のなかで、背もたれがS字に湾曲したタイプのものがあり、これは一八世紀の啓蒙思想家の名にちなんで「ヴォルテール(voltaire)」と呼ばれている(図23)。背にこのような湾曲をほどこす手法が、座ったときのストレスを軽減させるための配慮であることは、喋々するまでもないだろう。研究成果の早晩に、何らかの価値をおくのであれば、二〇世紀の人間工学が提唱普及したS字彎曲の身体支持方法は、フランスにおいては少なくとも二百年前には職人たちが熟知していた技術であった。

ところで「ヴォルテール」という人物は、自然法則の再生する根拠をキリスト教の神にでは

図22
図23

なく理性にもとめ、「理神論」の立場から教会権力を批判した人である。古き慣習に盲目的に従うのではなく、人間の理性の力で真実を確かめようとした「ヴォルテール」の生き方が、脊椎の形状に合わせて背もたれを造形する手法に重ね合わされていることが興味深い。「座」の本質を探求し続けた結果としてのこの造形は、おそらく当時のフランスにおいても、画期的な発見として、百科全書派の偉人の名を冠することとなった。

「羊飼い」の椅子

ルイ一三世の時代から盛んに使われはじめたクッションの使用法は、その後、時代を経るにしたがって多様な進化を遂げた。日本においては「安楽椅子」というひとつの呼び名で括られている椅子たちに対して、欧州語では、それぞれの椅子の属性にもとづく多様な呼び名が存在する。椅子の上で安楽に寛ぐことを目的とした椅子の場合、肘掛けが付いている fauteuil であることが多いのだが、座面と背もたれだけでなく、肘掛けにいたるまでの内張り全体にクッションをほどこした寛ぎ椅子に対して、羊飼いを意味する「ベルジェ（bergère）」という呼び名が与えられている。たとえばラウンドバックのゴンドラ椅子の背から肘までの内張り全体にクッションが張られていれば、それは「ゴンドラ型ベルジェ」（図24）と呼ばれ、「カブリオレ」椅子であれば「カブリオレ型ベルジェ」（図25）と呼ばれる。

図24

図25

図26

図26の椅子は、背もたれの上部両端に耳当てがついていて、鳥の翼のようなその形状から英国では「ウィングバック」と呼ばれる。ところがフランスでは、呼び名がまったくちがって「告解室のベルジェ（bergère en confessionnal）」と呼ばれる。このように頭部までを支えることのできるハイバックの椅子の場合、耳当てによって左右の視界が覆われることで、外界からの刺激が適度に遮断されて空間の独立性が高まり、座る人にとっては「護られた居場所」としての感覚がより強いものとなる。

そして身体の触れる内張りの全面をやわらかいクッションでくるみ、その包み込まれるような座り心地を「羊飼い」に喩える感覚は、厩《うまや》の飼場桶で誕生したと伝えられるイエス・キリストのイメージにもつながる。弾力のあるクッションの内部には通常麦藁がもちいられており、それは牧畜・農耕民族のヨーロッパ人にとっては、古来、もっとも身近なクッション素材であった。新約聖書で度々「よき羊飼い」に喩えられるキリストの言葉は、人々の心に平安をもたらす安堵のイメージを浸透させている。それが寛ぎ椅子の物理的な安楽性と結びついたヨーロッパ独特の呼び名といえる。

「ヒキガエル」の椅子

やわらかいクッションの使用は、まず人の身体が触れる座面や背もたれにもちいられ、肘掛

図28

図27

図29

けの上面を覆い、ひいては椅子の全体を張り地でくるむ形へと発展を遂げる。木枠の構造を装飾的な張り地で隠し、複雑な曲面の上に、クッションを張り、形崩れをしないよう美しく仕上げる技術は、ルイ王朝時代を通じて著しい発展を遂げた。

先に解説したラウンドバック形式の demi-rond の椅子に、分厚いクッションをほどこすと、こんどはバスケットを意味する「コルベイユ（corbeille）」という呼び名になる（図27）。このような内側に深く湾曲した凹型の椅子をフランス語では「コンカーブ（concave）」というのだが、この凹んだ表地の所々にボタンが留めてあるのは、クッションがずれないように縫い付けてあるためである。表地に縫い付けられたボタンは縫い目を隠すための装飾にもなっていて、個々のボタンの配置から、その間にできるドレープまでが、デザインのなかに取り込まれている。

この形から、背の部分を高く隆起させ、円形にデザインしたものは総じて「ヒキガエルの椅子（crapaud）」と呼ばれる（図28）。これは単純に見た目の形がカエルに似ているという理由で名付けられた呼び名であるらしく、背もたれの上側がカエルの頭で、座面の部分がカエルの下半身ということのようである。名称の由縁はいたって単純だが、寛ぎ椅子の形としてはもっとも基本的な様式性を備えており、この椅子の構造を基準にして多様な名称をもつ椅子デザインが展開される。

たとえば「ヒキガエルの椅子」から、さらに背もたれを高くし、頭部の全体までを支え、図29のようなひょうたん型にデザインした寛ぎ椅子を「ポンパドゥール（pompadour）」という。

猫脚様式の代名詞になったルイ一五世の寵愛したポンパドゥール夫人のために制作されたことに由来する名称である。天鵞絨《ビロード》地の張られた円形の背もたれは、横方向にも湾曲していて、構造的には、「カブリオレ型ベルジェ」（図25）の延長上に位置するデザインである。頭をあずけると「告解室のベルジェ」（図26）と同様に、横方向からも頭部を包み込む安心感があり、座の安楽性と座る人の存在感をより高貴なものへと引き立てる効果を備えている。

ポンパドゥール夫人という人は、ブルジョワ出身でありながら、ベルサイユ宮殿に居住し、政治にあまり関心を示さなかったルイ一五世とともに文化の充実に力を入れ、優れた職人や芸術家を庇護した人である。太陽王と呼ばれたルイ一四世の影に隠れて、政治史においてはほとんど注目されることのないルイ一五世の時代に、デザイン史上もっとも影響力のある椅子の様式が完成した。またその公妾であったポンパドゥール夫人の椅子についても、ひたすら心地よく寛ぐことを追求した安楽椅子の完成型として、椅子づくりのあらゆる技術が踏襲されたものとなっている。

「英国式コンカーブ」と「マリー・アントワネット」の椅子

分厚いクッションに覆われた「コンカーブ」のなかで、背もたれの両端に角をもたせ、方形にデザインされたものに対して「英国式コンカーブ（anglaise concave）」（図31）という名称が与えられている。制作技法や身体支持の構造については、「ヒキガエル」の椅子とほぼ同系の椅子ではあるのだが、背もたれに角をもたせる、という一点のちがいで、また新しい椅子の名称が与えられている。

フランス家具の様式が、「ヒキガエル」「ゴンドラ」「猫脚」といった、生命の形態に由来するような曲線を称揚する形で特徴づけられているのに対して、幾何学的に単純化された直線や方形をモチーフにしたデザインに対して「英国式」という形容が与えられている。このことも、フランス人が互いの文化をどのように見ているのか、という文化的趣向を示すひとつの典型といえるだろう。

さらに「ヒキガエル」椅子の丸い背もたれの両端に角をもたせる形になると「マリー・アントワネット」の椅子となる(図32)。オーストリアのハプスブルグ家から幼くしてブルボン家に嫁いだマリーに対しては、かつての政敵の居城で暮らす孤独をねぎらうための環境が、ファッション、空間、食事、庭園など、あらゆる面で整えられた。

なかでも彼女が寛ぎの時間を過ごすための椅子については、身体を心地よく包み込むための曲線のなかに、適宜に角をもたせることによって、女性らしい優美さと折り目正しさを印象づけるデザイン上の配慮がなされている。背から肘までの外枠は色ちがいのシルクで縁取られ、肘掛けの先端にはランブルキン(lambrequin)といわれる紐飾りが付けられている。のちに王妃となるために嫁いできた孤独な少女の心を慰めるよう、職人の深い心遣いが込められたデ

図31

図30

図32

ザインとなっている。

これら「英国式コンカーブ」と「マリー・アントワネット」の椅子は、すべて「ヒキガエルの椅子」（図30）を基本型とした様式をベースに、背もたれの外枠の形状や、内張りの布使い、紐飾りなど、視覚的な要素に関連したデザインによって特徴づけられている。つまり椅子を構成する基本構造の部分で、完成された土壌が定まったことによって、視覚に強く訴える多様な展開が可能になったものと理解できる。その完成された構造をもつ基準の椅子として位置するのが「ヒキガエルの椅子」（図28）なのである。

こうした寛ぎ椅子のデザインは、英国でも多様な展開が見られるのだが、いずれの椅子も発注者の名前を冠するかたちとなっている。例えば、二〇世紀の初頭に制作された「ジョージ一世」（図33）の椅子のデザインをみてみると、「英国式コンカーブ」（図31）の背もたれの上端をロールさせ、先に示した「ロールバック」（図22）の形を踏襲したものとなっている。背もたれには縦方向のロールと横方向のラウンドと、両方が組み合わされた形だが、構造的にもデザイン的にも要素の多い複雑な形となっている。

この背もたれから横方向のラウンドを省いて、縦方向のロールのみを基調とした寛ぎ椅子に対してウェリントン公爵の「ウェズレー」卿の名前が付けられている（図34）。「ロールバック」の椅子の特徴として、直角に交叉する背もたれと肘掛けとの脈絡をスムースに連続させることは難しく、背と肘とが別々の方向へとロールする形となり、この先のデザイン的な展開が困難

図34

図33

図35

な形となっている。

最後に英国の代表的な様式である「ヴィクトリアの椅子」(図35)についてみてみると、これは、背面と側面とを平坦的な木枠で囲い、座面と背もたれの部分には厚くクッションほどこす形となっている。肘をのせる部分以外はほぼ直線で管理された、非常に単純化されたデザインだが、背の当たる部分にはクッションがボタンで留めてあり、人体の形に沿ったクッション圧の減《め》り張《は》りが考慮されているのがうかがえる。

こうした単純化されたデザインは、生産の担い手が機械にとって代えられた近代以降に歓迎されて、しばしば日本の会社の応接室などでも合成皮を張られた同系の椅子をみることがあるくらいである。

しかし、この形に「ヴィクトリア」という名を与えることに、はたしてイギリス人の専門家が同意するかどうかは、疑問が残る。いままで見てきたフランス日常家具の末端の部分で、イギリス名の椅子が紹介されていることから推察すると、それらがフランス家具の影響を受けながら、イギリスにおいて発展した椅子として、フランス家具の範疇に位置づけられる、と編纂者は考えているようである。

以上、フランスの日常家具のなかから、座る人を快適に支えるための身体性が明確にあらわれているものについて説明をしてきたが、これらをまとめると図36のようになる。

脚部の装飾様式による名称分類

バロック様式

ルイ15世様式

ルイ16世様式

「女王の椅子」
ルイ15世様式

「カブリオレ」
ルイ15世様式

「カブリオレ」
ルイ16世様式

「女王の椅子」
ルイ16世様式

カブリオレ型ベルジェ
Bergère Cabriolet

ゴンドラ型ベルジェ
Bergère Gondole

告解室のベルジェ
Bergère Confessionnal

Marie Antoinette
マリー・アントワネット様式

George I
ジョージ1世様式

Victoria
ヴィクトリア様式

フランス語の基本名称

Siége　椅子一般
Chaise　背もたれのある椅子
Fauteuil 肘掛け椅子

ルイ13世様式

ルイ13世様式

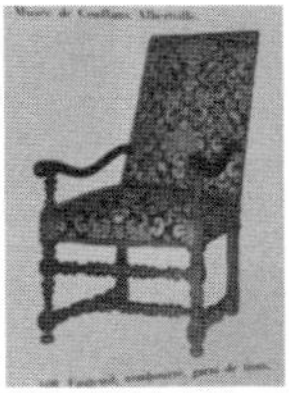
ルイ14世様式への過渡期

ルイ14世様式

半円の椅子
Demi-Rond

ゴンドラ椅子
Gondole

ロールバック
Dossier Enrolé

ヴォルテール
Voltaire

Corbeile
コルベイユ

Crapaud
ヒキガエルの椅子

Pompadour
ポンパドゥール

Anglaise Concave
英国式コンカーブ

図36

五章

座の語彙論

椅子の名称とタイポロジー

物の名称

床や地面に直接すわる平坐位の名称が、日本語には非常に豊富であることを、第一章で説明したが、すわる道具の名称については「椅子」と「腰掛け」くらいしかなく、これらの言葉が指し示す意味内容についても定義が曖昧で、なにかと混乱をきたしがちである。いままでもみてきたように、中国やフランスで座具の名称が発達しているのは、もちろん椅子座の歴史が長いことと関係しているわけだが、それらの多くは、形態、用途、機能など、使用目的にしたがって呼び名を区別されていた。前章では、身のまわりの家具の名称を、それぞれの特性にもとづいて整理分類するための言語学的な研究事例について触れた。

人は言葉によって思考を組み立てるため、物に名称を与えるはたらきは、身のまわりに存在する事物の特性をあきらかにし、混乱しがちな日常の生活を、より快適な方向へと秩序立てることを助ける。日々くり返される食事や仕事、人との対話や寛ぐための場面で、自分の身体をどのように配置し、そのためにどのような道具を配備するのか、ということに適確な論理をもつことは、基本的なことのようでありながら、決して容易なことではない。日本語における「椅子」という言葉の意味の不明確さは、生活を秩序立てる論理を、社会全体の文化として、共有することのむずかしさを示してもいるだろう。

たとえば「食事」、「寛ぎ」、「休息」というそれぞれの場面を支える椅子について、「ダイニングチェア」、「ラウンジチェア」、「イージーチェア」などという風に、欧米の言葉を借りてあらわす言葉は存在する。しかし、一般的にはそれらの椅子が、どのような特性にもとづいて分類されるのか、ということについては、必ずしも常識的なことではないだろうし、「椅子」というひとつの言葉だけでは、それらの用途や機能を充分にあらわすことができない。

かつて日本人は、そうしたさまざまな生活の場面を、道具に頼らず、自分の「坐」のとり方によって整えてきたため、坐位の名称については豊富な語彙が存在するのだが、場面が変わるごとに、別々の椅子をしつらえるような生活には慣れていない。しかも、戦後の高度成長期に急速に普及した新しい生活様式のなかでは、欧米の流行を模倣する段階からさらに進めて、日本独自の言葉を生み出す、という物事の本質にかかわるような認識にまでは、残念ながら深まってはこなかった。

ところが物をつくる職人の世界に眼を転じると、椅子にかんする生活用語の乏しさとは対照的に、制作用語の緻密さにかんしては、椅子の構造、部位、素材、木組みの名称やその加工法など、物づくりに必要な言葉はほぼ完璧に整備されている。その詳細はのちに示すけれども、具体的に物を制作する現場に立つと、同じ品質をくり返し生産する明確な技術と、それを人に伝える言語がなければ仕事が成り立たない。そうした仕事上の必然のなかから、制作現場に特有の適確な言語が、洗練されたかたちで伝承されている。

物をつくるための言葉の適確さに対して、物を使う生活者のための言葉が不明瞭である現実は、つまり、敗戦後の教育のなかで、独自の文化を産み出す基盤が解体されてしまったことと深く関係しているようにも思われる。序章でも説明したように、文化とは、生活の形そのものだからである。では日本語のなかで、すわる道具の実態と名称は、どのようなかたちで構成されてきたのかを、次に確認していこう。

座具の名称について

人がすわる場所を意味する「座」を指し示すとき、そこには必ずなんらかの座具があって、何もないところに筵の一枚でも敷くと、そこは人が坐り、あるいは物品を陳列する場所であることが示される。筵の素材は通常藁がもちいられ、かつての日本ではもっとも手軽に入手ができる身近な敷物である（図1-①）。筵はおもに屋外で使用され、クッション性と保温性に優れているが、汚れや埃が染み込みやすく、消耗も早いもっとも簡素な座具のひとつである。

敷物の素材が藺草に変わると、名称も茣蓙へと変わる（図1-②）。こちらは藁と比べて艶があり、汚れもつきにくく、耐久性も高いことから、格調も一段上がっておもに室内で使用される。現在でも夏場の茣蓙の需要は高く、フローリングに茣蓙を敷く習慣は根強く残っている。

日本間でもっとも一般的な敷物となっているのは畳だが、それは稲藁の台座の上に藺草を貼り、縁を布で押さえて縁取る形になっている（図1－③）。一般的な畳には五センチ前後の厚みがあり、板間から座を一段高めるはたらきがある。さらに一段高い床の間になると、家のなかでもっとも高い格式に位置づく座として、聖なるものを呼び込む空間の役割をはたした。

まだ日本の家屋に縁の下が存在した時代、稲藁を重ねた畳の台座は、夏場に湿気を吸収し、冬場は保温の役割をはたしたが、稲藁の需要が減少するにしたがって、現代ではウレタンの台座をもちいるものが一般的となっている。コンクリートで基礎を固めることが義務付けられている現代の住宅では、床上に湿気が上がる心配もないため、畳の台座が稲藁である必要もなくなったからである。

敷物のなかに綿花などのクッションを入れると、それは座布団と呼ばれ、床や畳の上でもちいる座具として普及する（図1－④）。座布団は、足首の床や畳への当たりをやわらげるので、客人を招くような座には欠かせないものとなっている。しかし実際には、この柔らかいクッションは、下腿に密着して血流を圧迫するために、床坐に慣れた人に言わせると、畳や板間の方が足は痺れないという説もある。

通常の座布団よりもさらに厚みをもたせたものを座蒲という（図1－⑤）。敷物に一定の高さがあると、結跏や半跏で坐った時に骨盤を立たせることができ、積極的に姿勢を幇助する機能が加味される。ちなみに曹洞宗の規定では、坐禅時の座蒲の高さは二〇センチということになっている。

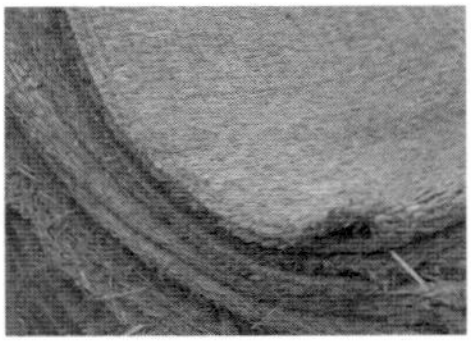

①筵

②茣蓙

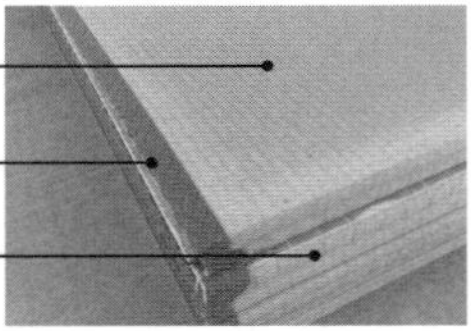

③畳

④座布団

⑤座蒲

図1

これら平坐でもちいる一連の座具に対して、座面の高さが上昇し、足の裏を地面につけて座るものになると、座面の下に脚部を設える形になり、象形文字で「几」とあらわされる道具のカテゴリーになる。本書における「坐」と「座」の表記においては、身体と空間の区別のほかにも、平坐ですわる一連のかたちに対しては「坐る」とあらわし、一定の高さがある座具をもちいて、足裏を地面につけてすわるかたちについては「座る」とあらわしている。その歴史的・思想的な根拠については、第三章でも示した通りである。

中国語で「机」「凳」「榻」「墩」とあらわされる座具は、日本語ではおしなべて「腰掛け」といわれる。人の体重を支える腰掛けは、座面と脚だけでは構造的に不安定なため、それぞれの脚部の間に「貫」という構造材がもちいられる（図2）。構造補強のための横木が、座面や天板の真下で支えるかたちになると、こんどは「貫」とはいわずに「幕板」と呼ばれる（図3）。この構造は、天板下のスペースを広くとることができるため、テーブルに多用される手法だが、椅子にもちいた場合には、プロポーションを足長に見せる効果が得られる。

これら座面と脚部と構造材で構成される座具も、日本語では「椅子」といっしょくたにして呼ばれるけれども、「椅」という字は「倚りかかる」ことを意味するから、背もたれのない腰掛けを「椅子」というのは、原義から離れた日本語独特の慣用である。この点にかんしては中国語では明確に区別がされている。

背もたれのついた椅子になると、構造的にもデザイン的にも腰掛けよりはるかに要素が複雑

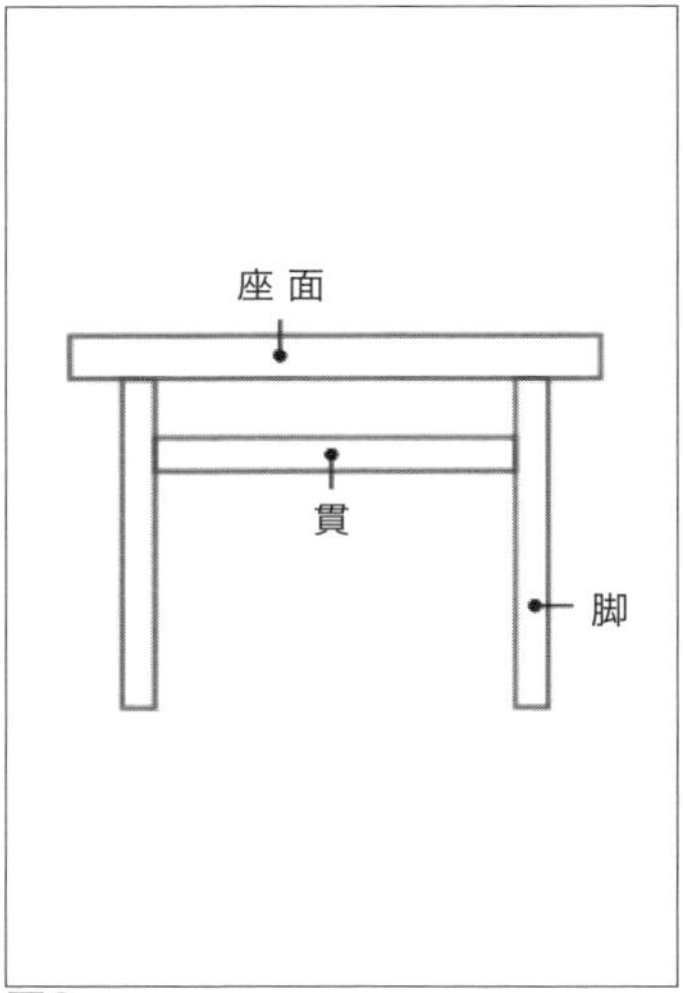

図2

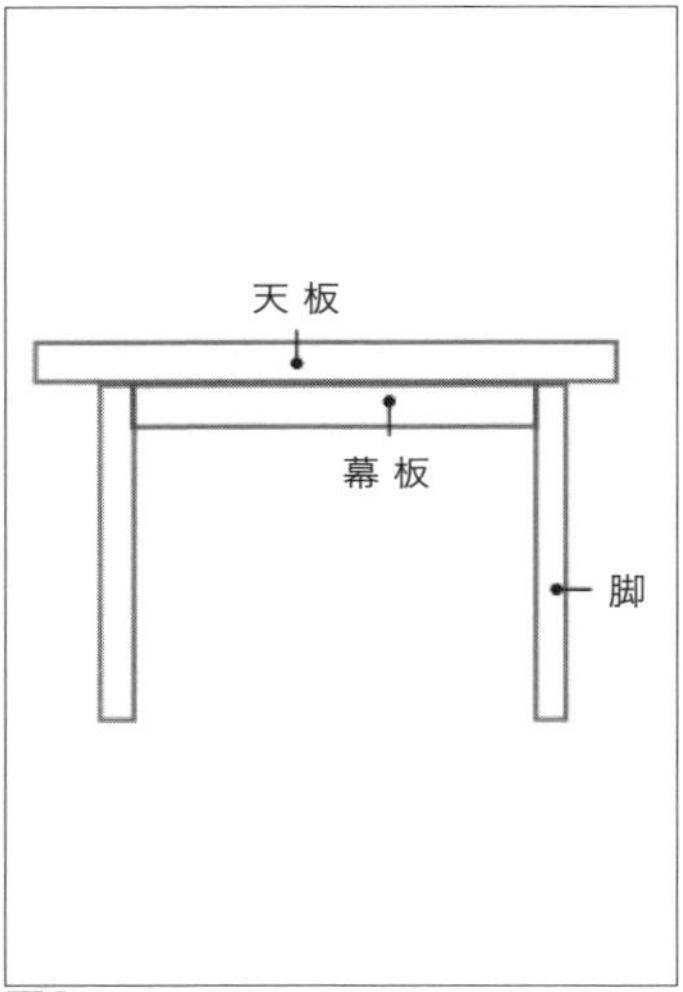

図3

図4
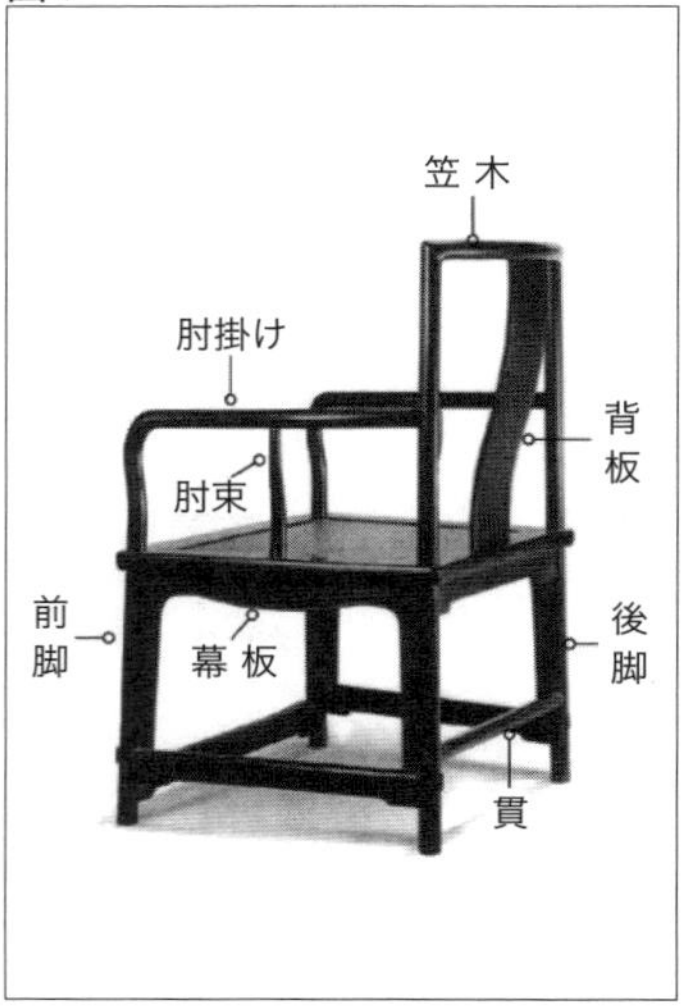

になってくるのだが、まず名称を確認しておくと、背もたれの最上部に笠をかぶせるように乗せられた横木を「笠木」という。そして背もたれの左右両脇を支えるフレームは、後脚の延長上に一体化されていて、さらに中央の背板で上体を支えるかたちが、図4の椅子の基本的な構造となる。背板は縦にわたす場合と、横にわたす場合と、それぞれの手法によって姿勢の取り方が大きく変わってくるため、この点はのちに詳しく解説する。

椅子には、肘掛けのあるものとないものとがあるが、前章でも確認したように、フランス語では椅子をchaiseというのに対して、肘掛椅子はfauteuilといわれ、まったく別の機能をもつ道具として区別をされている。図4の椅子の肘掛けは、後脚と前脚とをつなぐかたちでわたされるが、その中央に肘束を立たせることによって構造的な強さが確保されている。

このように、椅子自体を構成する用語については、すべての部位に名称が定められている。しかし、その椅子たちが、食事、仕事、寛ぎなど、さまざまな場面で必要とされるようになると、座面と背もたれのサイズをどのくらいにし、それらの形状や角度をどのように設定すればいいのか、という非常に複雑な問題が生じてくる。この点にかんしては、人間工学の分野で地道な研究が積み重ねられていて、作り手にとってはまったく指針がないわけではないのだが、それらは一般消費者にも共有される言葉を生み出すような、理論や様式を構築する段階にはいたっていない。中国や欧米の言語のなかに、座具の名称が詳細に区別されている背景には、その言葉に対応した様式的な根拠が存在するからにほかならない。

では椅子の名称は、どのような根拠にもとづいて整理・分類され得るのか、身体性の視点から、次に考えていこう。

背もたれの高さにもとづく名称

背もたれの高さをあらわす言葉に「ハイバック」と「ローバック」という英語表現がある。「高い背もたれ」と「低い背もたれ」とを印象だけであらわしたようなこれらの言葉には、どこからが「高く」、どこからが「低い」のか、という名称の基準が曖昧で、両者の中間領域をあらわす「中くらいの高さ」にたいする「ミドルバック」という表現は慣用化されてはいない。仮に背もたれの高さが、座る人の権威をあらわす象徴として、一定の高さを保つように意図してデザインされていたとしたならば、それは見た目の印象から「高い」「低い」という呼び名であらわされて然るべきかもしれない。

しかしながら、座姿勢を合理的に支えることを目的として、個人個人の身体と向き合った場合には、背中のどこからどこまでを、どのような形状で支えるのか、という一連の手法にたいしては、明確な論理を定めることができる。なぜなら人間の背中の動きには、骨盤、腰椎、胸椎、頸椎と脊椎骨のどの部位までを支えるのかによって、椅子に座ったときの動きの制約がおおきく変わってくるからである。したがって座面や背もたれの大きさや形状を、姿勢・動作の構造にもとづいて吟味していった場合には、身体支持の多様な手法にたいしても、論理的な名称化が可能になると考える（図５）。

まず着座面から腸骨の上縁までの高さを支える背もたれについては「ローバック（低背）」という枠組みで括ることができる。人間の胴体を上半身と下半身で分けた場合、骨盤は下半身の分類に属し、骨盤高より低い背もたれというのは、背をもたせるというよりはむしろ骨盤を立たせる機能をもつようになる。したがって、「ローバック」の背もたれは上半身を後ろにあずける安楽性よりは、骨盤の後傾を防ぐ姿勢保持機能の方が主体となっていて、用途としては短時間の飲食をするバーカウンターや動きの多い作業椅子などに主にもちいられる。このような姿勢保持の機能から日本語名称を吟味すると、「ローバック」のタイプは「背もたれ」というよりはむしろ「腰当て」といった方が椅子の機能の実態に近く、その設計は「骨盤支持」という方法にもとづく。

次に「ローバック」から「ハイバック」の形に至るまでの中間に「ミドルバック」という領域を想定してみたいのだが、それは骨盤の上から肩甲骨の下までを支える背もたれのタイプを意味する。この部分の高さを支持した場合には、上半身を背もたれにあずけることができると同時に、体幹を捻る動きをとることができる。しかし、肩甲骨よりも上の部分を可動性のない方形の背もたれで支えた場合には、体幹を捻る動きがまったくできなくなるため、肩甲骨の下端より上か下か、という境目を「ハイバック（高背）」と「ミドルバック（中背）」とを分類す

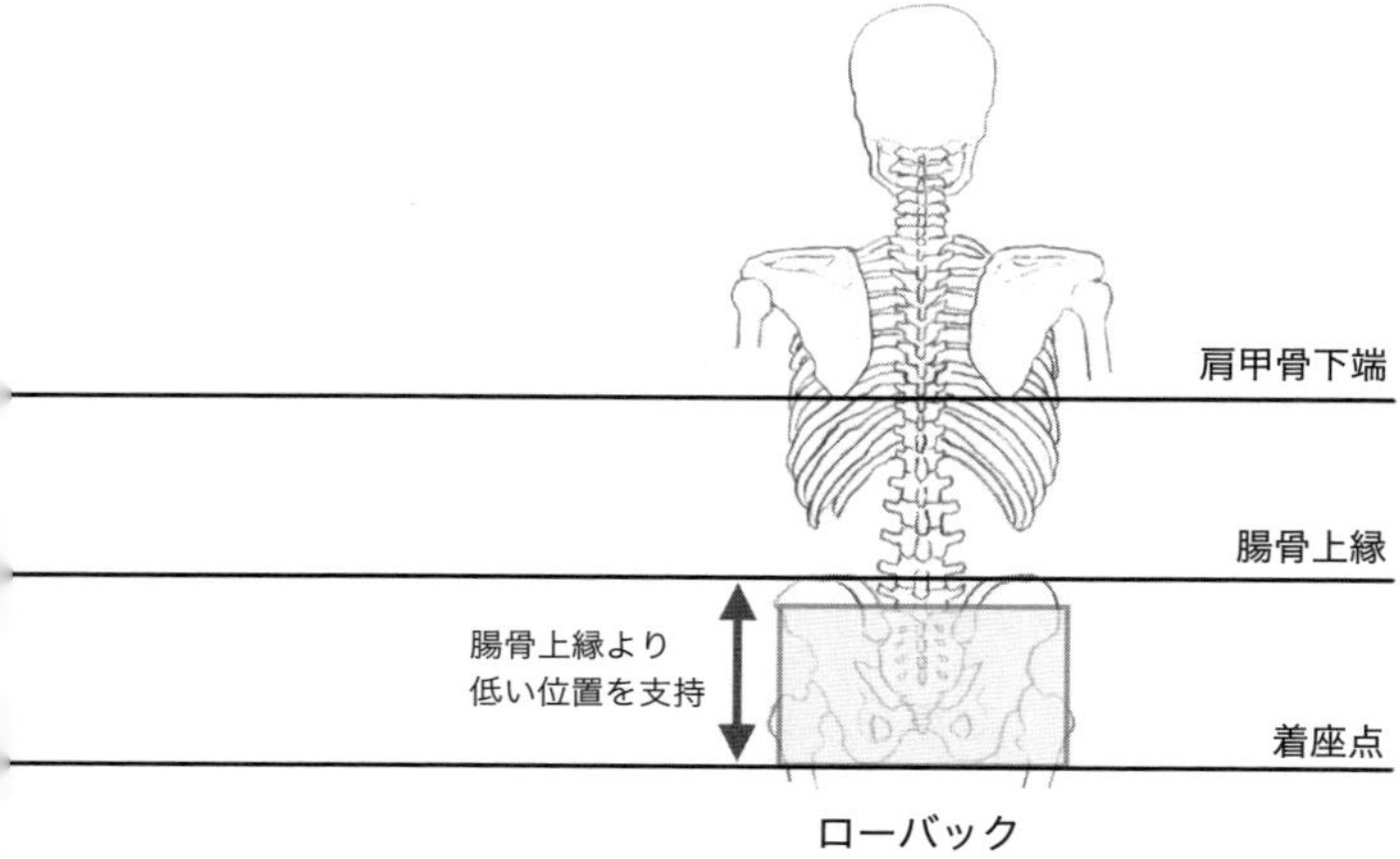
肩甲骨下端
腸骨上縁
腸骨上縁より
低い位置を支持
着座点
ローバック

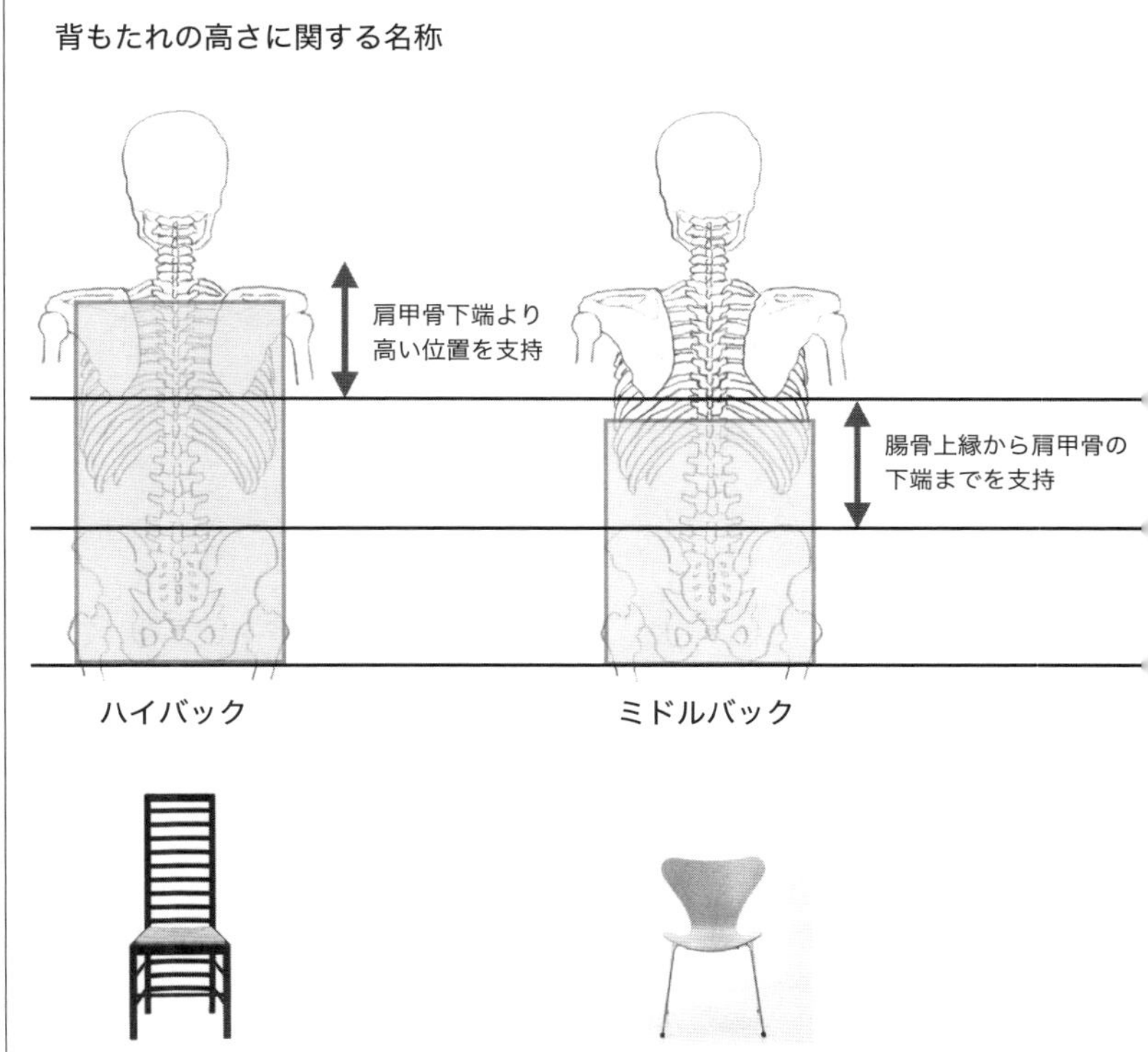
背もたれの高さに関する名称
肩甲骨下端より
高い位置を支持
腸骨上縁から肩甲骨の
下端までを支持
ハイバック
ミドルバック

図5

る基準として定めることができる。この「ミドルバック」のタイプは、市販されている椅子のなかでももっとも需要の多いタイプになるのだが、この領域を形容する名称というものが日本語には存在しない。もし椅子の身体支持機能から名称を定めるのであれば、肩甲骨と骨盤の間に位置する胴体部分を支えるという構造から「体幹支持」という名称化が可能である。

肩甲骨の位置よりも高い部分を支える背もたれのタイプにかんしては、頭部を支えるヘッドレストのついているものも含めて「ハイバック」という呼び名で括ることができる。肩甲骨の位置より高い背もたれが、地面にたいして直立した形で設定されていた場合には、姿勢を保持する機能はほとんどなく、椅子の存在感を強める象徴的な意味合いでデザインされていることが大半である。

「ハイバック」の椅子が姿勢保持の機能をはたす場合には、背もたれを後方にリクライニングさせて、車の座席や長距離列車の客席のように、有機的な曲面によって胸、肩、首、頭までをサポートする形をとらなければならない。「ハイバック」のタイプの椅子は、自動車運転のような特殊な場合を除いては、主に休息の場面に適した形である。したがって、ビジネスシーンでハイバックの椅子がもちいられる場合には、それは仕事の効率よりもむしろ、椅子の上で休息をとらなければならないさまざまな事情が、デザイン化されたものであると言えるだろう。

「ハイバック」の椅子にしばしば取り付けられている「ヘッドレスト」には、「枕」という直訳がある。これも脊椎を中心に姿勢保持をかんがえると、頭部を支える頸椎の筋肉を休めることが「ヘッドレスト」の役割であることから、「頸椎支持」という名称が妥当であると考える。「ヘッドレスト」はそもそも頭を支えるのか、それとも頸を休めさせるのか、という本質的な機能が、その呼び名として一般化するときに、名称そのものが使用法を教える役割をはたすようになる。

身体性にもとづいて道具の名称を一般化することは、その道具がどのような機能にもとづいて設計されているのかを、誰にでもわかるようなかたちで瞬時に了解させる。物の名称は、外見的な印象だけで名付けられる場合も多々あるのだが、その設計思想や機能そのものを端的に説明する名称をもつことは、専門的な教育を受けたことのない生活者一般にたいしても、必要とする道具を正しく選択するための論理を提供するだろう。

おそらくここで問題になるのは、身体部位によって名称を定めた場合には、体型や体格の差によって、ある人にとっては「ミドルバック」の背もたれが、他の人にとっては「ハイバック」になるというようなことが生じることだ。大量生産を前提とした工業製品を設計する場合には、大多数の消費者のニーズに適した基準値を必要とするからである。この領域については、まさに人間工学の得意とする分野であり、本書の扱える範囲を越えてしまうのだが、但し、いかなる基準を設定したとしても、その偏差値的な標準値からは遠くはなれた身体条件の人々は一定数存在し、また標準値にぴったりフィットする体型というのも、ごくわずかな人々に限られるにちがいない。

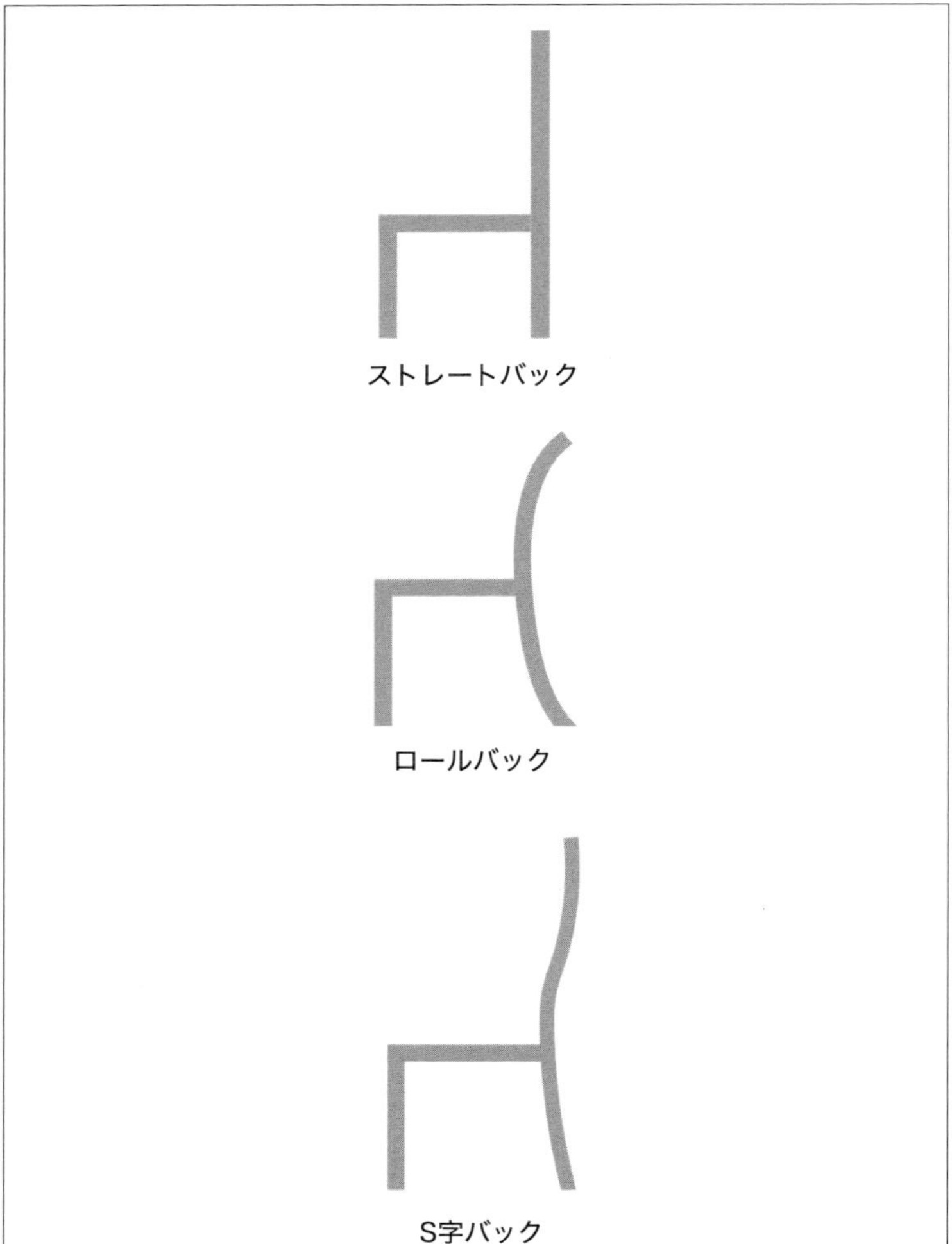

図6

本書の立場としては、物の寸法基準を提示することよりも、むしろ一人ひとりの生活者が、自分の身体に合った椅子を見極めることのできる視点を提供することの方に重点を置いている。自身の身体性にもとづいて、物の特性を正しく吟味する論理が、一般生活者の間に共有されたとしたならば、工業製品の基準値についても、質的に大きく変化していくようになると思われるからである。

縦方向の湾曲に対する背もたれの名称

椅子の背もたれには、多様な形の湾曲をほどこしたものがあるけれども、それらを構造的に理解しようとした場合には、縦方向の湾曲と横方向の湾曲とを区別し、さらに両者の組み合わせによって背もたれ全体に生じる三次元的な湾曲の構造を知ることができる。まず縦方向の形状から椅子をみていくと、湾曲のない「ストレートバック（平面支持）」、後方に弧を描くように湾曲した「ロールバック（後湾支持）」、脊椎の形状に沿ってS字に湾曲した「エスカーブバック（S湾支持）」の三種類に大別することができる◆2（図6）。

◆2　前方に弧を描いた背もたれというのも存在はするが、姿勢保持の観点からは合理性を欠くため、本書の分類からは除外している。

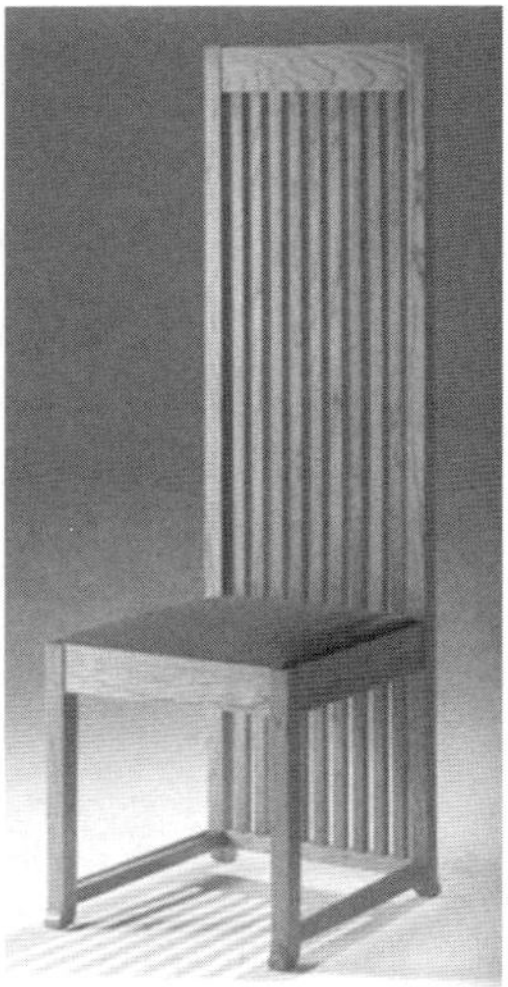
図8

図7

図9

湾曲のない平面の板で背もたれを構成すれば、手間も材料費も無駄がなく、経済的ではあるのだが、古代の昔から、椅子の背もたれにさまざまな形の湾曲がほどこされてきたのは、その労力が、座姿勢を快適に支えるために不可欠なものであるからにほかならない。そして座面や背もたれに、どのような形状の湾曲がほどこされているのかを吟味していくときに、椅子の作り手が、「座」というものをどのように考えていたのかを端的に理解することができる。と同時に、身体性のことは考慮せず、それとは別の価値観から椅子がつくられているということも理解できる。

ストレートバック…平面支持

単純な平面で構成されたハイバックの背もたれは、サイズが大きくなるほど、建築物の壁面のような存在になっていく。ハイバックの巨きな背もたれに、壁面装飾と同様の浮き彫りをほどこされた椅子は、古代から中世を通じて数多くみられる(図7)。近代になって、柱や梁の装飾を削ぎ落とし、構造そのものをデザインの要素としてみせる価値観が、西洋においても見直されるようになったのは、一説には日本の伝統建築からの影響であるともいわれる。そうした時代にあっても、ハイバックの椅子は、建築物の柱や壁面と、造形的な韻をふむように、簡潔な直線の背束を立て(図8)、あるいは横木を梯子状に並べる(図9)などして構成される。

たとえばフランク・ロイド・ライトの「ロビーチェア」(図8)やチャールズ・レイニー・マッ

キントッシュの「ヒルハウスチェア」(図9)にもみられるようなハイバックの椅子は、建築物の構造をそのまま踏襲したようなデザインで、建築空間とは同じデザイン的文脈のなかでひときわ存在感を放つだろう。それらはたしかに、「建築空間との調和」という意味においては価値をもつものかもしれないが、身体性という視点からみた場合には、人間の座姿勢を合理的に支える要素がほとんど見当たらない。

なぜならば、人間の身体には幾何学的な直線というものが存在しないため、建築物をつくるための構造や美感を椅子にそのまま踏襲したとしても、人間の座姿勢を支えるものとしては、決して合理的なものにはならないからである。建築物を構成する論理と、人間の身体を支えるための論理はまったく別のものとして、分けて考えなければならないのである。

ロールバック…後湾支持

背もたれの中央から上にいくにしたがって、後方に弧を描くように湾曲した椅子に対して、「ロールバック…後湾支持」という名称を与えてみたいのだが、このタイプの椅子に明確な名前をもつのは、やはりフランスで、「背もたれがロール」していることを意味する dossier enrolle という呼び名が存在する。

座姿勢であれ、立ち姿勢であれ、自力で姿勢を保つことに疲労が生じた場合、人間は壁面や背もたれに身をあずけて休息をとりたい、という欲求をもつようになる。この「倚りかかる」という行為そのものが、「椅子」という名称の由来であることは、先にも説明した通りだが、このとき、直線的で背の高い背もたれだと、背をもたせかけても腰や背中を後ろに反るような動きはまったくとることができない。後方に湾曲した「ロールバック」の背もたれは、つまり「倚りかかる」という身体的な欲求に対するひとつの解答であり、このことによって、長時間座り続けたときに生じる腰背部の筋緊張を引きのばすかたちで、座のストレスをやわらげることができる。

このタイプの背もたれは、ふたつの姿勢保持機能を備えていて、背もたれの下の部分は地面に対して直角に立ち上がり、骨盤の後傾を防ぐ役割がある。背のクッションも木枠でしっかり支えられているために、この骨盤支持の機能は経年で落ち込むことがない。一方、後方に反り返った背もたれの上部は、上半身をあずけたときに障壁となるものがなく、倚りかかる動きに対するクリアランスに優れ、休息と活動の双方に対応することのできる特徴をもっている。

ロールバック（dossier enrolle）の椅子は、ルイ一六世様式のデザインにもっとも典型的なものが見られるのだが、その様式的な特徴を示す前脚の装飾に対して、後脚はシンプルな方形のままに残され、背もたれと同様に後脚も後方へ湾曲している（図10）。これは、背もたれに上体を深くあずけたときに、椅子が転倒しないための配慮であって、後脚の基底を後方へずらすことによって、椅子が後ろに倒れることがないよう、構造的な必然から生まれたデザインにほかならない。

図10
図11

転倒を防止するためのこうした配慮は、帝政期のデザインである獣脚の「ロールバック」（図11）についても同様で、前脚には獅子の足元がリアルに描写されているのに対して、後脚は方形の断面を保ったまま、脚部の基底ができるだけ後ろに位置するように設計されている。これら装飾様式のことなる各々の時代を通じても、両者の椅子には構造的に一貫したものがあり、椅子の建築的構造と身体支持の合理性と、いずれの価値においても、ひとつの完成された様式を確立する域にまで到達したかたちであることが認められる。

エスカーブバック…S湾支持

直立姿勢をとったときにみられる脊椎のS字に湾曲した形状を、そのまま椅子の背もたれに踏襲する考え方は、二〇世紀の中頃から、人間工学の分野で盛んに提唱されてきたために、姿勢理論の定説のようになっている。この形態の背もたれについては文字通り「エスカーブバック…S湾支持」と呼ばれるわけだが、今までも指摘してきたように、この形態の背もたれは、中国では一二世紀から一四世紀にかけてひとつの様式として確立されていて、フランスでも一八世紀には存在していて「ヴォルテール」という名称化がなされている。

椅子座の生活様式が古くから普及していた中国やフランスでは、長時間座り続けることのストレスも深刻であったはずで、とくに個人のための椅子を所有することのできる富裕層の切実な需要として、ながく座っても疲れない身体支持の方法がさまざまなかたちで工夫されてきた。

椅子の背もたれがS字の形状をとるということは、座面から少なくとも胸椎上部より上の位置を支える形になるため、背の高さのカテゴリーについては「ハイバック」の椅子におのずと限定される。したがって、このタイプの身体支持方法が有効にはたらくのは、休息や寛ぎを目的とした椅子のほか、ドライバーズシートや長距離旅客の椅子など、背もたれを後方にリクライニングさせて、背中の全体を支えることが求められるような場面でもちいられる形である。

腰背部の全面を覆うようなこうした身体支持方法は、思想的には一定の説得力がある一方で、生活のさまざまな場面でじっさいに使用してみると、思わぬ弱点や盲点が存在することも知っておいた方がいい。

まず身体の支持面を広げるということは、動きの自由度が狭まるという原則がある。したがって、休息や寛ぎなど、身動きの少ない場面で使用するのには適しているが、比較的動きの多い執務や作業椅子としてもちいる場合には、何かと不都合の生じることがある。これは座面や背もたれに可動性をもたせたとしてもやはり限界があり、支持面の大きな椅子と小さな椅子と、それぞれの利点を用途にしたがって吟味する視点は大事である。

またS湾支持の背もたれは、背中全体に密着するため、サイズ的に自分の身体に合っていればよいが、そうでない場合には、座っているあいだ中、延々と自分に合わない不自然な姿勢を強いられることになる。このストレスは深刻で、量産を前提とした工業製品の場合、大多数の平均値を基準として椅子が設計されるため、身体への拘束力のおおきいS湾支持の椅子は、体型やサイズが合わない場合には、もっとも違和感の強い椅子にもなりかねないということである。S湾支持のサイズ感や湾曲の詳しい形状を吟味する視点については、様式的な名称の問題からさらに奥に踏み込んだ質的特徴の問題になるため、これは次章の技法論で詳しく論じることにして、ここでは身体支持の手法にもとづく名称の解説のみに留める。

以上、縦方向の湾曲からみた椅子のカテゴリーを、代表的な実作事例をもとに一覧表にすると、図12のようになる。

横方向の湾曲にもとづく名称

背もたれに横方向の湾曲をほどこした場合、腰背部の支持面を長くのばしていくと、それが肘掛けまでを兼ねるようになる。たとえばフランス語でchaiseと呼ばれる「椅子」と、fauteuilといわれる「肘掛け椅子」との境目が、ラウンドバックの形式の場合には非常に曖昧で見えにくい。英語では「サイドチェア」と「アームチェア」という呼び名があるけれども、ラウンドバックの椅子については、それらのあいだに名付け難い中間領域が存在する。この問題については、湾曲の曲率や背の長さによって身体支持機能が段階的に変化してくるため、機能的変化の段階にしたがって名称の区分をすることが可能になると考える。

まず湾曲のない「平面型」(図13-①)の背もたれからみていくと、ベニアの横木をパイプ

【背もたれの支持形態による分類】

中世フランスの
ハイバックチェア
ヒルハウスチェア
C. R. マッキントッシュ
ロビーチェア
F. L. ライト
18世紀フランス
ルイ16世スタイル
19世紀フランス
帝政期スタイル
ヴィットリア
ポルトローナフラウ社
15世紀中国
官房椅
19世紀フランス
ヴォルテール
アルネ・ヤコブセン
ハイバックチェア

図12

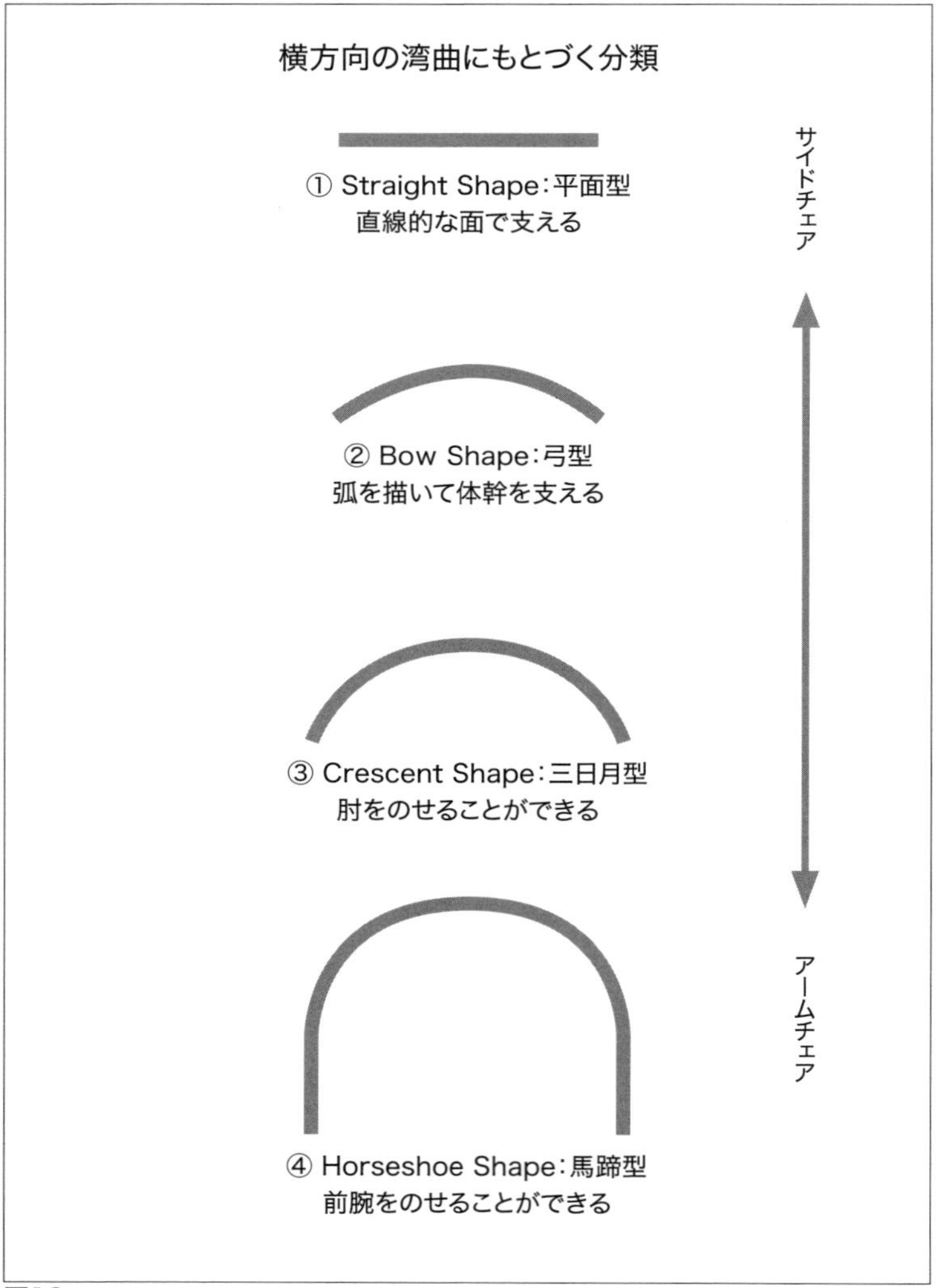
横方向の湾曲にもとづく分類
① Straight Shape：平面型
直線的な面で支える
② Bow Shape：弓型
弧を描いて体幹を支える
③ Crescent Shape：三日月型
肘をのせることができる
④ Horseshoe Shape：馬蹄型
前腕をのせることができる
サイドチェア
アームチェア

図13

のフレームにネジ付けした学校椅子の形がひとつの典型として挙げることができる。お金をかけないという意味での経済性と、乱暴に扱っても壊れない耐久性を重視した結果、生まれてきたこの椅子は全国区に普及したわけだが、子どもの頃を思い起こすと、学校のベニア椅子についての記憶というのは、「心地よさ」という意味での「身体性」とは真逆の極にあるのではないだろうか。

仮に同じ形式の椅子であっても、たとえば横木に五〇〇ミリアールほど弓形《ゆみなり》の湾曲をつければ腰へのフィット感が大幅に向上する。この形を「弓型」(図13-②)という風に呼んでみたい。「弓型」のサイドチェアから、背もたれの両端が体幹の脇に出る位置までのばすと、そこに肘をのせることができるようになる(図13-③)。これを便宜的に「三日月型」と命名をして、「弓型」と区別をしておくと、「肘掛け」の機能をもつものと、そうでないものとを図13のようなかたちで区別をすることができるだろう。湾曲の曲率も、たとえば五〇〇ミリアールから三〇〇ミリアールにすればおのずと背幅は狭まり、背もたれに包み込まれるような感覚が益す。

さらに背もたれの両端を馬蹄形になるまでのばしていくと、手首から前腕全体をのせることができ、文字通りの「肘掛け椅子」となる。このタイプについても形象の通りに「馬蹄型」といえば、わかりやすいだろう(図13-④)。

肘掛け椅子のなかでも、「三日月型」と「馬蹄型」では、使用上の機能が大きくことなる。つまり、「三日月型」の場合は、肘の先端までの距離が短いために、ダイニングやデスクワークのためにもちいたときに、テーブルを体幹の間近まで寄せることができ、また椅子から立ち上がるときも、すぐに横へ移動することができる。ところが、肘の長い「馬蹄型」の方は、肘掛けの先端までしかテーブルを寄せることができない。肘掛けの高さは、テーブルトップの高さとほぼ同じ寸法でつくられることが多いからである。そして立ち上がる時も、椅子を大きく後ろに引かないと、横へ移動することができないため、飲食店などでは、食事中も給仕が常に控えていて、椅子を引いてくれるような店でない限りは、まず採用されない形である。つまり肘の長い「馬蹄型」の椅子は、いわゆる「ラウンジチェア」として、動きの少ない寛ぎや休息の場面に適した椅子なのである。

おなじ「肘掛け椅子」でも、肘の短い「三日月型」は、食事や執務など、動きの多い場面でも十分に対応ができるのに対して、肘の長い「馬蹄型」のものは、動きの少ない寛ぎ椅子としての性格が強い。さらに座面や背もたれ全体のサイズ感も、活動と休息を分ける要素に含まれてはくるのだが、「肘掛け」の形状をみただけでも、どういう用途に適しているか、おおよその見当はつけることができる。こうした機能的なちがいにもとづいて、ラウンドバックの肘掛け椅子のなかにも「三日月型」と「馬蹄型」の名称の区別をすることができる。

以上のような区分にもとづいて、現代の代表的な作例を一覧にすると図14のようになる。

生活場面にかかわる椅子の名称

物に与えられた名称の根拠は、機能や形態的特徴のみならず、それらが使用される用途や場面に由来している場合がある。たとえば食事のために使用される椅子は「ダイニングチェア」と呼ばれ、勉強机に向かうための椅子は「デスクチェア」といい、庭や屋外での使用を目的とする椅子には「ガーデンチェア」という呼び名が与えられるといった具合である。ここで生じる問題のひとつとして、生活様式のおおきくことなる文化が出会ったときに、物の機能や名称が正しく理解されずに、誤った用途で物だけが広まっていくことがある。とりわけ敗戦や入植といったかたちで、急激な生活の転換が生じた場合、自国の内発的な欲求として文化を成熟させる時間がないために、「この場面では、この道具を、このように使う」という論理が宙に浮いたまま、衣・食・住のかたちが形骸化される傾向にある。

たとえば「サイドチェア」と「ダイニングチェア」、「ラウンジチェア」の名称は、何を根拠にして区別されているのか、という問いを立ててみると、おそらく専門家であっても一様の答えが返ってくることはないのではないだろうか。つまり「ダイニングチェア」ひとつを取り上げてみても、それがどのような根拠にもとづいて「食卓椅子」と呼ばれているのか、という名称化の論理について改めて考えてみると、未整理の問題が多いことに気づく。

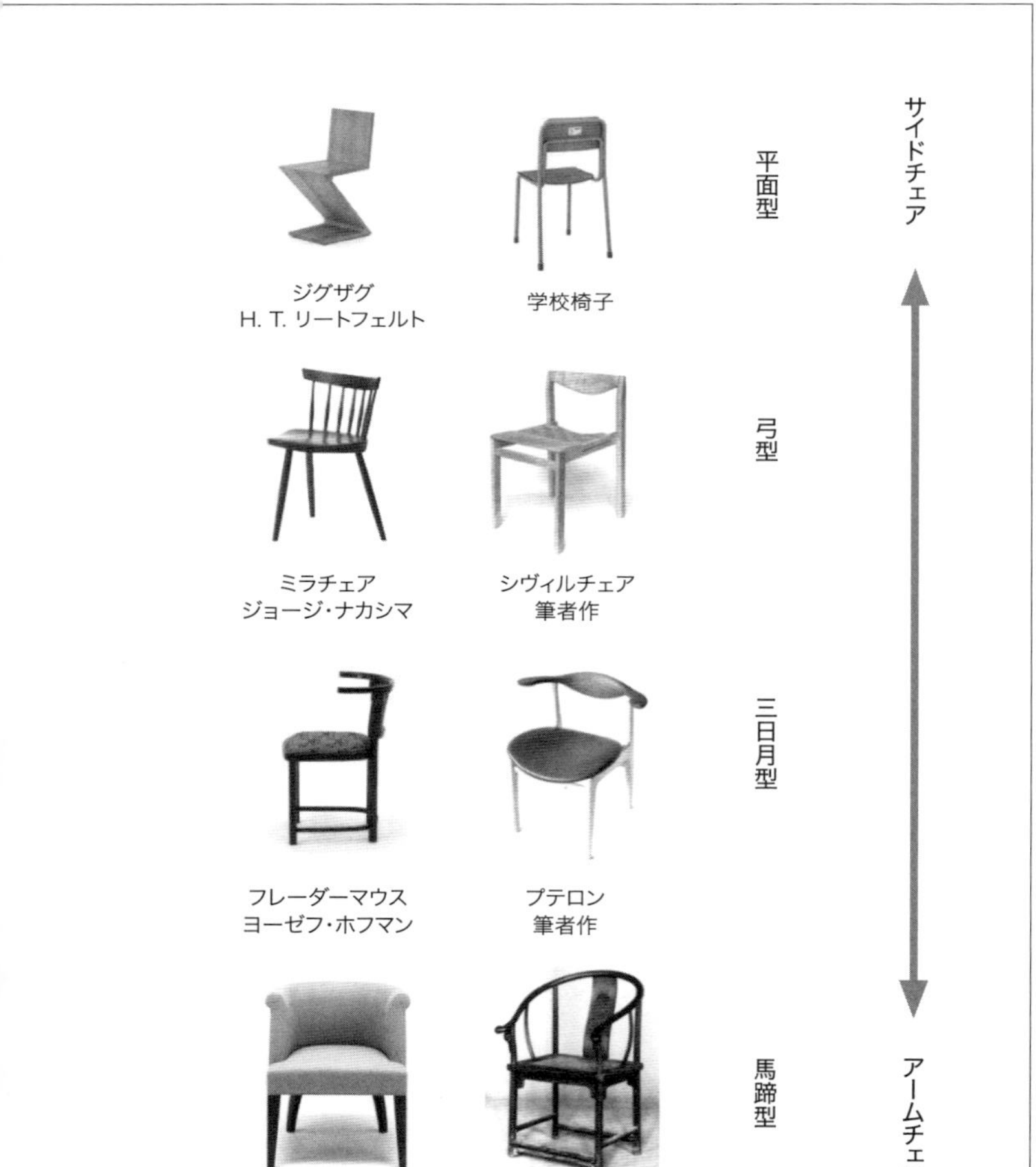
サイドチェア
アームチェア
平面型
弓型
三日月型
馬蹄型
ジグザグ
H. T. リートフェルト
学校椅子
ミラチェア
ジョージ・ナカシマ
シヴィルチェア
筆者作
フレーダーマウス
ヨーゼフ・ホフマン
プテロン
筆者作
GORDON
フィリップ・ユーレル
明式圏椅
作者不詳

ネクストマルニ
内田繁

ストレートチェア
作者不詳

帝国ホテルの椅子
F. L. ライト

No.69
アルヴァ・アアルト

J.39
ボーエ・モエンセン

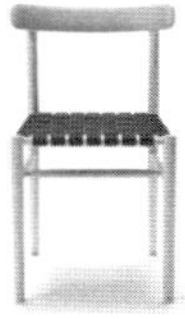

ライトウッドチェア
ジャスパー・モリソン

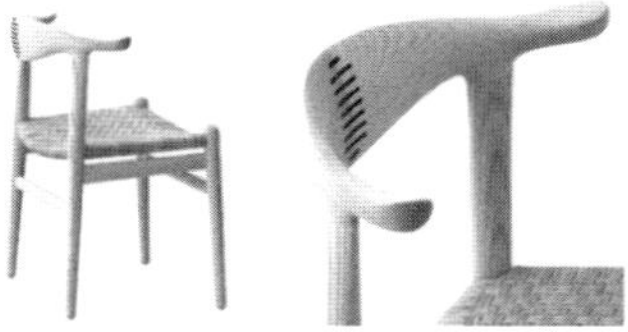

カウホーンチェア/PP505
ハンス・ウェグナー

カフェ・チェア
ヨニー・ソレンセン

ザ・チェア/PP501
ハンス・ウェグナー

スモーカーボウ
作者不詳

IDOCHINE
シャルロット・ペリアン

図14

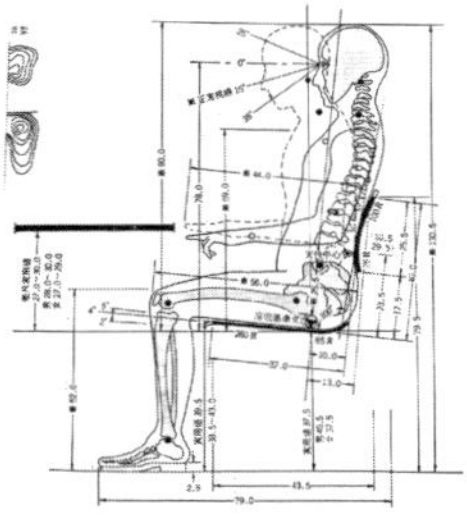

II型

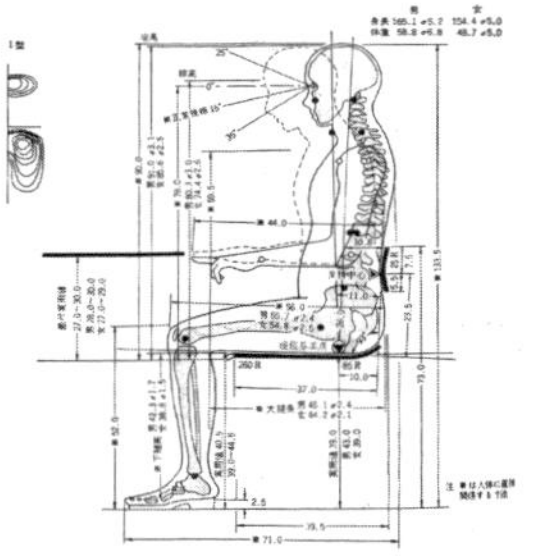

I型

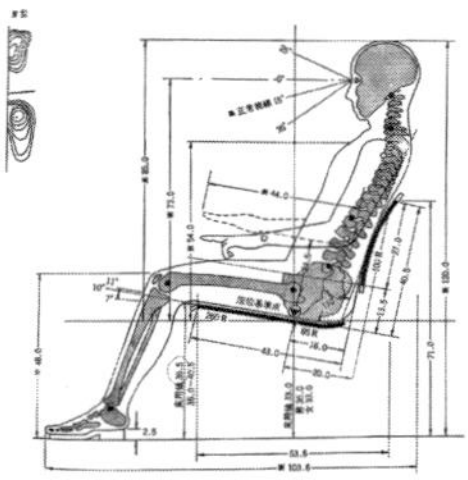

IV型

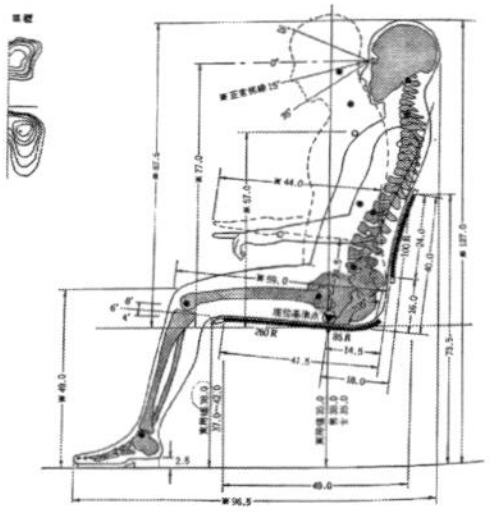

III型

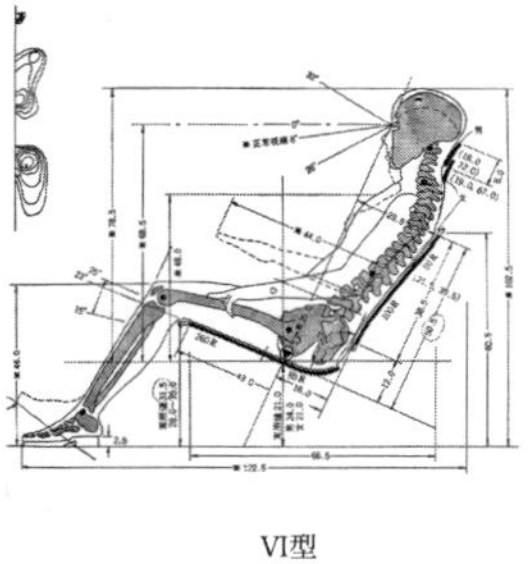

VI型

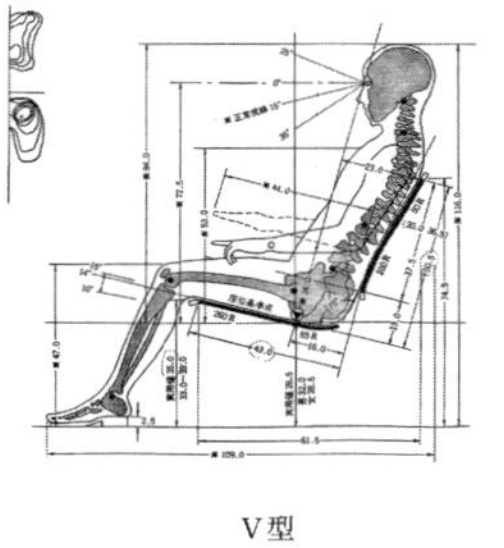

V型

図15

椅子をつくる側の参考としては、小原二郎が『建築・室内・人間工学[15]』のなかで示した設計の指針が今でもバイブルのような影響力を持っている。そこでは、椅子の基本型が六タイプに分類されていて、背を直立させた作業姿勢から、背をリクライニングさせて頭をヘッドレストにあずけるような寛ぎ姿勢まで、それぞれの体勢において推奨される身体支持面のあり方が緻密に示されている(図15)。こうした研究成果が椅子の設計をするための礎になってきたことはまちがいないが、この優れた基準値は、ある意味、椅子の設計思想を発展させようとする場合に、後進の研究を阻むほどの存在感で立ちはだかっているようにも見える。

そもそもこうした基準値は、最小限の基本形を示したものであるから、もちろん、補うべきものも多いし、さまざまな限界をもつことは研究者自身が誰よりもよく自覚しているはずである。その意味で、小原の示した基本型に加味すべきものとしては、横方向の湾曲に対する指針がひとつと、さらに一型から六型までに分類されたそれぞれの基本型に対する名称化の問題が残されると考える。活動的な作業姿勢から、動きの少ない安楽姿勢まで、数値的に分類されたそれぞれの基本型が、世間一般にまで普及するような名称が定まってはじめて、それが文化として社会に根付くものになるだろう。多様な文化が交錯し、各家庭や各個人に自由なライフスタイルが許される現代の社会において、それでもなお大多数の人々に受け入れられ、共有されるような座の形式が導き出されるとき、それは新しい時代を生きる人々の存在の基盤を支えるスタイルになるのかも知れない。

「ダイニングチェア」と「デスクチェア」の共通性

そもそもダイニングチェアとデスクチェアのちがいは、その名の通り、食事と勉強・執務という用途によって区別されるわけだが、座の機能的な面からみると、両者は重なるところが非常に多い。とくに手書きの執務が多かった時代には、デスクワークは食事よりも上体が多少前傾する特徴があったものの、ノート型のパソコンやキーボードの打ち込みによる作業や文書作成が主流になってからは、背もたれに軽く上体をあずけた姿勢のデスクワークが大半となり、食事のときの姿勢と大差がなくなってきている。

コミュニケーションの面からみると、いわゆる「ダイニング」というのは複数の人々と共有する場をつくる意味があり、とくにテーブルにかんしては二人以上の人々に囲まれることを前提にデザインされている。一方、デスクにかんしては基本的に一人で集中して仕事なり勉強なりをするためにつくられている。しかし、座り方の機能的な側面にかんしては、上半身の保ち方や手先の動きにかんしても、似かよった体勢でおこなわれることが多く、ダイニングとデスクワークの双方を同じ形の椅子でまかなうことについては、ほとんど問題にならない。

ダイニングとデスクワークを共有するのに適した形式を、先の分類例から説明すると、背もたれの高さは「ミドルバック」、形状は横方向の「ラウンドバック」で軽く肘がのせられる「三日月型」のものが推奨される。横方向の「ラウンド」は、動きの多い座に適した形であり、なかでも肘掛けの短いタイプのものは、手先の動きを妨げることがなく、テーブルの近くまで椅子を寄せることができ、立ち座りの時にも移動がしやすい利点がある。比較的動きの多い食事や座仕事には適した形であるといえる。

したがって「ダイニングチェア」や「デスクチェア」といった言葉の指し示す範囲については、食事やデスクワークに必要な形態を通して理解されるべきであり、双方を兼ねることができるような椅子については、より抽象度の高い名称化が必要になるものと思われる。

回転機能とキャスターの用途について

座面の回転機能と脚底のキャスターについては、「オフィスチェア」の大半に装着されているものだが、オフィスワークはそれだけ「動きが多い」と考えられているようである。しかし、この点についてもよくよく考えなければならないことは多く、動きがまったくない安定した椅子の方が集中できる、という人は少なくない。したがって、個人の書斎などの椅子については、おなじデスクワークであっても、キャスターがあるものと、ないものと、好みの分かれることがある。

座面の回転機能については、机から少しだけ向きを回転させれば立ち座りが容易にでき、高齢者向けのダイニングチェアにもしばしば採用されることがある。また、食卓の切盛りをする主婦の方々は、食事中にも動きが多く、「ダイニングチェア」に回転機能やキャスター機能が付いていると非常に便利である」という報告も筆者のもとには多く寄せられている。とくに、日本の狭い住宅事情のなかでは、ダイニングテーブルの上で食事だけでなく、書き物やパソコン操作などのすべてをまかなうという事例も少なくない。そうしたなかでは、「ダイニング」と「デスクワーク」の双方を兼ねるような椅子の需要は増え続けると思われる。つまり、「ミドル丈・ラウンドバック・三日月型」の背もたれで、「回転機能」と「キャスター」の付いた形式のものが、この用途に相当する。

「寛ぎ椅子」と「安楽椅子」の区別について

日本語の慣用として「寛ぎ椅子」と「安楽椅子」という言葉の意味する内容は極めて曖昧で、両者を区別する定義というものは無いにひとしい。英語における「ラウンジチェア」と「イージーチェア」の意味内容についても不明瞭さは存在するものの、たとえば「ラウンジチェア」については食後の習慣として、お茶や蒸留酒を飲みながら寛ぐための「ラウンジ」という空間が存在する。したがって、食事とはまた別の用途をもった寛ぎと対話のための椅子というものが、その用途にしたがっておのずと定まる理由がある。

「ラウンジチェア」に必要とされる機能は、ダイニングよりも動きは少ないからゆったり寛げるものでなければならない。したがって、座面には柔らかい素材がもちいられ、背もたれの角度も緩やかになり、肘掛けも長くなって前腕部の全体を乗せられる形のものが多くなる。背の高さはミドル丈もしくは首下くらいまでのハイバックが適正で、ヘッドレストが付くほどの高さになると、むしろ対話の空間には適さない。つまり眠りに落ちないほどの寛ぎを得ることが「ラウンジチェア」に相当する「寛ぎ椅子」の基本条件といえる。

一方「安楽椅子」については、英語の「イージー」と同様、言葉の指し示す意味内容に幅があるため、「安楽椅子」と「寛ぎ椅子」とは混同しがちである。もし「寛ぎ椅子」を「ラウンジチェア」に対応する名称として定義をすると、「安楽椅子」というのは「イージーチェア」に相当するものとして、さらに休息のための要素が強い椅子として説明することができる。したがって、背もたれは頭部の全体を覆うまでの「ハイバック」となり、背の角度もさらに傾斜が緩やかになり、リクライニングの機能を搭載するものが多くなる。肘掛けもゆったり腕全体を乗せられるものが必須のようになり、一方、座面高は低く抑えられて地面から三五センチ（前後三センチ）程度が、適正寸法の基準値となる。

「イージーチェア」のような「ハイバック」の背もたれになると、横方向の「ラウンド」をほどこすことが、工法的にも、経済的にも、大掛かりなものになるため、背の形状としては、「ロールバック」や「エスカーブバック」など、縦方向の湾曲を基調としたデザインが主流となる傾向にある。

「ソファ」の名称について

日本で「ソファ」というと、複数の人が座ることのできる、クッションのある寛ぎ用の椅子のことと理解されるが、そもそもこの言葉はアラビヤ語の suffa に由来していて、フランス、イギリス、アメリカと、それぞれの国で呼び名がことなる。フランス語では、複数の人が座ることのできる椅子は総じて「カナペ（canapé）」と言われ、寝具を兼ねるようなデザインのものになると lit de repos（寝椅子）や chaise longue（長椅子）という名称に分類され、これらは一人で使用する道具として区別をされる。米国でソファ一般を意味する「カウチ（couch）」というのも、フランスの古語で「寝床」を意味する「クーシュ（couche）」に由来する。しかしながら米語の用法は、一人掛けの寛ぎ椅子から枕のある診療台のようなものまで、おしなべて「カウチ」という一語であらわされる。この点は家具用語の分類が進んだフランス語とは大きくことなる。

他方イギリスでは、ソファの代表的な呼び名として「チェスターフィールド（Chesterfield）」という名称がある。これは、もともとはソファの様式名称で、チェスターフィールド卿の好んだソファのスタイルに由来する（図16）。そのデザインは、背もたれと肘掛けが同じ高さで、背は後方に、肘は側方にロールしたデザインになっており、厚く貼られたクッションをボタンで留める形になっている。構造的にもデザイン的にも簡潔な美しさをもつことから、チェスターフィールド型のソファは、イタリア、スペイン、米国のほか、欧米社会の全体に普及していて、

図16

イギリスではソファの代名詞のようにさえなっている。もともとはある地域の統治者が好んだひとつの様式名称が拡大解釈されて、その名の指し示す範囲がソファの全体にまで広がって行った事例である。

ちなみに、「チェスターフィールド」については、コートについても同じことが起こっていて、上襟にビロードを使用した、膝丈の外套を「チェスターフィールドコート」という。オリジナルデザインでは、下襟の尖ったピークトカラーや隠しボタンがほどこされているが、その形から多少外れていても、膝丈の外套を「チェスターフィールド」と呼ぶことがあるのと同様の現象である。ところがフランスでは「チェスターフィールド」というと、その形式の「カナペ」に限定されて、この形から、背もたれだけを高くすると「ジョージ一世」様式として、また別の名称に分類されている。

日本の家庭にしばしば見られるソファの使用例と

しては、カーペットやフローリングの上に直接坐って、ソファを背もたれとして使用する様子が、専門家の調査によっても明らかになっている（沢田知子『ユカ坐・イス坐』[16]）。つまり、「寛ぎや休息の場面では、地べたに直接坐った方が楽である」という、床坐民族の習慣的な名残りが、このようなソファの使用法によっても示されているわけである。

ソファの呼び名の多様性は、その国々における寛ぎ方の多様性を物語っていて、形式が重んじられる食事や社交の場面とは対照的に、形式的な制約から逃れてリラックスするときの自由な身体が、その道具の名称についても曖昧な領域を広げていることが考えられる。したがって、休息のスタイルに一定の段階や様式が定まるときに、ソファの名称についてもより具体的な指針が得られるように思う。

六章

坐の技法論

身体が導く椅子デザイン

床坐の身体能力

伝統的に床坐の生活を営んできた民俗とそうした習慣をもたない人々との間には、身体的にどのような差異がみられるのだろうか、ということを次に考えてみたい。地面や床に直接坐る平坐位の身体能力について、民俗間の比較をおこなった研究に、「身体と生活の比較文化」と題する調査研究が存在する。二〇一〇年から二〇一二年にかけて東京女子大学の研究グループがおこなった予備調査では、イタリア、スペイン、日本、中国、ベトナムの各地で、現地に住む生活者を対象に、足の形や脊椎形状、正坐や胡坐で坐ったときの脚関節の可動域など、体型と姿勢にかんするさまざまな計測結果が示されている[17]。

なかでも床に坐る能力については、伝統的に床坐をおこなってきた国々と、そうした習慣をもたない地域との間には顕著な差が見られる。床坐の習慣をもたないスペイン、イタリア、中国の被験者の間では、「正坐」を指示しても尻が踵に付かなかったり、「胡坐」を試みても膝が横に開かない、「両立膝」でしゃがもうとしても足首が曲がらず、尻が踵に付かない、といった事例が多数確認できる。あらためて被験者の写真を一覧にしてみると、生活習慣が姿勢にどのような影響をおよぼすのか、ということがより明確になる（図1）。

かつて日本では、排便時に誰もがおこなっていた習慣が失われて、現代ではしゃがむことの

図1

できない子どもの増えていることが、しばしば問題視される。それは床坐の習慣が失われつつある日本人の間にも、浸透しつつある退化ではあるのだが、欧米人との比較をじっさいにおこなってみると、イタリア、スペインの被験者と比べて、日本人の被験者の方が、若年から中高年までを含めて、床坐への適性が大幅に高いことが確認されている。

床坐に必要な身体能力は、多くの場合、日々くり返される生活習慣のなかで培われる「身体文化」であるといえる。椅子座は、床坐とくらべて膝や足首、股関節を深く曲げる必要がないので、一見、脚にかかる負担は少なくみえるけれども、その習慣が永年にわたって定着すると、関節の可動域が狭くなり、床坐に必要な身体能力が奪われる。第一章でも触れた通りマルセル・モースは「子どもたちから床に坐る姿勢を取り上げるのは社会的害悪である」と声高に指摘している。フランスの子どもたちはみな地面に坐ったりしゃがむ姿勢をとることができるのに、大人になるとそれができなくなることを問題視しているのである。

しかし、床坐の習慣をもたない欧米人の間でも、武術やヨーガといった、アジアに由来の芸事を嗜む人々の間では、「正坐」や「胡坐」を比較的楽におこなうことができる者もあることを、東京女子大学の調査は明らかにしている。[17] 図2の①と②の正坐する男性はいずれもスペイン人で、①は剣道、②太極拳の訓練をそれぞれ十年以上積んできた経験をもつ中高年男性である。彼らは定期的に訓練を積み重ねることによって、膝や足首の関節に柔軟性が養われていて、武術の稽古に必要とされる正坐の身構えを苦もなくおこなうことができる。

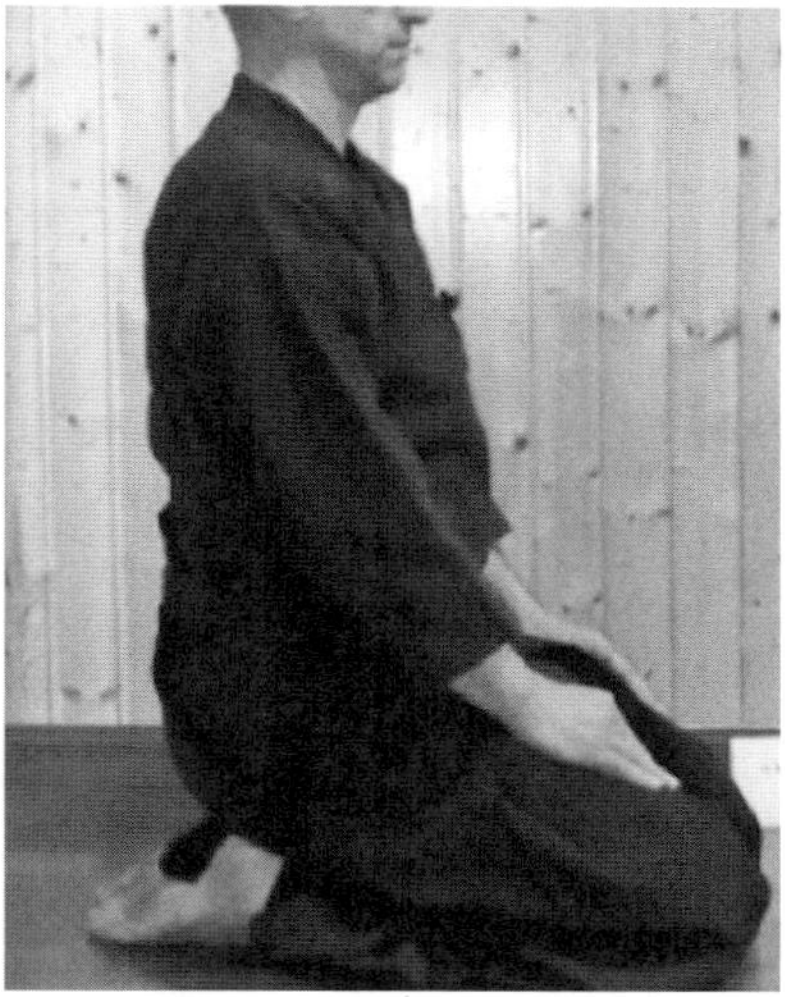

①

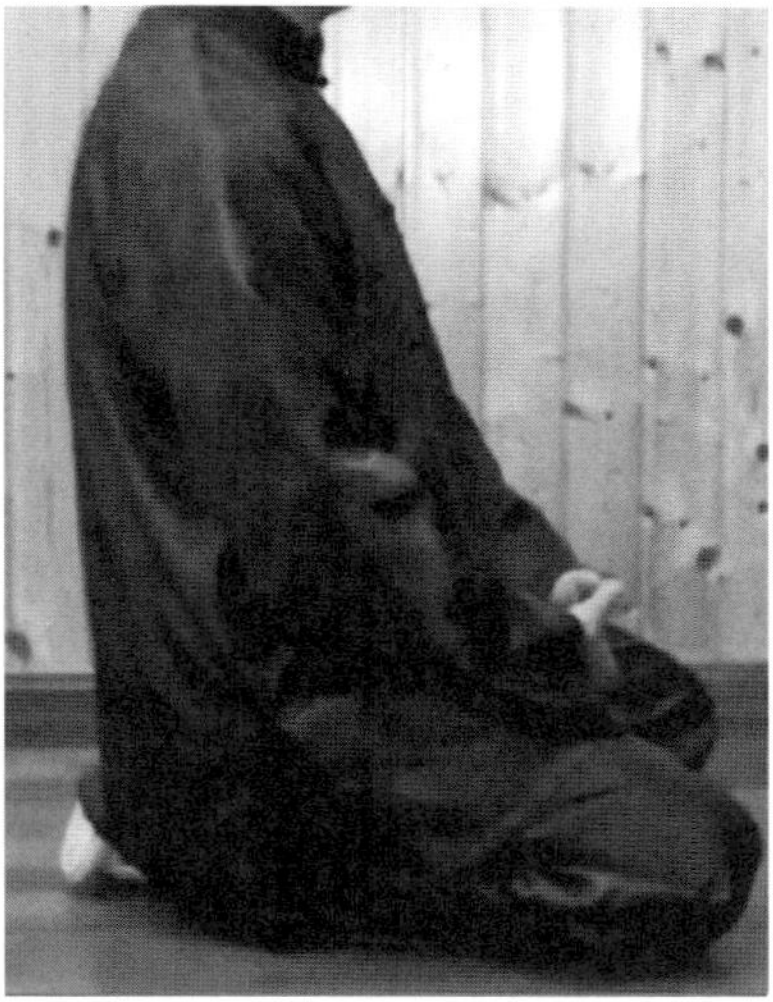

②

図2

つまり地面に「坐る」ための関節の柔軟性は、生活環境に影響されるばかりではなく、個人の訓練によって開拓することのできる能力であることがわかる。生活環境の欧米化によって、床坐の習慣が失われる傾向が世界的に見られるとしても、関節の柔軟性を養うような運動やストレッチを継続的におこなうことによって、坐る能力を高めることは誰にでもできることを、これらの事例は示唆している。

理論と実技を併用すること

習慣化された動作の多くは、無自覚のうちに身につけられているため、容易には変更が利かない。しかし、無意識におこなっている動作の技法内容を自覚し、意識的に身体を使いこなす技術を学ぶことができたとしたら、自分の身体を思い通りに操ることは決して不可能なことではない。

たとえ異文化の社会に身を置くような場合であっても、その文化様式がどのような身体技法にもとづいて構成されていて、それに適応するためには、自分の身体をどのように使いこなせばいいのか、ということの具体的な方法がわかれば、ことなる文化に順応するための手立てにもなる。

文化を身につけるための身体の技法は、語学やスポーツを学ぶのと同様に、身体の使い方にかかわる専門的な技術を習得することが必要となる。そのことによって、いまある身体をより洗練させたり、必要に応じて習慣的動作を解体し、他の文化様式に適応させることが可能となる。たとえば床坐で楽に坐るための身体能力とは、端的に言って、足首や膝や股関節の柔軟性とかかわっている。それは椅子座が習慣化した環境のなかでも、必要な身体部位の柔軟性を高めるような運動をくり返しおこなうことによって、だれにでも身につけることができるものである。

平坐の技法は日本の文化を身につける上で、もっとも基本的な能力に位置付くものだが、実際に坐の技術を習得する場合には、ヨーガの技法から学ぶところが多い。数百を超えるアサナのひとつひとつは、身体的、生理的、感覚的にどのような作用があるのか、歴史的に検証が積み上げられてきたからである。

これに対して禅をはじめとする仏教の諸宗では、無数に存在するアサナのなかでもパドマ・アサナ（結跏趺坐）に特化する形で、瞑想修行の形式が定められている。もちろんそれは、釈迦が悟りを開いたときの坐法として重んじられ、菩提達磨を通して伝承されたとされているが、修行の経験をしたことのない初心者にとっては、この坐法を予備的な訓練なしにおこなった場合には、ストレスが大きすぎるようにも思われる。

運動学の常識として、高度な運動技術を学ぶ場合には、関連する技術要素に分解し、段階的に練習課題を組み立てながら、技術の全体を習得するということがある。ヨーガについても、高度な技術を要するアサナは、人それぞれの身体条件に応じて、少しずつ関節をやわらげていく、という段階的な方法が取られる。しかし、禅宗の諸派の間では、「結跏趺坐」という同じ坐法を伝承していながら、なぜそれ以外の「アサナ」が顧みられなかったのか、と考えると些か疑問に思われないではない。とくに一般人を対象とした場合には、坐法の習得についても、まずはストレスの少ない体位から導入し、少しずつ段階を経て、高度な体位を学ぶ、という段階を経た方が、有効であるように思われる。

床坐の技法を習得する

次に、身体技法を実践的に学ぶ身体教育の立場から、インドの坐法について考えたい。ゴードン・ヒューズは先の論文で、「姿勢にかんするもっとも豊かな言語体系をもつのはインドである」と指摘したが、サンスクリット語では「姿勢」のことを〝asana〟という。それは数々のバリエーションをもつヨーガの「体位」をあらわす言葉でもある。たとえば padoma asana（蓮華坐）、vajra asana（金剛坐）、svastika asana（吉祥坐）、vira asana（英雄坐）というように、asana は、それぞれの体位の基底詞としてもちいられていて、その原義は「坐る」ことに由来している。それは、立ち姿勢でおこなう一連のポーズに対しても、たとえば tala asana（直立坐）というように、「坐（asana）」は、ヨーガのあらゆるポーズの基底詞としてもちいられる習慣がある。

つまり、それはどういうことかというと、複雑多岐に渡ったヨーガのポーズが、古来、坐った状態で瞑想に入ることを指向してきたからに他ならない。「瞑想」とは、文字通り目を瞑って自己の内面を観察することを意味するが、そのもっとも基本的な段階は、身体の内部を感覚的に把握する「内観」の技法を身につけることにはじまる。身体の内部を観察するためには、身体の外部の動きを止めなければならない。したがって、長時間、ストレスなく坐っていることができるような身体条件を養うことは、瞑想を有効に機能させるためには不可欠な能力となるのである。

古典的なヨーガの技法を編纂した書物『ヨーガ・スートラ』には、坐の瞑想法について次のように記されている。


坐りかたは、安定し、かつ快適でなければならない。安定した、快適な坐り方を完成するには、リラックスし、心を無限なものへ合一させなければならない。[18]

では長時間、安定して、快適に坐るためには、具体的にはどのような体位によって、どの関節部位の柔軟性を高めることができるのか、具体的にみてみよう。

次に示す四つの体操は、ヨーガの導入時に準備運動としておこなうもっとも基礎的なものだが、継続的におこなうことによって足腰の血流を活性化し、無理なく確実に柔軟性を養うことのできる効果が確認されている。

図3－①「片足を投げ足にし、反対側の足を腿の上にのせ、足指の間に手の指を差し入れて足首を大きく回す」

この運動は、足先の血流を瞬時に高めることができ、継続しておこなっていると、足首の柔軟性は大きく高められる。冷えやむくみといった末梢循環の滞りからくる諸症状についても効果的で、とくに足首の柔軟性を必要とする「正坐」のストレスを軽減する上で、有効にはたらく。

図3－②「片足を投げ足にし、反対側の膝を横に大きく開いて踵を股間に引き寄せる。この形から、お臍を腿につけるようにしてゆっくり前屈をする」

股関節の柔軟性を片方ずつ高めていくためのポーズで、膝を大きく横に開く「開膝系」の坐法に必須の柔軟である。前屈をするときには頭を下に下げることよりも、お臍を腿につけるようにして下腹部から前屈していくことがポイントとなる。

図3－③「片足を投げ足にし、その腿の付け根の鼠蹊部に、反対側の足をのせ、上体をゆっくりと前屈させる」

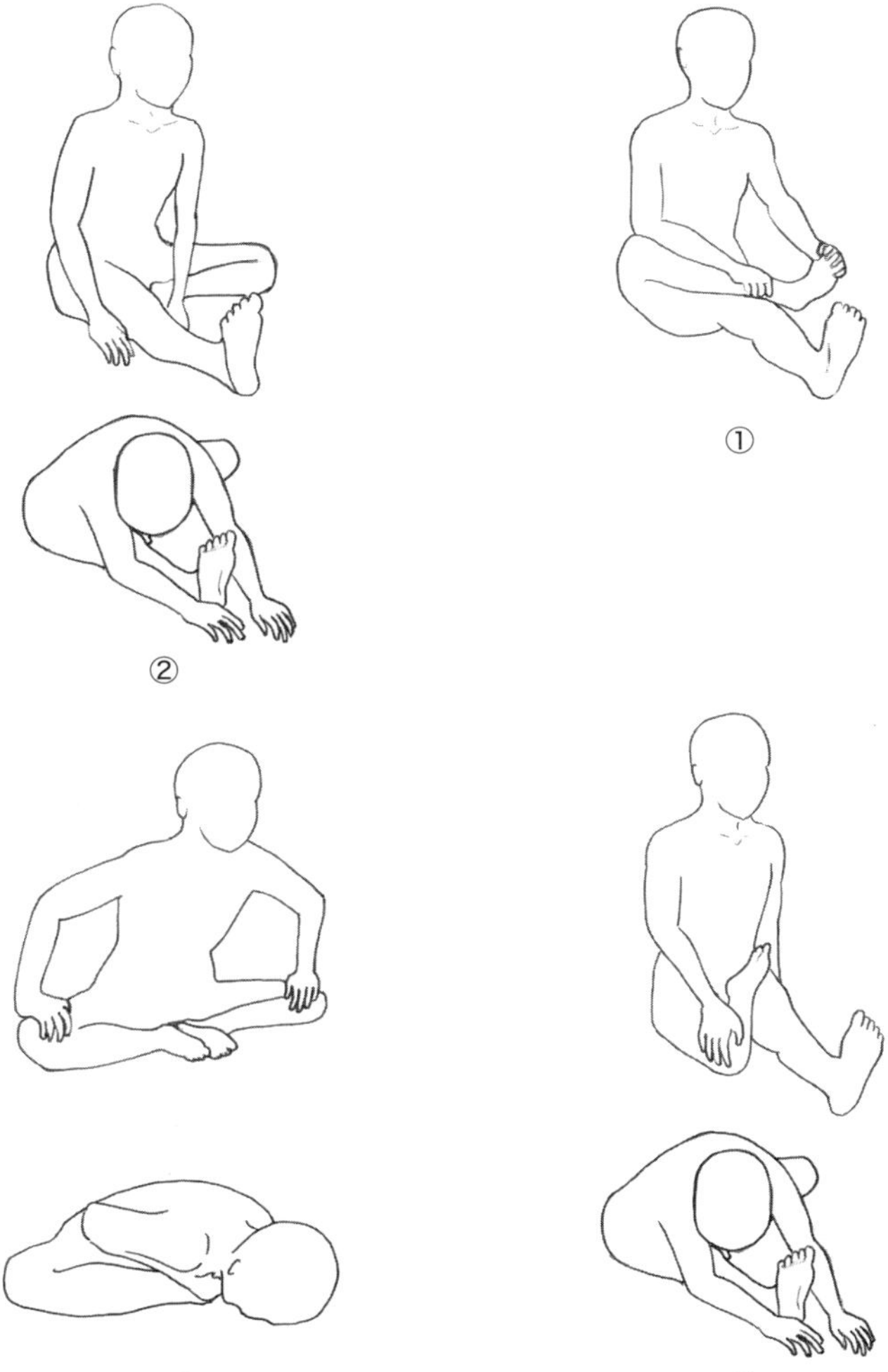

図3

片足を「半跏」にするこの体位は、ヨーガの一連のポーズのなかで非常に多くもちいられる。鼠蹊部には、鼠蹊大動脈や鼠蹊リンパなど、人体のなかでもっとも太い血管と、リンパ節が集中する部位であり、ここに足をのせて上体を前屈しながら刺激を与えることによって、血管や筋肉をやわらげ、腰から下の循環を大きく促進させることができる。股関節、膝、足首と、それぞれの関節を柔軟にするアサナである。

図3–④「両膝を横に大きく開き、股間の前に両足の裏を合わせて引き寄せる」股関節と骨盤の柔軟性を高めるポーズである。膝を大きく横に開く「開膝系」の坐法は、ヨーガの瞑想のなかではもっとも多く、必須の準備運動である。息を吐き、膝を振動させながら、膝を床の方へ押し付けるようにする。そして腰を前へ倒すようにして上体を前傾させていくと、股関節だけでなく骨盤内部の仙腸関節にも動きが生まれる。この骨盤内部の微妙な操作が坐姿勢を保つ上での感覚的な基軸をつくる役割をはたす。

以上に示した坐の運動は、どれもヨーガの準備運動の段階でおこなわれる基礎中の基礎に位置付く運動だが、こうした初歩的な動作をくり返し継続するだけでも、床坐に必要な身体能力を確実に養うことができる。たとえば禅仏教に広く浸透した「結跏趺坐」の坐法は、ヨーガでいう「パドマ・アサナ」に相当する。一見こうした坐法は、膝や足首に非日常的なストレスを

図4

かける「苦行」のように思われているかもしれないが、先に示したような初歩的な運動をくり返し継続して、足腰の柔軟性を養った場合には、ほとんどストレスを感じることなく、長時間、この坐法で瞑想をすることができるようになる。

　これら坐るための技法が、じっさいに大学教育のなかでおこなわれた事例を紹介しておこう。図４は筆者が美大で担当する授業でおこなわれた実技の一風景である。

　東洋の身体技法を総合的に学ぶカリキュラムは、半期十五回で完結する。坐法の習得はその基本技術に位置付くものだが、授業に出席した学生たちのなかには、家に和室がなく、子どもの頃から椅子座の生活が習慣化した者が大半である。このクラスでは、まず筋肉を緩める技術を学び、古典的なヨーガに含まれる基礎的なポーズを体得し、身体の柔軟性を十分に養った後、床坐の身体能力を確認する段階に入る。実技試験では、「結跏」「半跏」「胡坐」「正坐」「割坐」「立て膝」「蹲踞」といった、日本に古来伝承されてきた床坐の技法について再確認をするのだが、身体に特別な障害がない限りは、ほぼ例外なくすべての学生に床坐に必要な身体能力がそなわっていることを確認している。習得の遅速には個人差はあるものの、関節の柔軟性を開拓する学習が適切におこなわれたならば、床坐の文化に順応する能力を養うことは、決して難しいことではない。

これらの技術を段階的にふまえながら、坐り方、立ち方、歩き方の基本動作を学び、そこから和式、洋式といった文化様式にしたがって身体を使い分ける技術を習得する段階へと進む。身体の動きのなかに、自然に適った論理をもつことは、作品のなかにも、創作の過程においても、著しい作用をおよぼす。その変化を、どれだけ深く刻み込むのかは、各個人の裁量に任されているわけだが、観念主導になりがちな時流のなかではとくに、身体の自然に立ち返る時間をもつことは大事な意味をもつと考える。

こうした教育現場の経験から鑑みると、生活習慣が欧米化している現代においても、必要な身体能力を養うことによって、床坐の文化を身につける素地を養うことができる。冒頭でも触れたように、社会学者のブルデューは、人間であることの条件を「文化を身につけることである」とした。それは活字情報によって文化を学ぶことと並行しながら、身体的にも文化を体得することで、過去の歴史を身体化する役割をはたす。

姿勢理論の諸相

姿勢を保つ上での指針や方法を広く姿勢理論というとすると、世界には実に多様な姿勢理論が存在する。床坐、椅子座に限らず、立位姿勢や歩行姿勢、倒立姿勢など、無数に展開される人間の運動全体を広く視野に入れると、姿勢理論は、多様な運動目的にしたがって、その都度最適な形で準備されなければならない、と一般的には考えられる。しかし、一歩踏み込んだ見方をすると、あらゆる動作に通底する姿勢制御の本質というものがある、という言い方もできる。古来、「姿勢が大事」といわれてきた由縁というのは、禅を筆頭とする坐法の体得が、諸芸諸道の学びに広く共有される普遍的な基礎をつくると考えられていたからでもある。

ところが実際に姿勢理論の中身を調べてみると、日本古来の坐法だけに限定しても、決して一様ではなく、さらに世界各国に眼を向けると無数の姿勢制御の方法が存在し、また学習者の習熟段階によっても、姿勢のとらえ方は大きく変化する性質をもっている。一例を挙げると、尺八奏者の中村明一が、日本古来の呼吸法として「密息」というものを紹介してベストセラーとなった[19]。その図入りの解説を見ると、骨盤を大きく後傾して猫背状態にし、呼気と吸気のいずれにおいても下腹を膨らませることが説かれている（図５）。このような呼吸法を駆使した技法は、骨盤を前傾させ、背骨をＳ字に保つことを提唱する人間工学の姿勢理論とは真逆の発

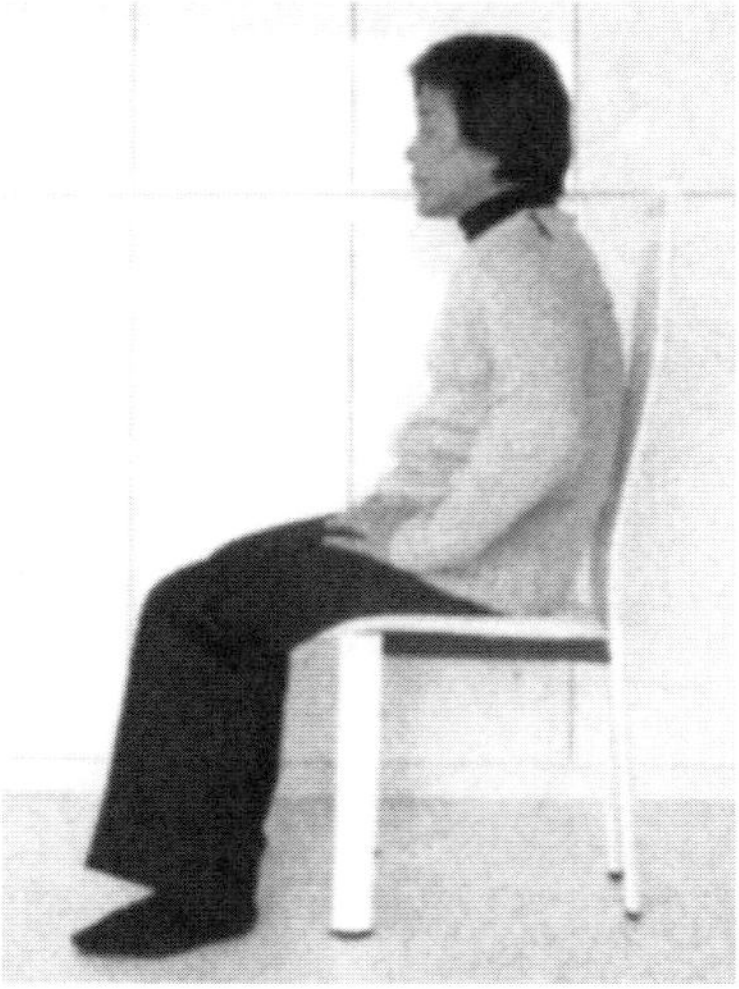

図5
図6

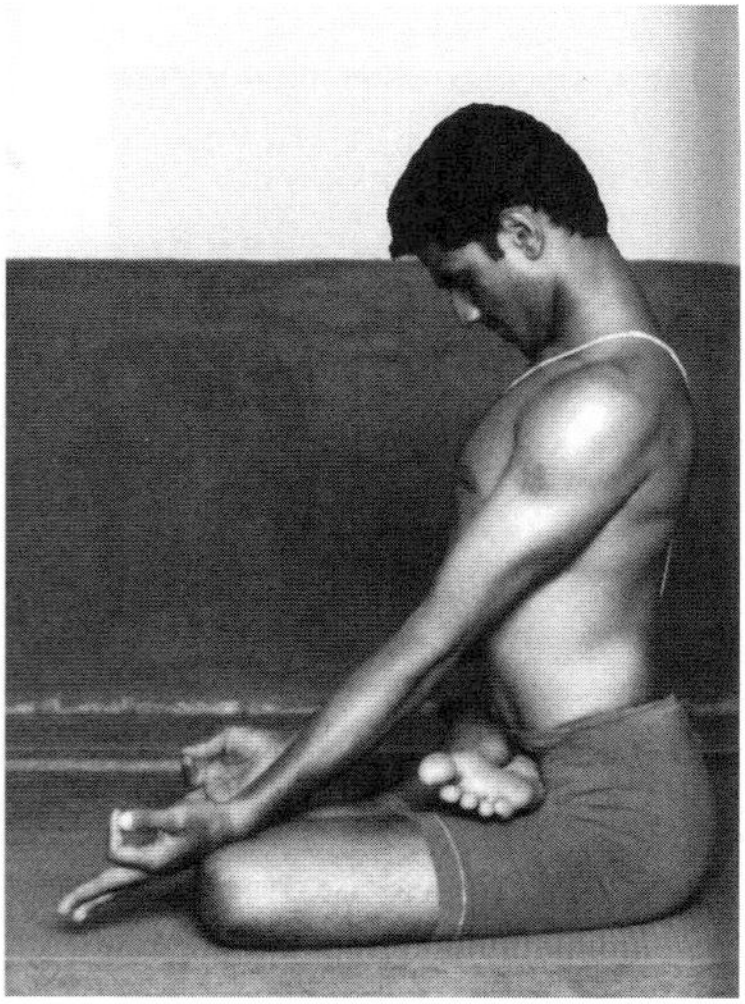

想をもっている。

どうしてこういうことが可能かというと、密息の場合、呼吸法を駆使しながら腹腔内圧を高めることによって、自力で腰椎骨を引きのばしているために、骨盤を倒して猫背状態にしても、腰椎椎間板の圧迫を免れることができていることが考えられる。ただし、これと同様の姿勢を、呼吸法を知らない初心者が、形だけ模倣したとすると、椎間板を傷めて腰痛を起こす危険性があることも、見逃してはならないポイントである。

これとは真逆の方法がヨーガの坐法にはあって、古典的なパドマ・アサナ（蓮華坐）の瞑想では脊椎全体が弓形に前彎した形を示す（図６）。アシュタンガ・ヨーガにおける呼吸法では、お腹は動かさず、肺胞だけを大きく膨らます胸式呼吸が主体になるため、胸が大きく張り出し、腰から背中全体が反るような脊椎形状になる。これも形だけを真似した場合には、腰痛を引き起こしかねない姿勢なのだが、呼吸法の強さによって、胸郭が大きく拡張し、脊椎の全体が天に向かって引き上げられているために、熟練すると椎間板にはほとんど負担がかかることはない。

こうした事例は、つまり、呼吸法の修練を積めば、どのような姿勢を取っても腰痛を回避することが可能である、ということを示してもいるわけだが、逆にいうと、きちんとした指導のもとに、正しい修練を積まないと、からだを壊す原因にもなるので、伝統技法を学ぶさいには慎重さを要するのである。

こうした姿勢の訓練によって、達人の境地に至るのは容易なことではないが、型や理論が、どのような方向を目指しているのかを見極めることは大事で、おそらくそれは、アルフレッド・クローバーが言った「文明の進路[12]」ということともリンクしてくる問題であるように思われる。たとえば、序文で紹介した医師のレヴァインは、「椅子に座ることは、健康上、極めて深刻な害悪である」と主張をした。しかもその論文は、長年の社会調査にもとづく医科学的な研究にもとづいた知見であった。「椅子座を基本とする社会をデザインしたことが、人類史上もっとも深刻な誤りであった」と主張する整形外科医は、その解決方法として、椅子から「立ち上がること」を提唱したのだが、おそらく彼は、坐の技法を身につけることで、心身の調和と健康をもたらし、自然の理法にしたがって生きる術を体得させるような、東洋の伝統については知識がなかったのだろう。

姿勢理論をめぐる西洋医学と東洋の修行伝統の知見は、もっとも極端な対比としてあらわれているが、それら人間が生きる上で欠かせない姿勢についての考え方が、どのような理論の上に拠って立つのかによって、文明の形そのものが、まったくことなるあらわれ方をすることは、今までも示してきた通りである。

姿勢を真剣に学ぼうとする人々にとって、呼吸法をはじめ、眼に見えないもののコントロールに大事な問題があることは自明のことではあるのだが、モノをつくる立場から姿勢理論について考えると、デザイナーや職人は、椅子に座る人の呼吸まで責任をもつことができない。しかし、自身の身体に「動きの論理」をもつことによって、自然体であることをさまたげない椅子や服や家屋といった環境世界を整えることならばできる。

姿勢理論そのものは、学者や流派によって諸説があって然るべきだが、生活の基盤を支えるような一般理論を問題とする場合には、あくまで解剖学的な実態のある、眼に見える身体に限定して、自然の理法に適った形を考える立場をとらなければならない。つまり、そうした制約のある枠組みのなかで、如何にして姿勢の本質に届くような形を示すことができるのか、ということが問題の焦点となる。

「書は言を尽くさず、言は意を尽くさず」という現実に対して、古代中国の『易経』には「立象以尽意」ということが説かれている。[20] 身体がとらえた体験世界の多くは、言葉では語り尽くせない膨大な情報を秘めている。したがって、語りきれない感覚世界の豊穣さは、たとえば「ことば」という「形象」の使い方の工夫によって、いかに本質的な「意」を「尽」くせるか、という教訓を導き手として、さらに考察をすすめていこう。

自然体の構造

坐姿勢が洗練されることを「坐相が調う」という言い方をする。そこにはからだ全体の表情や感覚的な変化をも含んでいる。そこから眼にみえる身体の、構造的な特色だけを取り出してみると、「構造的な自然」に適った脊椎の形状というものがある。

人間の脊椎は、下から尾椎、仙椎、腰椎、胸椎、頸椎から成り、尾椎と仙椎はそれぞれ癒合した一個の骨となっている（図7）。椎骨ひとつひとつの間には、椎間板が緩衝となって、個々の椎骨のスムースな動きを可能にしている。

これらのなかで、仙骨は腸骨と連結して、坐骨、恥骨とともに「骨盤」を形成している（図8）。ヒトが上体を直立させて二足歩行をおこなうようになってから、骨盤は上半身を支え、また下肢からの衝撃を吸収する土台として、他の霊長類と比べて著しく発達し、荷重や衝撃に対する強度を備えるようになった。これに対して腰椎骨は、胸郭と骨盤とを連結させる役割を担っており、動きの自由度が大きい分、姿勢・動作時の荷重や衝撃が集中的にかかりやすい特徴がある。しかし、この部位は、骨盤と比べると、荷重や衝撃のストレスに弱く、身体の使い方をまちがえると椎間板をはじめとする周辺の器官を損傷させる原因にもなる。この可動性の大きい「脊椎の骨をどのように配置すればよいのか」という問題は、欧米の姿勢研究においても長年の関心事となってきた。

図9は、熟練者による姿勢保持のふたつの方法を示したものである。右側の図9－①は、「背筋をのばし、胸を張る」ことを意識した坐姿勢であり、矢印で示した腰部前彎のピークが腰椎骨のかなり高い位置にある。対する図9－②は、腰部前彎のピークが腸骨稜の位置より低い位置にあり、第五腰椎から仙椎の位置にきている。こちらは、肩の力を抜き、鳩尾《みぞおち》の緊張を緩め、

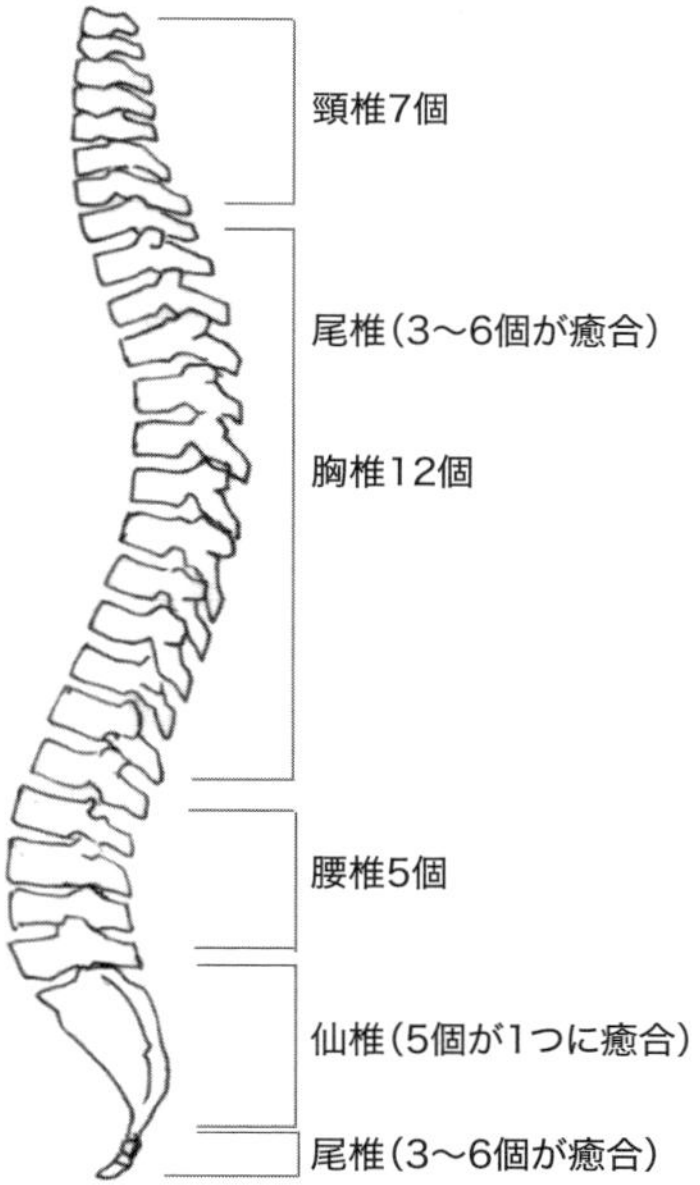
頸椎7個
尾椎（3〜6個が癒合）
胸椎12個
腰椎5個
仙椎（5個が1つに癒合）
尾椎（3〜6個が癒合）

図7

図8

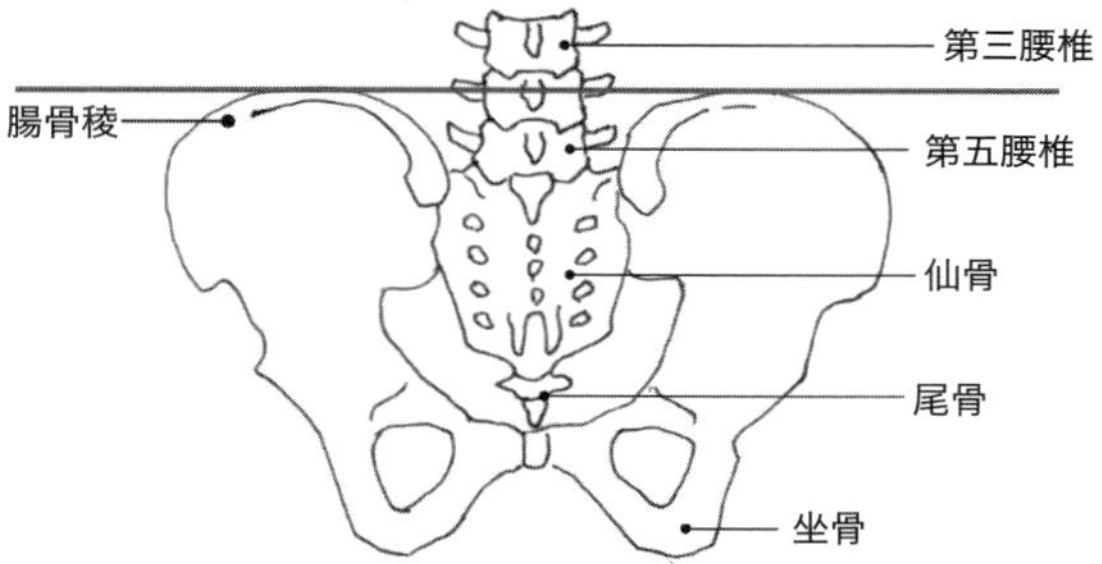
第三腰椎
腸骨稜
第五腰椎
仙骨
尾骨
坐骨

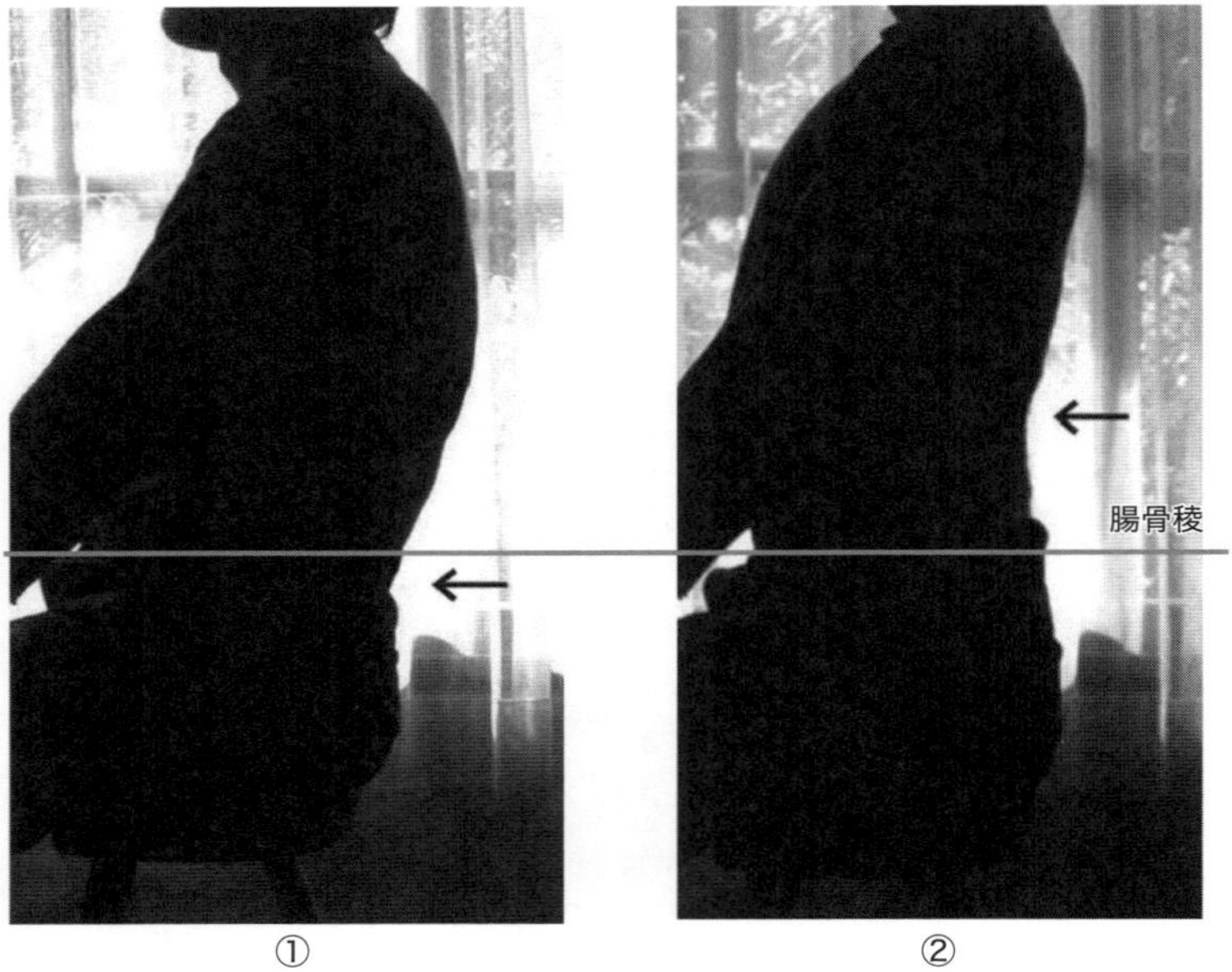

図9

上半身を脱力した状態で骨盤を前傾させる、いわゆる「上虚下実」と禅の世界で言われる坐法にしたがった椅子座姿勢である。

図9－②の「上虚下実」の姿勢では、腰部前彎のピークが骨盤の最上部よりも低い位置に下がり、そのことが上半身の荷重を骨盤で受け止めることができている構造上の指標になる。一方、図9－①の姿勢は、身体の構造上、上半身に力みが生じやすく、腰椎椎間板にストレスのかかる形である。

自然体の合理性について、武術の実践事例から説明をすると、弓術や柔術、剣術などの訓練では、安定した姿勢がとれているかどうかを確かめるために、さまざまな方向から不意に上体を押して、動かないかどうかを確かめる、という方法がよくとられる。外から圧力をかけられて姿勢が崩れてしまえば腰が抜けていることや、腰が入っていればどの方向から押されても動じない、ということが実践的にはよく知られている。

図9－②に示されるような坐姿勢についても、骨格の自然に適った脊椎の配置を体得すると、筋力による姿勢制御とは比較にならないほどの、坐の安定性が得られることを、筆者の授業のなかでは毎回確認をしている。その技術を誰にでもわかるような形で可視化するために、あえて坐の安定性を数値化することを試みた。

実験の手続きとしては、自然体の姿勢を学んだ被験者一五人を対象として、図9－①②のそれぞれの姿勢で正坐をする。そして背中に重量計を当て、背後から前方へと圧力をかけ、姿勢

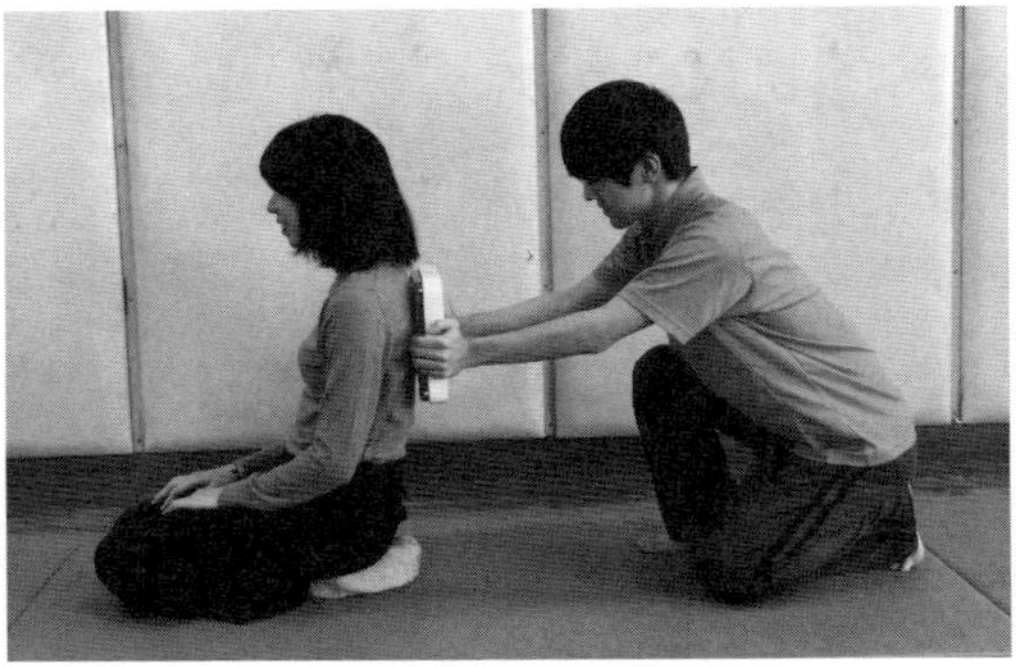

①

A 背筋をのばした姿勢	5	10	10	15	15	17	10	13	8	10	5	15	17	15	15
B 自然体習得後の姿勢	25	25	43	37	21	30	30	40	32	20	42	35	47	35	62

単位kg

A「背筋をのばすことを意識した姿勢」とB「自然体を習得した姿勢」。
実験方法：ABそれぞれの方法で正坐をし、背中に重量計を当て、背後から加重を加える。
数値：加重したときに尻が踵から浮いたり、姿勢が崩れてしまった値。

②

図10

が崩れた時点の数値を記録するというものである（図10－①）。このとき被験者は、背後からの圧力に対して、どの方向へも抵抗をしてはならない、という条件が課されている。

図10－②に示された数値はあくまで指標にすぎないものだが、それでも二者の姿勢の安定性については、二～四倍程度の優位差があらわれている。それは上半身を支える腰への荷重や運動の衝撃に対しても、構造的に強化されていることを示す値でもある。

一般に姿勢を制御するためには腹筋と背筋のバランスが大事であると考えられているが、構造的にもっとも強い脊椎の配置の探求へと技術を踏み込んでいくと、筋力の強化よりもむしろ、硬直した筋肉をいかにゆるめるか、ということの方が大事で、腰や背中の筋肉に十分な柔軟性が得られないと、自然体本来の形に脊椎を配置することができない。姿勢制御の技術については、筋力を強化すること以上に、筋肉の柔軟性を保つことの方がはるかに重要で、その上で、骨格の自然に適った構造を探求していくことが「自然体」を体得する基本であると考える。

脊椎彎曲の形状について

現在、人間工学にもとづいてつくられたオフィスチェアやドライバーズシートの大半は、縦方向のＳ字湾曲を基調としたハイバックの形で設計されている。そのこと自体は、直線的な平面で背を支えるよりは、はるかに望ましい進歩ではあるのだが、先にも指摘したように、不特定多数の人が座るような工業製品の椅子について、一定の脊椎形状を強いるような形で設計することの問題は深刻である。

先に示した教育実践における坐の技法においては、「骨格の自然」に適った脊椎形状の指針というものは明確に存在していて、その要諦をあえて一言であらわすとすれば、「上虚下実」という禅語に集約される。つまり上体を脱力し、骨盤内部の充実感を高めることを意味することの言葉は、身体の形状としては、胸椎の後彎曲と仙椎の前傾度合いのバランスによって物理的には示される。

こうした観点から、いわゆる名作椅子といわれる作品群の背もたれをあらためて測定してみると、その身体支持方法については実にばらつきが多く、脊椎彎曲の質的特徴についての明確な指針は、作家個人のなかに委ねられていることがわかる。

筆者がおこなった調査のなかで、収穫であったひとつの気づきは、同じデザイナーの同じ名称の椅子であっても、制作するメーカーが変わると、オリジナルの作品とはディテール部分の形状が大きく変化してしまうことが多々見られるということである。図11は、その具体的な形状をそれぞれ比較したものである。

武蔵野美術大学の近代椅子コレクションには、デンマークの建築家であるアルネ・ヤコブセンが存命していた頃に制作された「エッグチェア」のオリジナルが所蔵されている。また同大学図書館にはヤコブセンの死後、二〇一〇年にフリッツ・ハンセン社が制作した「エッグチェア」もあって、一応こちらもオリジナル商品として生産されているものである。両者の背もたれの形状を実際に測定してみると、今世紀になってから制作された「エッグチェア」は、ヤコブセンの存命当時のものとは質的に大きくことなる形になっていて、腰部前湾と胸部後湾の形状がかなりゆるやかになっている。当然の結果として、座り心地の印象についても両者は質的に大きくことなるものになっている（図11-①②）。

また同じくデンマークの椅子デザイナーであるハンス・ウェグナーが、中国の明式椅子から着想を得てリデザインした初期の名作「チャイニーズチェア」というものがある。これも、中国でつくられた本家本元の明式椅子と比較をしてみると、上体を支える背板の湾曲が大きくことなる形状となっていて、姿勢保持のための設計については認識の次元が大きくことなることが指摘できる（図11-③④）。

先に説明した「自然体の構造」と照らし合わせて、背もたれの湾曲形状について考えると、図11に示した比較は、椅子座のストレスに対して極めて重要な意味をもっているように思われる。とりわけ工業製品においては、不特定多数のユーザーを対象としているために、縦方向のS字湾曲を基調とする身体支持方法がいかに難しい手法であるのかがわかるだろう。このことは、S湾支持の方法が無意味であると言っているのではもちろんないが、身体支持面が大きな椅子ほど、サイズ感が合わないときのストレスはより深刻なものになることを意味する。

いずれの手法でデザインするにせよ、椅子によって「自然体」を導くためには、自身の身体

「エッグチェア」
アルネ・ヤコブセン　オリジナル

「エッグチェア」
フリッツ・ハンセン社ライセンス

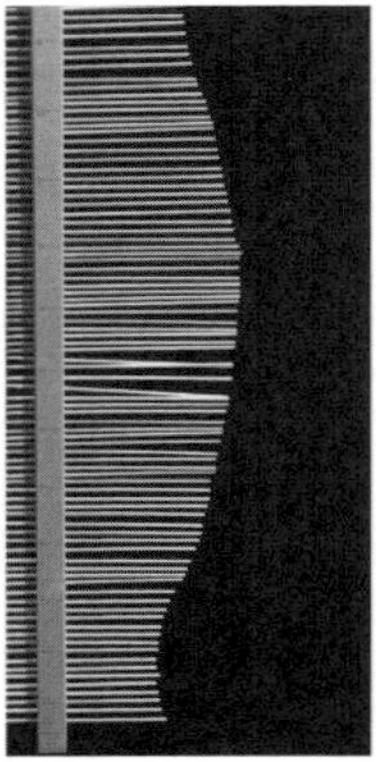

①

②

「圏背椅」
明時代、作者不明

「チャイニーズチェア」
ハンス・ウェグナー

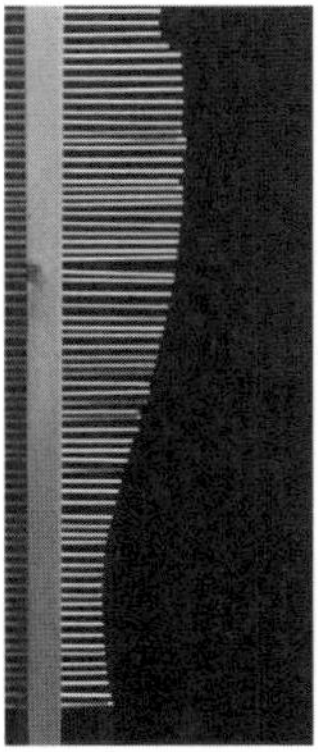

④

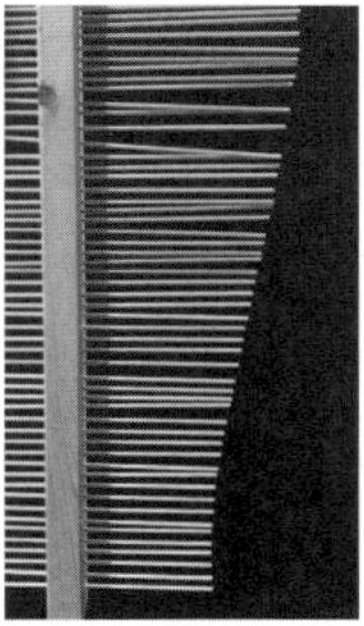

③

図11

のなかに坐の技法にかんする明確な論理をもつことが基本となる。そこから、自分にとっての最適な「形」と、より多くの人々にとって最適と思われる「形式」を、ながい時間と労力をかけて導き出してこなければならない。

椅子座の指針をめぐる思想について

椅子デザインの潮流として、ハイバックの背もたれによって、脊椎形状をS字に矯正する手法は、二〇世紀から現在に至るまで常に主流を占めてきた。この理論を裏づける根拠というのは以下のように説明される。

まず立位から坐位に変わったときには、地面に対して垂直に立っていた大腿骨が上昇して地面と平行になるため、骨盤が後傾していわゆる猫背状態になりやすい（図12）。背骨がC字に彎曲した猫背姿勢は、腰椎椎間板に不均一な圧力を加えるため、この姿勢を長時間続けた場合には、ヘルニアをはじめとする腰痛症状を引き起こす原因になる、ということである。

椅子に座ったときに、多くの人にみられるこの姿勢変化は、股関節や骨盤周辺の柔軟性が退化していることに起因する。この問題を改善するにはふたつの方法があって、ひとつは道具に依存した工学的アプローチと、もうひとつは人間自身の訓練による体育的アプローチである。

古典的なヨーガにおいては、とくに道具に依存することなく、修行者自身の訓練によって、坐に必要な能力が開拓されていったのだが、日本の禅宗には、坐禅時に骨盤の前傾を促す道具が伝承されている。それは、前章でも示した「座蒲」といわれる円形の敷物で、厚さが二〇センチ、直径三〇センチという規格が曹洞宗では推奨されている。これを尻の下に敷き、坐骨の部分だけを高くすることで骨盤の前傾を促し、腰へのストレスを回避する手立てとされてきた(図13)。このように着座面の高低差から、骨盤の前傾を促す方法は、坐る人間が自力で骨盤傾斜を保とうとする自立性が高く、道具をもちいてはいるけれども、骨盤の柔軟性を開拓していく教材としての機能を備えている。

瞑想修行のための合理的な坐姿勢を、時間をかけて、自力で体得させせようとしてきた禅宗のアプローチは、「坐の理想を探求する」という意味では人間工学やエルゴノミクスとも目的を共有している。しかし、その目的に到達するための両者のアプローチは、真逆の道を進んできたといえる。

欧米の物質文化にみられる技術思想には、使用する人間の労力を少なくするために、道具の機能が複雑化する傾向をもつといわれる。たとえば、スイス連邦工科大学のグランジャン(E. Granjean)が、オフィスチェアの必須条件として次のような項目を挙げている。[21]

一．一般事務にせよ、情報機器を使った作業にせよ、事務労働には事務用椅子を採用すべきである。

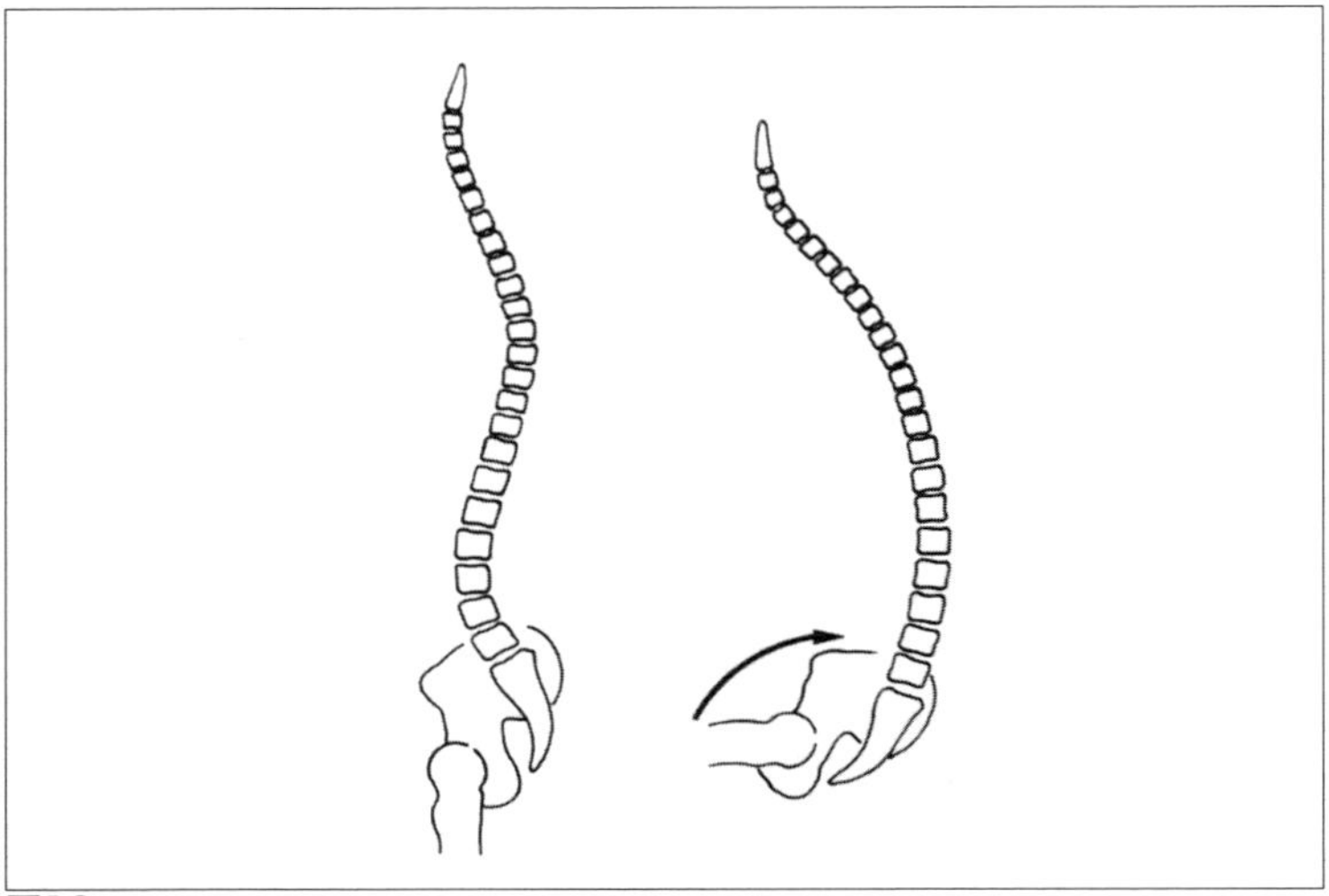

図12

図13

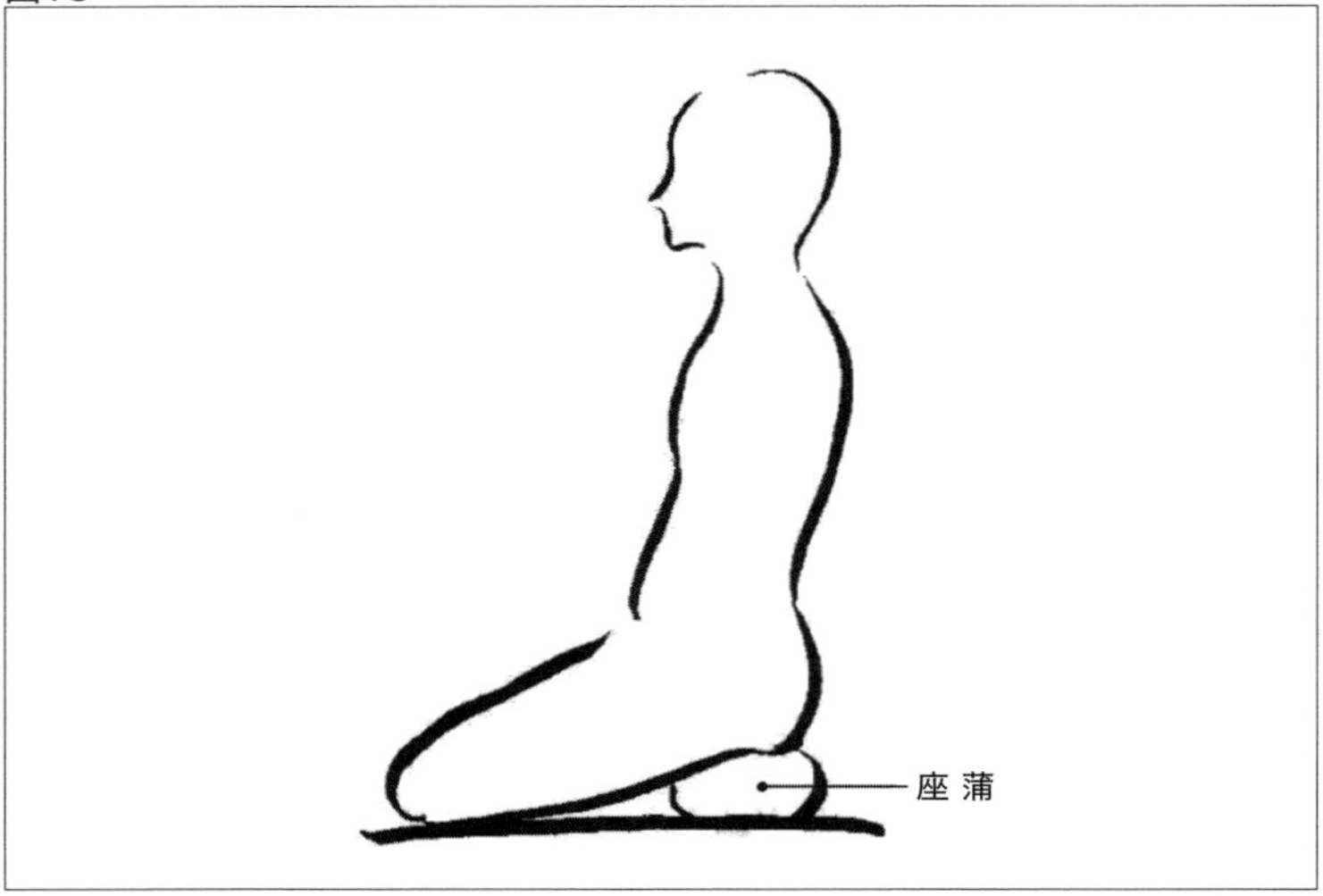

二．事務用椅子の設計にあたって、前かがみの座位姿勢と後ろにもたれる座位姿勢を基本的に考えるべきである。

三．背もたれの傾きは調整できないといけない。

四．背もたれの高さは垂直時には四八〜五二センチ、胸椎の高さでわずかに窪んだ形にすべきである。

五．背もたれには適切な腰パッドが必要であり、第三腰椎から仙骨との間の腰椎を十分支持できなければならない。

六．椅子の座面の横幅は、四〇〜四五センチ、奥行きは三八〜四二センチとすべきである。

七．足のせ台は必要である。

八．事務用椅子は現代の椅子に要求されるすべての要件を満たしていなければならない。


グランジャンのいう「事務用椅子」とは、腰背部の全体を背もたれで支え、「ハイバック」の形式をあらかじめ想定しているのだが、ユーザーに必要とされるすべての機能を搭載させようとするグランジャンの発想は、人間の労力をできる限り少なくして、道具がそれを補う形で、どこまでも機能を発展させようとする「道具依存型」の思想が如実にあらわれている。

彼の示した座面や背もたれの寸法的な基準値は明解で、それなりに説得力のあるものである。なかでも「第三腰椎から仙骨」までを支える腰パッドの必要性や胸椎部分に窪みを持たせることなど、細かく吟味していくと、「自然体」の本質に迫るような卓見も垣間みえる。

しかしながら、「現代の椅子に要求されるすべての要件を満たしていなければならない。」というような理想論は、志としては立派だが、自分の手で実際に物を産み出す側の立場からみると、永遠に実現されることのない究極の問題を、「理論的には解決できる」という信仰告白のように聞こえなくもない。じっさい問題として、グランジャンの提唱する「ハイバック」の背もたれは、脊椎ひとつひとつの動きを確保することができにくく、背もたれの形状が個人個人の体型に適合しなかった場合には、かえってストレスを助長させてしまうケースも無視できない深刻な問題なのである。

椅子座であれ、床坐であれ、姿勢の洗練には、すわる人間の側に一定の努力や熟練を必要とする。したがって、すわる人間を自立に導く方向性を視野に入れず、道具のサポート体制のみを万全に整えようとするグランジャンの思想には、人間が、自分の力で姿勢を保持しようとする能力を退化させてしまう危険性が潜んでいるのである。これは椅子に限らず、安楽性を追求しようとする産業化社会に広く蔓延した病であるのかも知れない。

これに対して、日本の伝統的な民具は道具の機能を極力シンプルな形にそぎ落としていく方法がとられる。つまり道具の使用法にかかわる「身体技法」を人間の側で高めていくことによって、道具の機能が無限に引き出されていく特色があり、これを「人間依存型」の技術であるということができる。たとえばそれは、先に示した「座蒲」というシンプルな座具によって、延々と坐の瞑想法を深めてきた禅宗の伝統を筆頭に、農具や工具、武具、食具など、あらゆる道具の身体技法に認められる特性である。

日本とヨーロッパの伝統的な技術思想については、後に詳しく触れるけれども、ここでは、椅子座の姿勢制御における脊椎彎曲の特性について、さらに考察を進めなければならない。

日本の民具に見られる姿勢保持の形態について

椅子に座る姿勢を効率的に保持するための考え方というのは、とくにパソコンを多用する執務環境のなかでは、背もたれの縦方向に湾曲をほどこしたハイバック型の形式が、主流を占めてきたが、この方法は、執務姿勢よりもむしろ休息に適した姿勢保持の形である。リクライニングした背もたれに、寛ぎ椅子のように全身をあずける作業姿勢を、大多数の被験者が好むという結果をグランジャンは示した。くり返し指摘するが、こうした「使い手の要求のすべて」に応えようとする思考法には、自力で身体を支える筋力を奪ってしまう危険性がある。つまり、日常生活の大半を過ごす仕事や学習の場面で、自力で骨盤を立て、自身の筋力によって脊椎を保持しようとすることを放棄した場合に、姿勢を保つための能力が根本から退化してしまうことが、グランジャンの視野には入っていないのである。

古代インドのヨーガにおいては、只管《ひたすら》坐り続ける能力を開発するために、多様な体位を習得し、関節の柔軟性が養われてきた。また床坐の習慣を伝承してきた日本においては、帯や腰板などの装身具によって、骨盤一帯に緊張を与え、作業姿勢や着坐時にかかる腰へのストレスを回避する方法が取られた事例などもある。

キモノの帯や袴の腰板が、腰痛を抑止する優れた機能を備えていることは、和服を常用する人々にとっては周知の事となっているように思われるのだが、その姿勢保持機能というのは、「腰骨」といわれる腸骨の上部を強く締め付けることによって、仙腸関節に拮抗を与え、他の身体部位を解放する手法であるといえる。文字通り「腰」を身体の「要」とする日本語表記のように、和装においては、扇の要のように骨盤だけを締めて、他の身体部位は一切の支えや圧力から解放されているのである。

たとえば、図14に示す袴の腰板には、内部に厚紙や樹皮が入っていて、正しく袴を着けているだけで仙腸関節が引き締まり、どのような姿勢をとっても骨盤が腹屈しないよう、つまり「腰抜け」状態になることを防止する機能がそなわっている。

これと同様の機能をもつ道具は、日本古来の機織り機である「居座機《いざりばた》」にも見られる。床坐に近い姿勢で機を織る居座機では、反物の端に欅の皮を巻き付けて「腰当て」とし、織り子は自分の骨盤で反物を引っ張りながら機を織るのである（図15）。この腰当てが、常に骨盤の前傾を促すために、長時間の作業姿勢においても織り子は腰を痛めることがないのである。

腰当ての形状を確認してみると、真円を半分に割ったような弧を描いている（図16）。ところが解剖学的な資料で胴体の横断面を確認すると、通常は背中側が平坦に近い楕円の形で示されている（図17）。しかし、腰当てに骨盤をあずけ、一定の圧力を加え続けた場合には、体幹は横方向にも彎曲し、ほぼ真円に近い状態にまで変形することがわかる。人体のなかでもっとも大きな骨盤の骨格でさえも、円形に変質するほどの柔軟性をもつことを、これらの資料は示している。

これら日本の民具から学べる姿勢保持の技法は次の二点に要約することができる。まず、「骨盤上部の要所に適切な緊張を与えることによって、他の身体部位は完全に解放してしまっても、姿勢は効率的に保持することができる」。次に、「人間の胴体は、帯や腰板、背もたれなどによって、継続的に圧力をかけることによって、ほぼ円形に近い状態に変形する」。以上の二点である。

ラウンドバック形式の動作性

座姿勢を支持するための手法として、縦方向の湾曲については人間工学の分野でも多くの議論が費やされてきたのだが、横方向の湾曲がもつ役割については、あまり語られてこなかった印象がある。静止した座姿勢のなかにひとつの基準となる理想像を求めようとすると、先に示した「S字湾曲」という発想になるのだが、「椅子の上で、身体はどのような動きをとるのか」という問いを立てたときには、この横方向の湾曲というのは極めて重要な意味をもってくる。

結城《ゆうき》紬《つむぎ》「居座機」

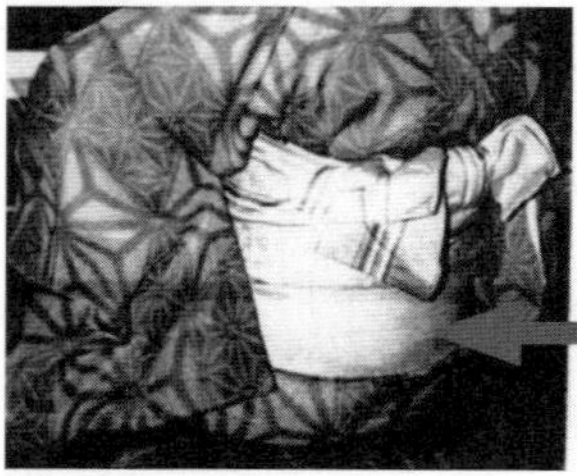

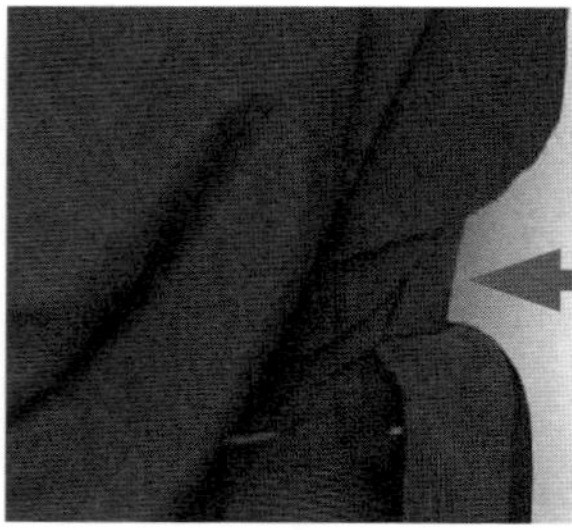

図15
図17

図14
図16

体幹の断面図

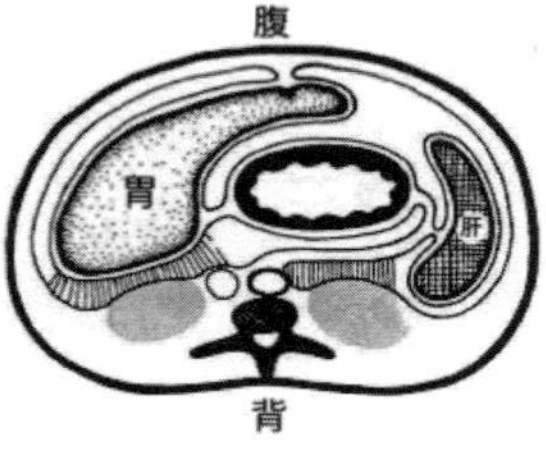

居座機の腰当て

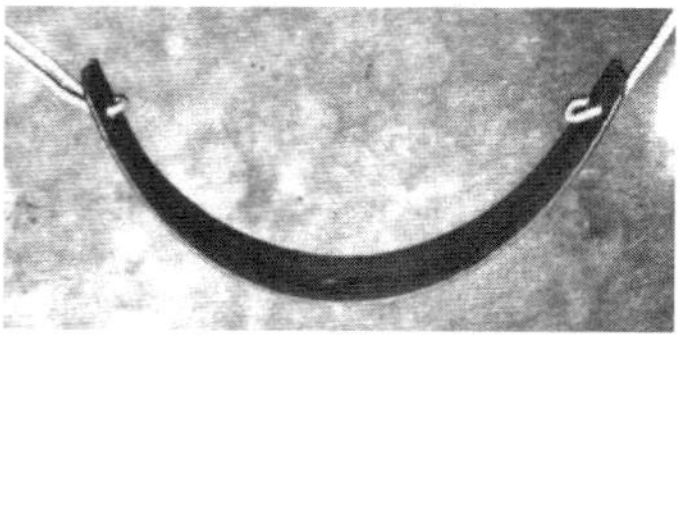

順を追って説明していこう。

図18に示したふたつの椅子は、①が背もたれの湾曲がない平面型のもの、②は横方向に半円を描いたいわゆるラウンドバックのタイプである。坐骨の落ち着く位置を想定した「着座点」から、それぞれの椅子の背もたれの距離を測ると、平面型のものは背の両端にいくほど着座点から遠く離れていくのに対して、ラウンドバックの椅子については背もたれのどの面をとっても着座点から等距離にある。

これはどういうことかというと、ラウンドバックの椅子は、上体を捻ったり、横方向に動いたり、椅子に座りながらおこなわれる上体のあらゆる動きを支えることができることを示しているのである。これに対して、平面型の背もたれは、背にもたれて座るひとつの姿勢しか想定することができず、捻る動作や横移動の動きにはまったく対応することができない。

こうした着座時の動作性という問題については、現代の多くのオフィスチェアにみられるように、座面や背もたれに可動性や可塑性をもたせるかたちで対応しようとする発想が一方ではある。ところがラウンドバックの場合は、背もたれの形状そのものが、着座時の身体の動きに対して、極めて合理的に対応できる機能を備えていることが指摘できる。椅子に座っているときに、着座点にある坐骨の動きは、わずかに前後に動く程度で少なく、それに対して上体の動きについては左右、前後、捻転と多く、それらのうち、前方向の動き以外は、ほぼすべての体勢をサポートできるのが、ラウンドバックの椅子の特徴である。

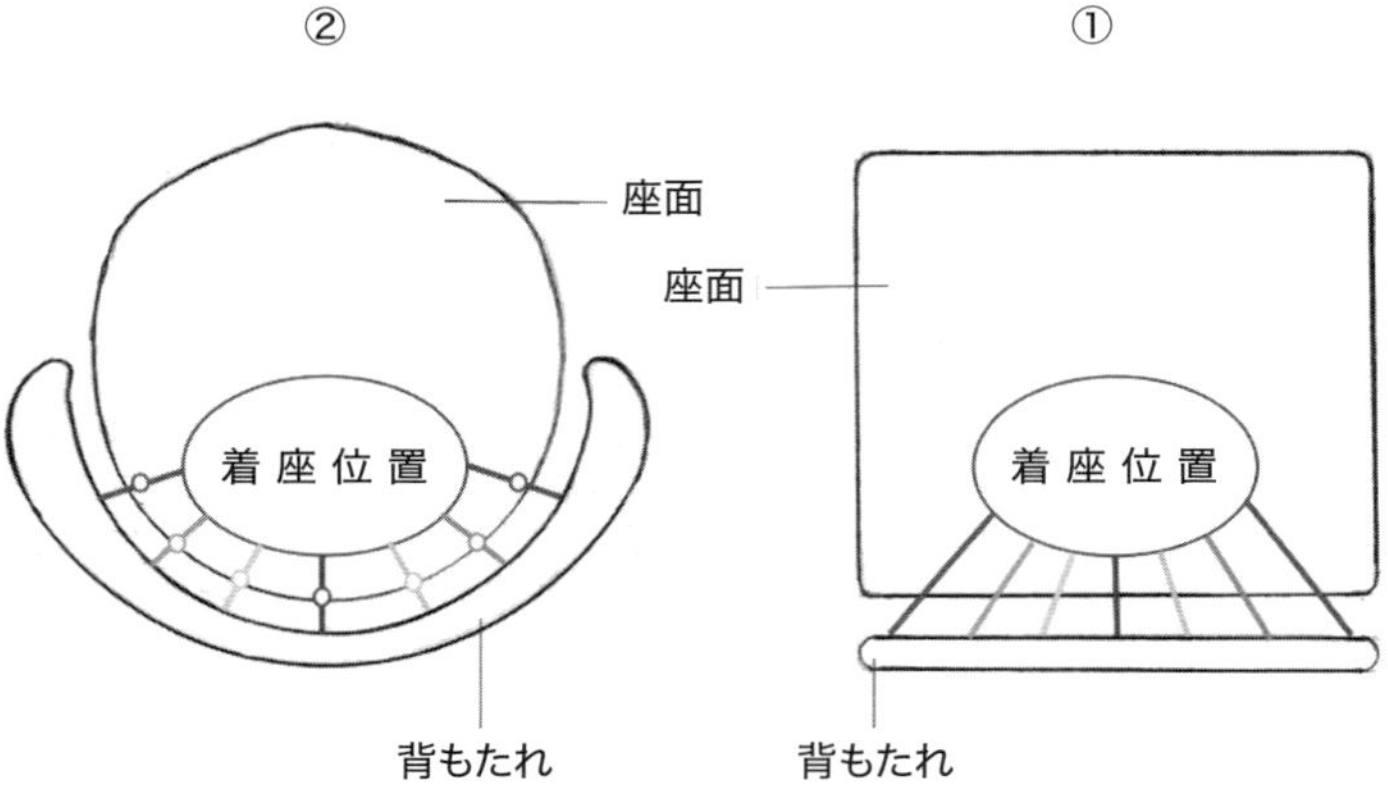

ストレイトバック（直線支持）

○背もたれの両端に行くにしたがって着座点から距離が遠くなる

●一つの姿勢だけを支える
＝上半身の動きに対応できない

ラウンドバック（円形支持）

○着座点から背もたれの全体が等距離

●「捻れ」や「横移動」など、上体の多様な動きを効率的に支えることができる

図18

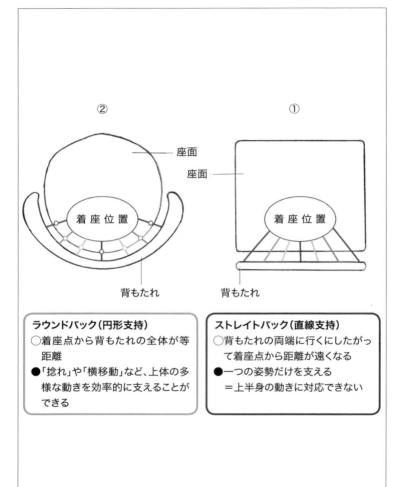

ラウンドバック形式の実作事例より

このような研究の経緯から、ラウンドバックというひとつの形式に焦点を絞り、坐位姿勢の支持条件について、実作による検証を一九九九年より一八年にわたって筆者は積み重ねてきた。骨格の構造にもとづく坐位姿勢の合理的な基準というものは確かに存在すると思われるが、しかし、椅子を購入するクライアントの身体条件は、一人ひとりことなるために、それぞれの体型や使用目的、生活環境に応じたオーダーメイド、という制作のスタイルを採用してきた。

量産型の工業製品の場合には、予め定められた「型」に従って生産されるため、一人ひとりの身体条件に寄り添う形の製品にはどうしてもなりにくい。制作時にも、まとまったロットで生産されるため、開発のコストについてもある程度の資本が必要となる。しかし、木製の椅子を一脚つくるだけならば、最低限の道具と一脚分の材料があればコストはそれほどかからない。こうした原始的な生産の形態から、ものづくりを出発することは、人類が物をつくりはじめた原点に近い場所から、生産技術が進化を遂げていく歴史的なプロセスを、一歩一歩、実感をもって辿ることのできる利点がある。

前節では、帯や腰板といった日本古来の民具が、最小限の支持条件で、効率的に姿勢を保持する機能を備えていたことを示した。この手法を踏襲しつつ、椅子の背もたれの支持条件を考えると、ラウンドバックの背もたれを、角帯や腰骨を締めるように、腸骨の上縁に掛かるように設定する手法が導き出される（図19）。

そして着座点は固定せずに、坐る人間が自発的に「腰を引く」という意識をもつことによって、骨盤の前傾を促し、帯や腰板で骨盤を引き締めるのと同様の身体状況を導くことを意図した。腰と背中を全体的に支えるハイバックの椅子の場合、背もたれの形状によって想定されたひとつの姿勢から、大きく逸脱することができないのに対して、ラウンドバックのこの方法だと、着座点をどの地点にもってきても、座る人間の腰の柔軟性に応じて、適切な骨盤傾斜を促すことが可能となる（図20）。

またこうした着座姿勢が習慣化すると、必然的に腰まわりの柔軟性が養われてくるので、使い手の身体が、継続的に成長することを視野に入れて設計しなければならない。つまり、座面と背もたれの間に腰が十分に引けるだけの空間を確保することによって、購入時に採寸した基準値よりも、強い骨盤傾斜を可能とする余地を残しておくことが肝要となる。

笠木の形状と上体の支持機能について

椅子の「背もたれ」には、その名称の通り「背中を凭せかけて休息するもの」という意味合いが含まれている。しかし、先ほど見た帯や腰板の機能に学ぶと、活動的な場面においても、

図19
図20

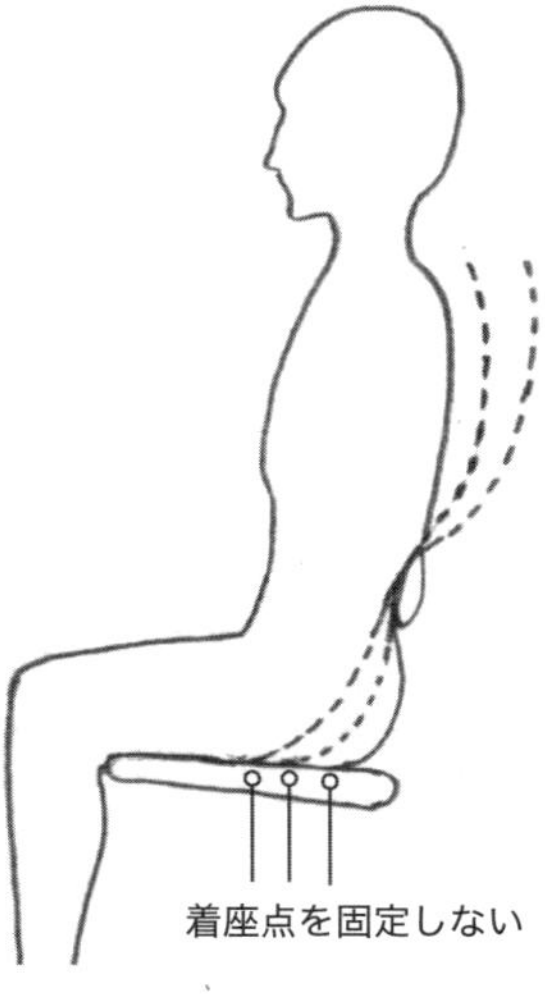

自力で積極的に姿勢を保つための支持方法があることに気づかされる。袴の腰板には、姿勢を保持する機能が存在するが、それは必ずしも凭れて休息することだけを意図したものではない。ハイバックの支持面で背中の全体を支える方法を採用した場合、上体を動かすことのできる自由度は狭まり、とくにリクライニング機能を多用した場合には、自力で脊椎を直立させるための筋力を必要としなくなる。しかし、図19のような小さな支持面で、腸骨上縁を支える方法の場合には、座る個人が自力で上体を保つことを積極的に意識しなければならない。つまり、座る個人に技術的な習熟を促す「人間依存型」の支持機能のあり方と、人間の側には努力をもとめない「道具依存型」の支持機能の分かれ目は、背もたれの支持面積をどこまで広げるのか、ということと深くかかわってくる。

実作による事例を紹介すると、図21は健常者を対象としたラウンドバックの基本形態である。最小限の支持面で、効率的に腰部を支えるための寸法は、袴の腰板の寸法に倣って三寸（約九〇ミリ）を基準値として、縦方向に一五〇～二〇〇アールの凸曲面をつけると背や腰に角を立てることがない。

健常者が自力で座を保つことを想定したこの値は、比較的肉体年齢の若い、活動的なメンタリティーをもつクライエントには多く支持されるモデルとなっている。しかし、人間は加齢や病気、怪我などによって腰背部の筋肉が衰弱したり、硬直したりする場合がある。

図21の標準型の背もたれを使用していた五〇代女性の事例では、購入から約二年後に、背中

の全体を打撲するような事故に遭い、かつては何の違和感もなかった背もたれに痛みを覚えるようになった。クライエントからは、「背もたれにクッションを後付けして欲しい」という要望があったが、デザイン的にも、工法的にも困難であったため、背の支持面を拡張した図22のタイプのものを新たに試作したところ、患部への圧力がやわらぎ、「痛みを感じることがなくなった」という報告を得た。笠木の中心が低くなっているのは、腰椎骨の棘突起に集中しがちな圧力を逃し、体幹の中心から体側まで、全体的に圧力を分散させることを意図している。このクライエントの症状は、打撲によって生じた筋肉の部分的な硬直が引き起こした痛みであると思われたため、患部への支持面積を拡張することによって問題を解決することのできた事例である。

さらに症状の重いクライエントのなかには、加齢とともに腰背部の筋肉が著しく弾力を失っていたり、脊椎間の狭窄やヘルニアといった、重度の症状に対処するための案件もある。図23のタイプのものは、脊椎の圧迫骨折を二度経験し、脊椎間狭窄症をもつ八〇代女性のために制作したものである。通常の椅子に座ると、腰や背中に痛みが生じるため、長時間座ることの困難な問題を抱えていた。このような症状の重い腰痛にかんしても、「骨格の自然な構造に導く」という原則は変わらないが、痛みをやわらげるための支持方法の配慮は、健常者よりも手篤くおこなわなければならない。

この椅子で意図したことは、背もたれの形状は基本的にラウンドバックと同様の湾曲が基本

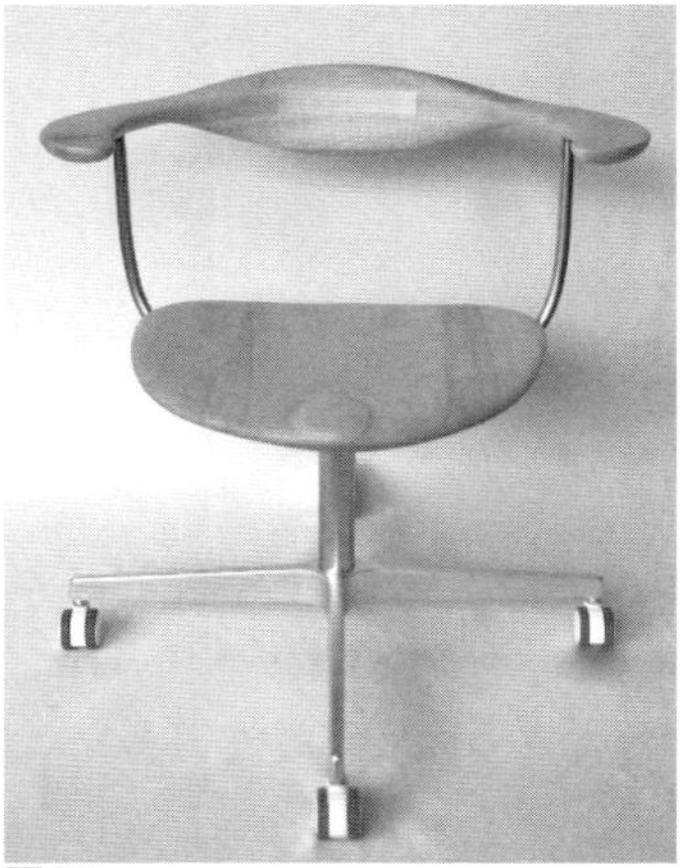
図21

図22

図23

図24

となるのだが、肩甲骨の下方から腰椎骨にかけてはクッションをほどこし、背中にかかる圧力を極力やわらげ、腸骨の上部だけを木材で支えるという方法を採用した。骨盤を構成する腸骨と仙骨だけは、クッションのない硬質な素材で支持したとしても、ストレスを受けることが少ないからである。またそのことによって骨盤の後傾することを防ぎ、できる範囲で自発的な骨盤の前傾運動を促すことによって、上体を支えるための身体機能を回復させることを意図している。このクライエントの場合、納品直後から「一日中座ることができるようになった」という報告を得た。

この形から肘掛け椅子へと発展したのが図24のモデルである。肩の力を抜くこと、腕や上半身をできるだけ楽な状態で支えることを考えるとき、肘掛けは地面に対して平行であるよりも、先端が下に下がっていた方がよい。重力に逆らわずに前腕を下げると、肩の力は著しく抜ける。このデザインは同時に、上体を前傾させて椅子から立ち上がるときにも支えがしっかり効き、とくに高齢者にとっては立ち上がりやすいデザインとなっている。また、食事や書き物をするときにも、先端の下がった肘掛けは天板にぶつかることがないので、よい姿勢を保ちながら椅子をテーブルに寄せることができる（図25）。

自分の姿勢をストレスなく保持するための身体技法は、できるだけ身体の柔軟な、若い年代の内に身に付けることが望ましいと思われる。そこで小学校の音楽室のために制作したものを次に紹介したい。図26-①の椅子も基本的にラウンドバックの支持方法から発展した作品のひ

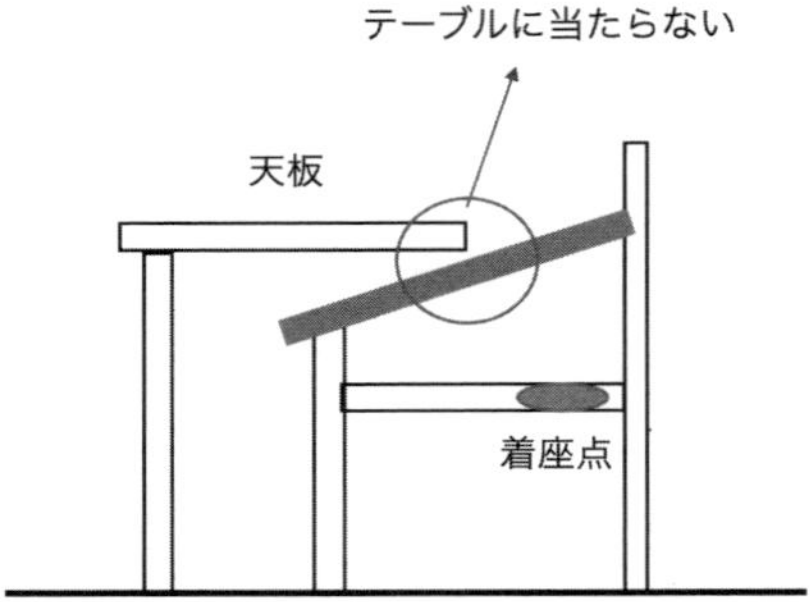

肘掛けの先端が下がっていると、テーブルに当たらないので、椅子を十分に近づけることができる。よい姿勢を保ったまま作業がしやすい。

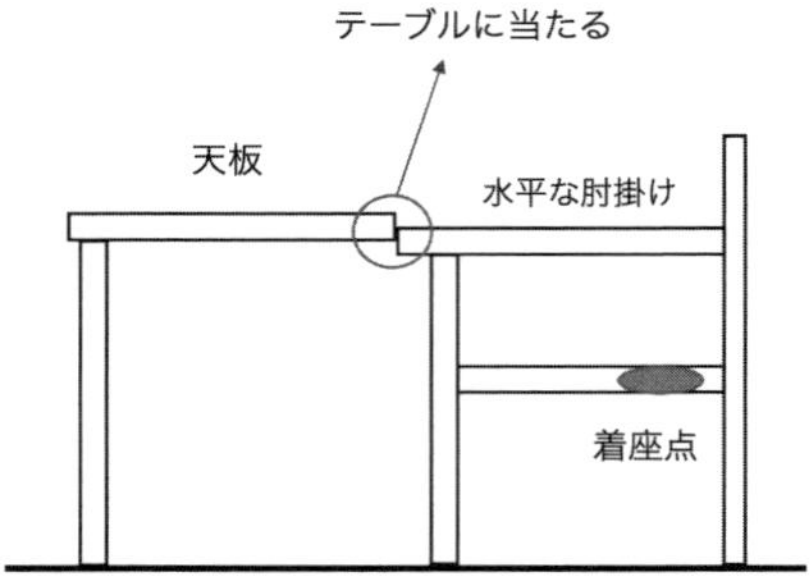

肘掛けがテーブルに当たると、椅子を十分に近づけることができず、着座点からテーブルが遠くなる。よい姿勢を保ちにくい。

図25

とつである。

音楽の授業では、一年生から六年生まで、身長差の大きい児童が、同じ椅子に座るような状況が、どの小学校にも存在する。したがって低学年の児童は、椅子に座ると足が地面に届かず、腰も背もたれに届かないため、どうやっても適切な座姿勢がとれないという問題が生じていた。

地に足を着ける、ということは椅子坐位姿勢の基本だが、身長一二〇センチ前後の低学年児童でも足が着くよう、座面高を三六〇ミリに設定し、床面から八〇ミリの高さに幅四五ミリの足台をもうけた（図26－③）。これを椅子の前脚部分の貫と一体化させ、高学年の児童が座ったときにも邪魔にならないよう、構造材としての機能を兼ねさせている。座面の奥行は二八〇ミリと浅めにし、低学年の児童でも、「腰を後ろに引く」という意識をもつことによって、自発的に骨盤を立たせ、上体を保持する能力が自然と養われることを意図している（図26－④）。

座面の形状については、横方向に大きく湾曲をほどこし、背もたれと共材をもちいている（図26－⑤）。座面の横方向に湾曲をほどこす考え方については、オーダーチェアでくり返し検証してきたものだが、クッションのない座面でも比較的坐骨への圧力を分散させることができ、「お尻がいたくならない」という児童からの報告も多数聞かれた。

腰痛医学の立場からも、平坦な座面の弊害について指摘したものがあり、専門医の村上栄一は、「平坦な座面に着坐した場合には、坐骨への圧力が強く、仙腸関節を開いてしまう傾向があり（図27－①）、これも仙腸関節障害を誘発する要因のひとつである」と指摘している（村

①

②

⑤ 座面　五〇〇アール

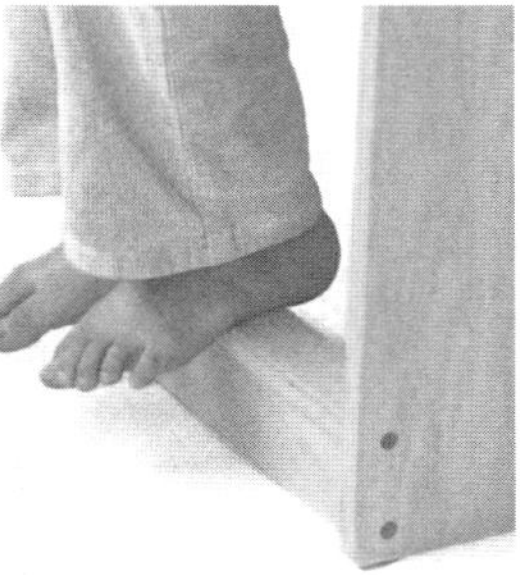

③モデル 一年生（身長一二〇センチ）

⑥ 横に倒すと机になる

④モデル 四年生（身長一三七センチ）

図26

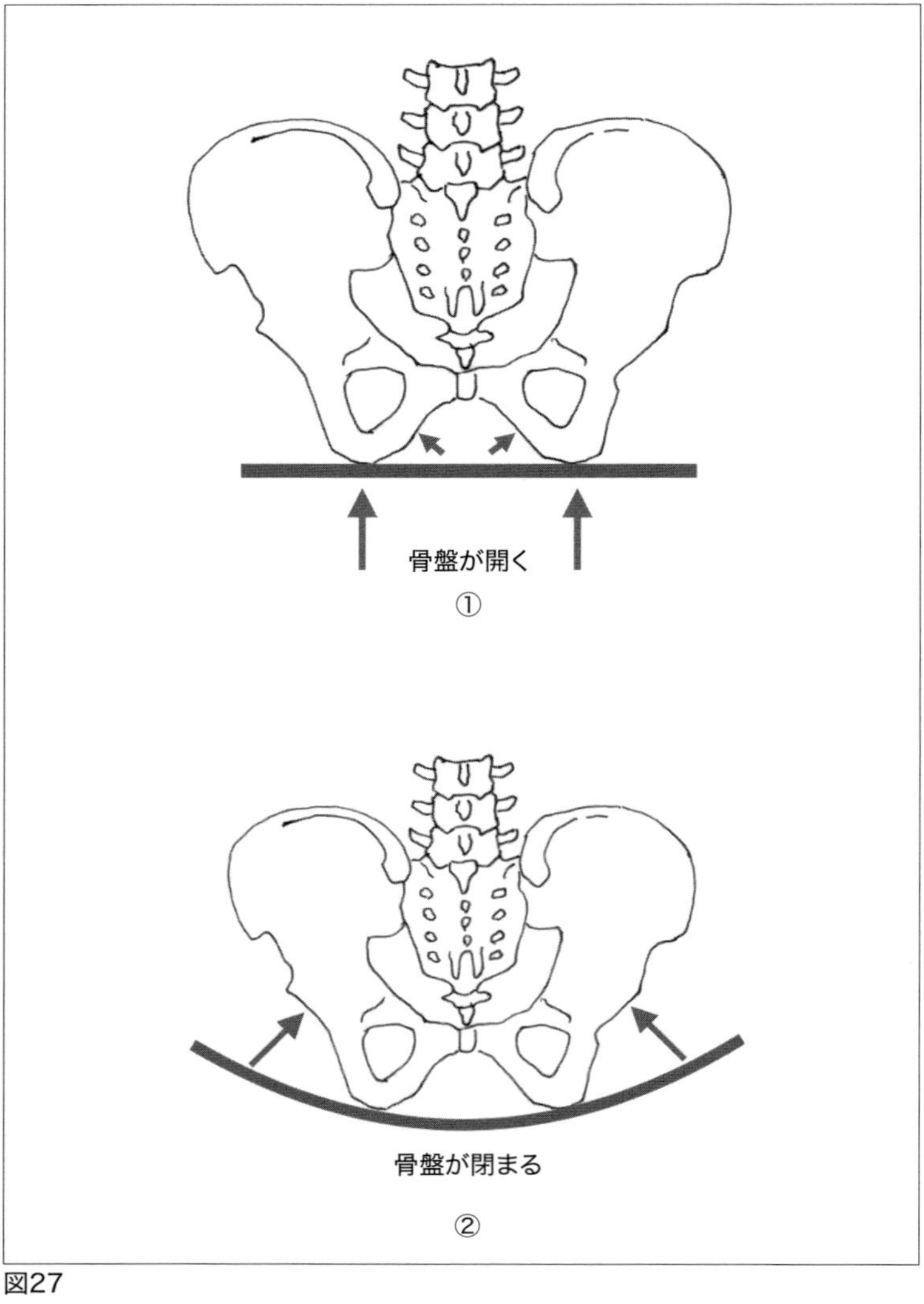

図27

上栄一『仙腸関節の痛み』[22])。

こうした問題については、座布団のようなクッションで対応するよりも、座面の形状そのものに湾曲をほどこすことの方が、はるかに有効であると考える(図27-②)。

さらに楽器の演奏法を学ぶ音楽の授業では、机が邪魔になることも多く、音楽室から机を排除してしまう学校の事例も見られる。そのため図26-⑥に見られるように、脚部の片側を面構造にすることによって、椅子を横に倒すと机にもなる機能を付与した。この状態で複数の椅子を組み合わせ、天板を乗せれば、そのままテーブルや舞台の基礎としても活用することが可能となる。構造的な強度は高く、児童・生徒の激しい使用にも十分に耐え得るものとなっている。

学校や公共施設など、椅子に多くの予算をかけられない現状があったとしても、限られた条件のなかで、心地よい座を実現する方法はいろいろと考えられるのである。

座面の形状とクッションの用途について

着座時にかかる臀部へのストレスを回避するために、クッションをもちいる方法が一般的にとられる。しかし、クッションをもちいなくとも、比較的長時間座ることができる椅子というものも存在する。たとえば、イギリスのウィンザーチェアの形式は、その多くが座面を三次元形状に彫り込まれていて、クッションをもちいなくとも坐骨へのストレスを回避するフィット

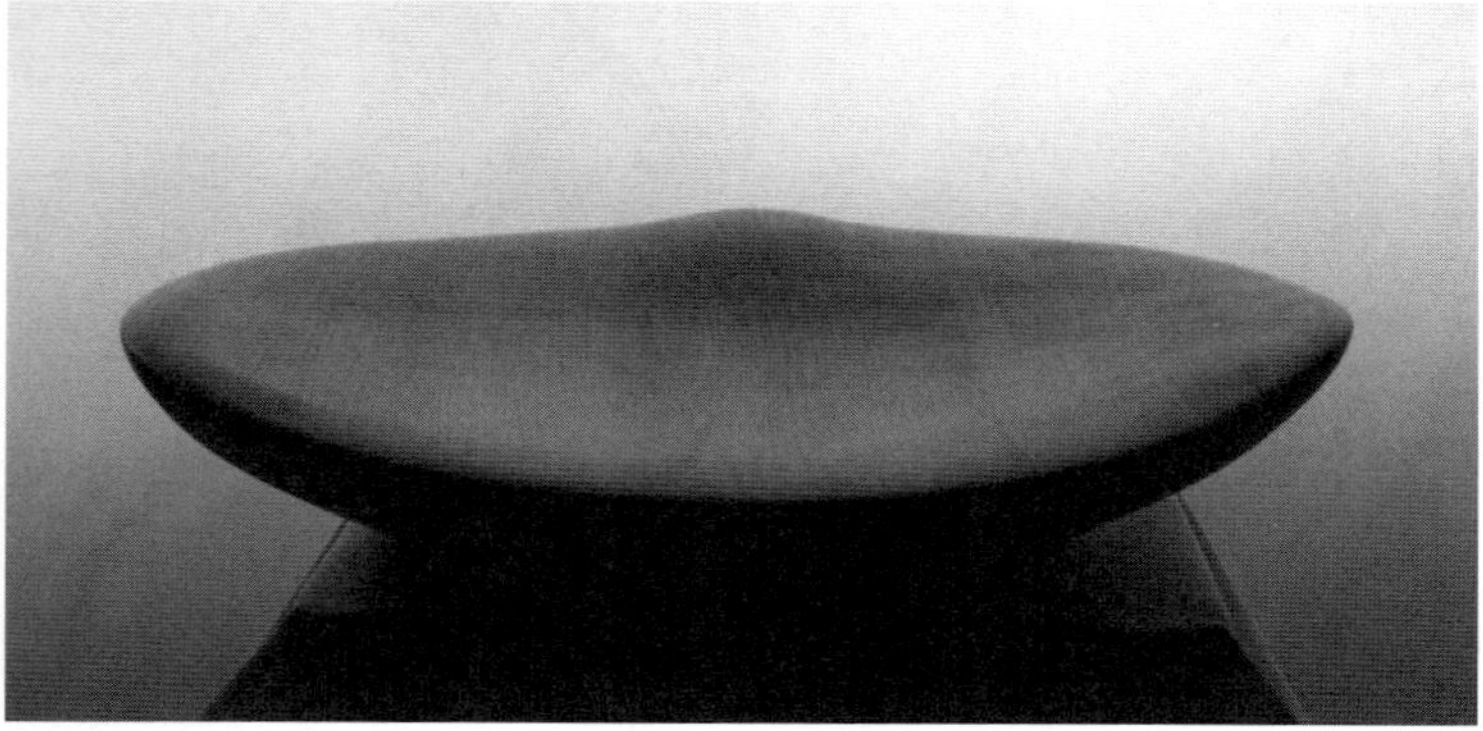
図28

感を実現している代表的な事例といえる。
クッションは、座のストレスを軽減するための有効な方法にはちがいないが、身体性という視点から椅子のデザインを発想する順序としては、まずクッションをもちいなくても坐骨へストレスがかからない形状を導き出し、その上でさらに圧力を和らげるためにクッションをもちいる、という手順を踏むことが基本であるように思われる。

身体を効率的に支える支持面の形状がわかると、より少ないクッションで効率的に姿勢を保持する秘訣を知ることができるし、またクッションに圧力差をつけることによって、柔らかさとホールド性の双方を実現させる要諦も理解することができる。

筆者が制作してきた椅子の基本形は作業用の回転椅子が原点にあるのだが、着座部分を中心に、座面の後部を大きく凹面に彫り込むことによって、あたかもテニスラケットのスイートスポットのように、坐骨にかかる圧力を吸収し、主に大腿部の肉の弾力で坐を支える構造になっている（図28）。

一般的には、座面から大腿部へかかる圧力は、「下肢の血流を妨げる」という考え方もあるが、私見では、大腿部にかかる圧力というのは「座面の高さ」が不適切な場合に多く見られる現象で、座面高が最適に設定されている場合においては、坐骨から大腿部にかけて均等に圧力が分散されることが望ましい。とくに椅子座においては、上半身の荷重のほとんどが、坐骨へ集中的にかかるため、坐骨部分の圧力を逃すことは当然として、大腿部も含めた着座面の全体に圧力を分散させることが肝要である。

極めて原始的ではあるが、木材を直接彫り出す方法は、身体の形状にもっともフィットする形へアプローチがしやすく、高いホールド性とフィット感を実現できる可能性が高い。それでも、加齢とともに筋肉が痩せてきたり、休息的な寛ぎがより重視されるようなケースにおいては、クッションをもちいる配慮も忘れてはならない。

縦方向の湾曲を主題にした実作事例より

縦方向に湾曲をほどこしたエスカーブバックの椅子は、筆者個人の実作事例としては、瞑想のための坐を導くことをテーマにした椅子（図29）からはじまる。個人個人のからだに合わせて一脚単位での受注が基本となるため、直接工業製品の基準になるような知見ではないが、身体支持の一事例として記しておこう。

椅子の身体支持にかんする基本的な思想として、積極的な意味で「支えないこと」を筆者は大事に考えている。より正確にいうと、最小限の支持面で、最大効率の姿勢保持をおこなうということである。着座時に「動きの自由度」をできるだけ多く確保することと、自力で姿勢を保つ能力が養われることを意図しているからである。

図29にみられるように、ハイバックの背もたれの両脇にフレームを立てると、通常はその間に張り地がほどこされる。ところが、個々人の体側に沿って寸法を調整すると、図29のような形の二本のフレームだけでも上体は完全に支えることができるのがわかった。背の中央部分には空間が穿たれているので、上体をもたせかけると、背中が後方に広がる感覚が得られ、そのことが上背部や肩甲骨まわりの筋緊張を緩和することが確認されている。

瞑想を組むことを目的としたこの椅子は、骨盤を適切な位置に配置できることを前提として、「椅子で上体の緊張をいかにゆるめることができるのか」ということがテーマにある。それは当然の結果として、肩こりをはじめとする上半身の筋緊張からくるストレス症状に対しても有効にはたらくことになる。

林立した二本の背もたれは、造形的には動物の角のような象徴性を含んではいるが、あくまで背を効率的に支える姿勢保持の機能から生まれた形である。人体を効率的に支えることを追求した結果、椅子の造形が生命体に近づいてくることは、過去の歴史を遡っても自然な流れで

図29
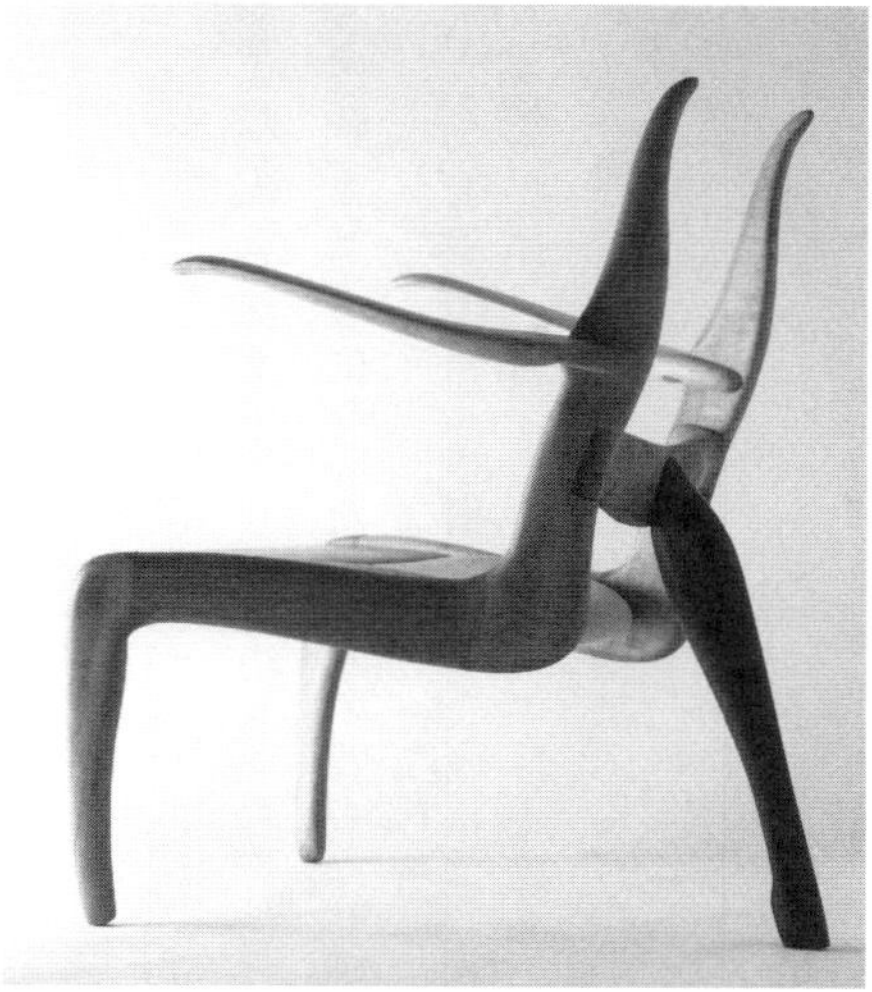
図30
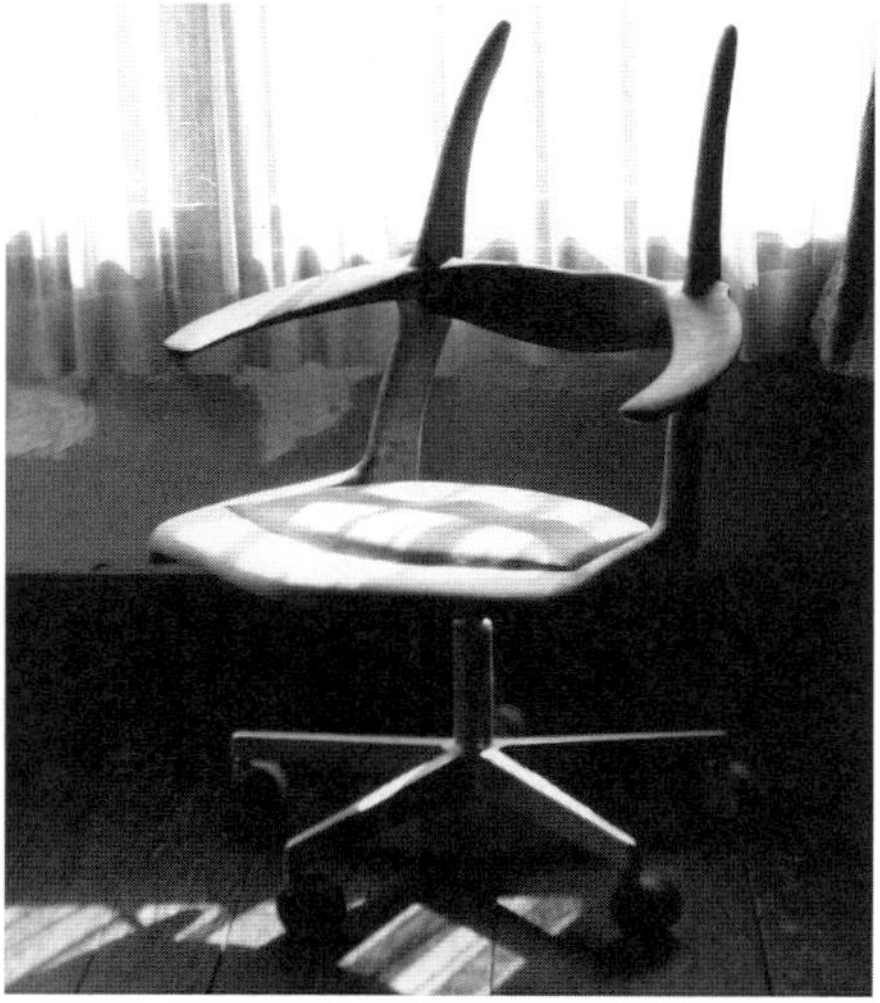

あるといえる。
図29が座るためだけの瞑想椅子として完成したとき、

「この感覚のまま執筆の仕事をしたい」

という依頼があり、出来上がったのが図30のモデルである。身体支持の手法は基本的に同じ形式だが、デスクワークに対応するためには、腰当てを前傾気味に設定し、脚部には回転機能を搭載することになった。二本の背もたれは、基本的に執筆の手を止めて休息するときにもちいるものになる。ここに背中をあずけながら、上体の緊張をゆるめ、仕事の疲れが回復することを想定している。

この様式をダイニングチェアに応用した事例が図31、そして図32はラウンジチェアとして展開したものである。ダイニングチェアとラウンジチェアを区別する論理は、座面の奥行と背もたれの傾斜にあって、肘掛けの有無は二次的な要素となる。テーブルに就いて食事をするときには、上体を直立から前傾させる姿勢を交互にくり返す動きに対応しなければならず、一方、ラウンジチェアにおいては上体の動きは少なく、背にもたれてゆったり寛げることが肝要となる。

このように基本モデルの形式を素地に置きながら、座面の高さ、奥行、腰当てや背もたれの

図31

図32

角度等のバランスによって、瞑想からダイニング、ラウンジ、デスクワークと、顧客のニーズにもっとも適した形を探すことができるのは、オーダーメイドで制作することの最大の利点といえる。

椅子の形は、身体を支持するための論理を明確に定めることによって、一つの基本モデルを多様な用途へと展開させることが可能になる。その汎用性が社会に広く共有されるほどの普遍性を兼ね備えるとき、椅子は社会生活の基盤を支える文化様式の役割さえ担うようになる。歴史をふり返るならば、第三章で示した明式椅子の優れた様式性や第四章で示したフランス家具の到達にみられたように、椅子は人々の身体を物理的に支えながら、その国や民族の文化そのものを象徴する道具として発展してきたのである。

最良の椅子について

身のまわりに無数の椅子が存在するなかで、消費者レベルの視点には「どの椅子がいちばん良いのか?」という率直な質問が常にある。しかし、今までも示してきたように、ある人にとって最良のものが、他の人にとってはそうでない場合がある。したがって、個人個人のニーズに最良な形で応えようとするのであればオーダーメイドの制作スタイルは不可欠のものとなる。

しかも、椅子座の機能が成熟していくプロセスというのは、一つのスタイルに視点を定めて、長年制作をくり返すなかで完成に近づいていくものである。たとえば筆者個人にとってはすでに二〇年前に解答が出ている椅子座の基準についても、一人ひとりのクライエントの要望に応えようとする過程においては、常に新しい発見とともに改良を重ねなければならなかった経緯がある。最良の椅子への探求は、作家個人の創作のなかで探求されるべき永遠の課題であり、「からだの自然」という普遍の原則を基礎として、無数に展開させていくことのできる自由が開かれているのである。以上のような理由から、身体性から椅子デザインを考える指針については、前章で身体支持方法の様式的な種別を示し、本章で姿勢理論の原則を示した上で、筆者個人の実作を例示した。

工業と工芸の身体性

椅子という道具によって坐姿勢を支持する手法は、さまざまなアプローチが考えられるが、大多数に共有し得る基準を数値化して、生活環境を向上させようとする工学研究の立場は、エリアスにしたがえば、マスレベルで身体を秩序立てようとする civilization（文明化）の担う領域といえる。その地道な実験研究の積み重ねに対しては敬意を払った上で、個々の作家や修行者が体験的につかんできた身体知は culture（文化）に属する領域である。

数多の人間が共存する社会のなかでは、大多数にとっての福利を優先する形で社会基準が定

められるのは当然のことではあるのだが、同時に

「個人の身体をいかに充足させるか」

という原点の探求が十分でない場合には、人々のなかには大衆に呑みこまれていくような感覚が、不安やストレスとともに積み重なっていくことになる。

工業製品によって、生活の大半を成り立たせている社会では、「文明」は急速に発展を進めていくが、生活者一人ひとりに届くような「身体文化」を、どのよう創造するのか、という問いがより切実なのである。

第一章で示したように、ヒューズが坐の研究によって解明しようとした原初的自然につながる身体技法は、川田順造によれば他の霊長類とも連続しながら独自の様式を作り上げてきた「文化」であると再定義することができる。工業化された「文明」の所産と、野生をも包摂した「文化」とを、ひとつながりのものとして結び合わせる要の位置に「身体」は在ると筆者は考える。物づくりであれ、身体教育であれ、文化の実践知を深めていくことが、工業化社会と分断されるのではなく、両者が結び合う地点を探求する一つの入り口として、「坐」の技法にかんする小論を展開した。

七章

坐の文明論

文明とは身体である

作法の原義

すわる姿勢の形態は、多くの場合、その社会で歴史的に伝承されてきた文化情報を豊かに含んでいる。また、食事や入浴、洗顔、就寝、あるいは労働や学習時の作業姿勢など、日常動作の仕方には、日々くり返されるなかで一定のスタイルがつくられている。そのルーティーン化された無形の動作はいずれも、それをおこなう人々の感覚や思考の動きが集約された身体文化としての側面をもっている。

たとえば部屋のなかでは「靴を脱ぐ」という日本人の習慣は、「床に坐る」ということと密接に関連した身体文化である。正坐にせよ、胡坐にせよ、床に坐って自分の居場所を定めるときにはかならず履物を脱ぐことが、日本では古来の原則となってきた。そして鼻緒につま先をつっかける履物のスタイルも、それらを頻繁に脱着することがもとめられる生活の必然から、おのずと定型化された文化様式であり、坐と空間と履物のスタイルはひとつながりの身体文化のなかで結ばれている。古来伝承されてきた立居振舞いの論理は、このように物質文化の様式と密接に結びつきながら、身のまわりの世界を感覚し、そこから思考を組み立て、物事を認識する素地の役割をはたしている。

からだの動きにこうした秩序をもつことを、日本語では「作法」というが、そもそも「法」

という言葉は仏教用語であり、パーリ語の dharma に由来する。ちなみに釈迦の悟りは「法」の自覚にあったと伝えられるが、「法」を「作る」ことを意味する「作法」の原義は、万物に内在する「自然の理法」を再創造することと理解される。したがって、身体の動きが、自然本来の秩序を取り戻すとき、わたしたちはからだの実感として「法」をおのずから体得することができる、という思想が仏教的な修行の根幹にはあり、そうした動きを導くテクストとして、「道具」は物事の「道理」を「具える」役割をはたす。

日本語における道具と身体の関係を吟味していくと、それらは「自然の理法にしたがう」という共通の秩序によって結ばれていて、物質文化と身体技法とは、互いの様式に内在する「自然性」を見極めるときに、内にも外にも開かれた「法」の自覚へと導かれるよう意図してデザインされてきたのである。

欧州語における「文明」の成り立ち

「作法」を単純に英訳すると manner（方法・やり方）となるが、身体の動きに秩序をもつことは、ヨーロッパ諸国においても重要な意味をもっていて、とくに民衆を統治する側の階層に近づくほど、立居振舞いのあり方を熱心に教育する伝統がある。

文明史家のノルベルト・エリアスは、ヨーロッパ社会における礼儀作法の起源が中世から発生していることを後付けているのだが、[23] エリアスによれば、ヨーロッパに中世国家が定まる頃、騎士的な性格をもつ貴族の宮廷において定められた作法形式は「クルトワズィ（courtoisie）」と呼ばれた。これは文字通り「宮廷（cour）」的な振る舞いを意味する言葉である。それが一七世紀頃になると、国の安定とともに武人貴族が消滅し、宮廷が絶対主義的な性格を強めるようになる。この頃にはテーブルマナーをはじめとする作法形式が、教会を通じて庶民一般へと広まるようになり、すると courtoisie という言葉はもはや使われなくなり、市民（civil）を意味する civilité という言葉が普及するようになる。

そもそも civilité とは、都市で生活する市民（civil）の振る舞いに由来する言葉であり、その類語である polite（丁寧であること）も、古代ギリシアの都市国家（police）で生活する市民の態度に由来する。農村部を離れ、都市（police）で集団生活をおこなう市民（civil）は、丁寧（polite）で、礼儀正しい（civilité）振る舞いを身につけなければならないという考え方を、言葉の成り立ちからも知ることができるわけだが、そして安定的な市民生活を実現するためには、都市の周囲を城壁で囲み、異民族からの侵入を防ぐための軍事力を、常に強化しておくことが必要であったことも同時に見えてくる。

たとえばヨーロッパ人の仰ぎ見てきた人間像には古代ギリシアの彫刻群がある。四肢の筋肉が発達した若者の立像は、オリンピアで活躍した戦士の肉体を象ったものであり、有事においては身を賭して市民を守る彼らの像が、神殿に祀られて崇拝の対象になっていたことは、つまり戦闘に勝利することが、文明化した市民生活を成立させるための前提となっていたからでもある。

ヨーロッパ民族にとっての「文明」の語源をたどっていくと、そこには、

「闘争に打ち勝った者だけが享受することのできる自由」

という意味合いが含まれていることに気づかされる。

こうした考え方は、中世のヨーロッパにおいても同様で、エリアスによれば、彼らの民族としての自意識は、ローマを中心としたラテン的なキリスト教と、東方教会を含む異端との対立によって成り立っていった。彼らが勝ち取った自国の安定は、十字軍遠征による度重なる植民と拡張戦争によって強化されていったわけだが、そうした史実が、言葉のニュアンスにおいても「文明（civilization）」という響きのなかに、闘争のイメージを宿すようになった。

それは現代においても、戦勝国と敗戦国との間で「文明（civilization）」という言葉の意味合いに、大きな隔たりを生み出してもいる。たとえば、英語のcivilizationやフランス語のcivilisationは、人類の進歩と自国民の誇りを物心の両面にわたって総括的にあらわす意味に使われている。ところが、ドイツ語のZivilization（文明）は、主に物質的な発展に対してもちいられていて、芸術的な創造をはじめ、精神面での発展はKultur（文化）とあらわし、両者

は明確に区別されて、Zivilization よりも Kultur の方により重要な価値が置かれている。同じヨーロッパの国々で、言葉のニュアンスにこのようなちがいがあらわれる背景についてエリアスは次のように説明している。

ドイツ語の「文化（Kultur）」という概念の機能は「文明化（Zivilization）」の対立物を意味することであるが、この機能は明らかに一九一九年に、またすでにそれ以前に、再び勢いを取り戻した。それは、「文明化（Zivilization）」の名においてドイツに対して戦争が行われたためであり、ドイツ人の自意識が、講和条約締結によってつくられた新しい状況に新たに通じなければならなかったからである。[23]

周知の通り一九一九年とは、第一次世界大戦が終結した翌年で、ベルサイユ宮殿で締結された講和条約によって、ドイツは海外植民地のすべてを失い、領土の一三パーセントが割譲されたほか、当時の国民総生産額の二〇倍にも及ぶ賠償金を負うことになった。かの大戦は、植民地をめぐる世界の覇権争いを動機としていたわけだが、戦場では毒ガスや航空機、戦車、潜水艦など、近代兵器が投入されることで悲惨を極めた。これら殺戮を目的とした「文明(Zivilization)」の利器は、多大な犠牲を踏み台にして戦勝国には富をもたらすが、敗戦国に対しては、戦費による財政破綻と、不平等条約による多額な賠償金が課せられ、物質的にも精神的にも永きにわたって苦渋を強いることとなる。ドイツ人がZivilization（文明）という言葉に二次的な価値しか与えないのは、文明のもたらした戦争への苦い記憶が、言葉のなかにも深く染みついているからなのである。

日本語における「文明」の意味

civilizationという欧州語の起源を遡るならば「文明は身体のなかにある」といってまちがいではない。しかし、明治になって作られた「文明」という言葉のなかに、「礼儀」や「丁寧なふるまい」を意味するcivilitéのニュアンスを想像することは難しい。それは「文明」という言葉が「開化」と抱き合わせになって、産業技術に裏付けられた進歩的な生活を照らす意味ばかりが強調されて普及したからでもあるだろう。もともとは市民生活を成り立たせる振る舞いの論理であったcivilitéの原義には思いが及ばず、主に物質的・技術的な発展を代表する言葉として、「文明」という言葉が使用されてきた感は否めない。

「文明」の利器類についても、もとを辿れば身体の延長物として生み出された道具の機能を発展させたものにほかならない。人間の能力を外に向かって拡大させていくことを目指してきた利器類は、どこまでもその機能を進化させることのできる可能性を秘めていて、そこには進歩的な未来への希望が安易に描かれる。しかし、それが他者の犠牲を踏み台にして、はじめて成り立つ利己的な進歩思想であることを黙殺してしまう不用意さが、「文明」という日本語の盲点となっているようだ。

日本に「文明」が開化した時代の背後には、西洋化を国是とした帝国を再建するために、植民地の獲得を目的とした覇権争いに乗り出していくことが同時に含まれていた。

この時期に創作された「文明」という言葉の意味について、福沢諭吉は次のように説明する。

「文明とは人の身の安楽にして心を高尚にするを云ふなり、衣食を饒かにして人品を貴くするを云ふなり」

「又この人の安楽と品位とをえせしめるのは人の智徳なるが故に、文明とは結局、人の智徳の進歩と云て可なり」（『文明論之概略』[24]）

しかし、実際には「文明」という言葉の内実というのは、「人の身を安楽」にする技術を同時に、兵器へと転換することのできる二面性をもっていて、進歩的な蒸気機関や発電装置、通信機器等の便益に、大幅に依存した社会をつくり上げることが、「文明開化」の実態であったことを、近代史は明らかにしてきたわけである。

福沢のいう「人の身を安楽に」する「文明」とは、ともすると人の身を怠惰にもすれば、危機に陥れもするから、物事の「道理」を「具える」ための「道具」に秘められた身体性からは、大きく乖離する形で西洋文明は導入され、現代の日本社会を覆い尽くすに至ったのだと言わなければならない。

つまり文明の利器類を発展させてきた技術思想と、日本語の「道具」があらわす技術思想とは、真逆の身体観の上に成り立っていることが示されるだろう。先史学者のルロワ＝グーランにしたがえば、「技術とは、人間の自然に対するはたらきかけ」[25]。つまり、人間と自然の関係そのものをあらわす客観的な資料なのである。それは自然の素材を加工して物をつくる製作技法についても、その技術を利用して世界を変えていこうとする生き方についても、おしなべて人間の自然に対する思想と振る舞いを暗黙のうちに開示するのである。つまり暴君のように自然を支配しようとするのか、あるいは女性や小児と接するように優しく親和的に扱うのか、あるいは神を崇めるように恭しく自然を頂くのか、こうした自然に対する人間の態度は、つくられた物のデザインや制作過程を吟味すると、書物に記された言葉よりも遥かに正確に、つくり手の意図と生き方を雄弁に語るのである。

「文化」をめぐる定義と原理

日本語における「文化」と「文明」は、いずれも人間の生活にかかわる言葉で、意味内容の重なる部分も多いことから混乱が生じやすいのだが、欧州語の語源を辿ると言葉の成り立ちがまったくことなることがわかる。つまり、言葉が生まれる原点に立ち返ると、人間のどのようなはたらきに対してそれぞれの言葉がもちいられてきたのか、という根本の部分を理解することができる。それは言語化される以前の現象に対して意味を描き、他者に伝えようとする精神構造に触れることでもある。

一方、学術的な定義というのは、もちろん語源も十分に考慮した上で、語彙に対する誤解を少なくするために規定された約束事であることが多く、すべての現象を説明する万能薬では必ずしもない。したがって学術定義に思考が縛られるとむしろ混乱が深まることもあり、そのような意味で、「文化（culture）」という言葉については、学者の数ほど定義があるともいわれているほど、混乱の生じがちな言葉のひとつである。

大学の授業で「文化の定義」について高名な学者の通説を紹介すると、まず学生たちは、「何のことを言っているのかさっぱりわからない」という反応を示す。たとえばこのようなものである。

> 広く民族学で使われる文化、あるいは文明の定義とは、知識、信仰、芸術、道徳、法律、慣行、その他、人が社会の成員として獲得した能力や習慣を含むところの複合された総体のことである。（エドワード・タイラー『Primitive Culture』[26]）

タイラーの定義は、まず「文明」と「文化」を同列にあつかいながら、文化的事象を列記しているのだが、当然の結果としてすべての事象を定義づけることはできないから、「複合された総体」という、極めて曖昧な言葉で全体像を結んでいる。はたしてこれを定義といっていいものなのか、疑問ではあるが、やはり読み手が消化不良を起こしやすい定義である。

これに対して、クリフォード・ギアツは反論を呈し、文化というのは、そういう形に現れた外形的なものではない、といって次のような定義を試みる。

文化は象徴に表現される意味のパターンで、歴史的に伝承されるものであり、人間が生活に関する知識と態度を伝承し、永続させ、発展させるために用いる、象徴的な形式に表現され伝承される概念の体系とを表している。マックス・ウェーバーと共に、人間とは自らの紡ぎ出した意味の網の目に絡めとられた動物であると私は信じる。私は文化をこの意味の網の目と捉えている。それゆえ文化の分析とは、法則を模索する経験科学ではなく、意味を模索する解釈学となるのである。（クリフォード・ギアツ『The Interpretation of Cultures: Selected Essays』）[27]

非常に抽象的な言葉で語られているが、ギアツは象徴というものに着目し、そこに込められた意味作用を文化の原理であると考えた。どういうことかというと、たとえば日本女性がキモノを着て立て膝をすると、無作法である、行儀が悪い、といって避難されることになる。しかし、韓国やインドに行けば立て膝でも胡坐でも、なんら咎められることはなく、むしろ正坐を崩さずにいたら逆に気の毒がられるかもしれない。あるいは、食事中にゲップをしたら日本やヨーロッパでは、ひどく失礼なことになるが、インドでは食後にゲップをしなければ、満足していないことを表明している意味となって、むしろ失礼にあたる。

このように「立て膝」や「ゲップ」という同じひとつ象徴的行為から、無作法である、無作法でない、ということなる意味が生まれるのは、象徴を理解する文化の文脈がことなるからである。有形であれ、無形であれ、一定の形を成した象徴に付与された意味のパターンこそが文化であると、ギアツは考えたのだが、これはたしかに文化の一面をあらわしてはいるだろう。

文化の内面に向かったギアツは、タイラーとは対象的な文化論を展開して、論争にもなるのだが、どちらか一方ではなく、そのどちらも大事だ、という考えに至ったのは、クライド・クラックホーンである。

文化とは歴史的につくられた、外面的および内面的な生活様式の体系であり、ある集団の全員または特定のメンバーによって共有されるものである。

（クライド・クラックホーン『Culture』[28]）

ここに至って非常にシンプルな定義になるのだが、つまり、「文化とは生活である」という認識は、現在、もっとも広く共有されている文化への理解であるかもしれない。そこでは、人間が生きていくためのさまざまな工夫が、ひとつの様式として型を成していくまでの論理が問題となるわけである。

ピエール・ブルデューは、こうした文化的な営みが、人類の貴重な財産であると考え、「文化資本」という言葉を生み出して、以下の三つのタイプに分類した。[29] まず、書物や絵画、家具、調度のように客体化された文化資本がひとつ。次に学歴や資格、免許など、公に承認され、正統な能力を保証する制度化された文化資本。さらに、家庭や学校、芸事、仕事等を通して身につけられ、身体化された文化資本である。タイラーが個々に規定しようとした文化事象を、ブルデューは、それぞれの属性にしたがって三つのカテゴリーに整理したわけだが、なかでも制度や身体といった無形文化への理解が進んだ点は重要な成果である。ブルデューは、単に文化情報を学ぶのではなく、「文化を身につけること」を人間の条件をしたことでも有名である。

これら学術的な研究の積み上げを踏まえて、あらためて「文化」という日本語を成立させる原理的なはたらきについて考えると、次のような属性が浮かび上がる。それは日々の生活のなかでくり返しおこなわれる「反復性」がひとつ。それが有形であれ、無形であれ、同様のものが再生産される「再現性」。さらに複数の人々に共有される「集合性」。これら三つの要素を兼ね備えた人間の営みは、凡そ「文化」という言葉の指し示す範疇に入るものと思われる。

身体文化の概念

学者の研究にもとづく「文化」の定義は実に多様だが、その語源というのは比較的明快で、「耕す」ことを意味するラテン語の colere に由来する。つまり作物を得るために「土を耕す」ことを cultura agri といって、これが agriculture（耕作）という意味になる。ここから知恵を得るために「心を耕す」はたらきが cultura animi philosophia est という比喩的な表現に転じて、これが知を愛する哲学の語源となっている。ドイツ人が zivilization よりも kultur の方に、重要な価値をおいているのは、物質文明の発展に対して、心を耕す精神文化の向上をより大事にしていることを端的にあらわしている。

ここからさらに踏み込んだ解釈をすると、日本には、精神修養のために自己の身体を積極的にもちいる修行の伝統がある。そして叡智を体得するために「身体を耕す」ことを cultura corpus philosophia est といえば、これは身体文化の概念を構成する原理的なはたらきをあらわすものになるだろう。

ハワイ大学の長友繁典哲学教授は、「修行」という日本語を英訳するときに、cultivate the Body と表現している。[30] 直訳すると「身体を耕す」となるのだが、これは単なる「訓練」を意味する dicipline や「苦行」を連想させる hard training などと比べて、感覚的、精神的な開拓のために身体をもちいる修行の本意をすくい上げた名訳であると筆者は思う。そして精神的な修養に身体を積極的にもちいる文化伝統は、高度な言語の組み立てによって成立してきた西洋哲学の伝統とは対照的に、言葉以前の内部感覚を身体の深層から汲み取ろうとする東洋人の世界認識の仕方を端的に説明するだろう。

人間の動作は、坐や歩行、食事、挨拶、洗顔、入浴など、おなじ目的の動きが日々反復されるなかで、一定の理にかなった形を示すようになる。くり返し再現される動作の形式は pattern of culture（文化の型）の範疇に属するもので、その作法は多くの場合、社会に広く共有される集合的な特色をもっている。たとえば食事のときに、正坐をするのか、それとも胡坐や立膝を許容するのか否か、あるいは椅子とテーブルを使用するのか、といった生活上の作法形式は、多くの場合、社会に広く共有され、社会的に規定されたものである。このように、反復性、再現性、集合性をもつ身体文化は、生活の仕方に調和的な秩序を与え、人間関係を円滑化し、自然とのかかわり方を教え、思考や感情の動きが混乱しないように導く役割をはたしてきたはずである。身体文化への見識は、以上のような意味において、技術文明が自然の理法から乖離して発展を遂げていくとき、進化の道筋がどの方向に進んでいるのかを見極める羅針盤の役割をはたすのである。

闘争と瞑想の身体技法

身体の姿勢が示す文化的な象徴性をしらべていくと、立位姿勢と地面に坐る平坐位姿勢とでは、それぞれの姿勢が内包する情報に、まったくことなる生き方の暗示されていることがわかる。身体的な経験としては、直立姿勢も、坐姿勢も、どちらもあらゆる人類が共通しておこなう行為であるにちがいない。しかし、それぞれの姿勢に対して、「主人の姿勢」「奴隷の姿勢」「戦士の姿勢」あるいは「聖者の姿勢」というような一定の価値を与え、それらを彫刻し、絵画に描き、あるいは文学的な語りによって、人間の生き方を一定の方向へと駆り立てるようなことが起こる。

わたしたちが生活しているこの社会にも、物質文化のひとつひとつに、それらを扱い、身につける人間の身体像が想定されていて、多くの場合、わたしたち生活者はそのことに無自覚なまま、近代文明の安楽さを享受している。近代化とは西洋化と同義語であるから、近代的な生活の背後には西洋人の身体技法が潜在していて、その無形文化が形づくる身体感覚は、わたしたちの思考と行動を支配することになる。

たとえば、日本人が日常的に身につけている「洋服」とは「西洋服飾」の意味であり、日本の伝統服とはまったくことなる身体感覚をつくる。西洋服飾の裁断形式はフォーマルなものになるほど明確な身体像を持っており、被服成形の基準となる「服飾ボディ」に布をのせ、それらを立体的に縫い合わせて形づくられる。頭部と手足のない胴体だけの「ボディ」は、またの名を「トルソ」とも呼ばれ、その原型はギリシア彫刻の身体像に由来する。

古代ローマ時代の昔から、ヨーロッパ民族はギリシアをモデルにして自分たちの文化を構築してきた歴史があり、躍動的なギリシアの立像に人間の理想を想い描くような文化的気風がある。それは衣服にかぎらず、建築物や室内空間の寸法基準、挨拶や社交上の作法など、生活の全体におよんでいる。

ギリシア彫刻のモデルとなった人間像とは、周知の通り古代オリンピアの競技会で戦う若者たちであり、とくに近世ルネサンス以降のヨーロッパでは、古代ギリシアの彫刻群を仰ぎ見るようにして美の理想が追求された。古代ギリシアの都市国家において、若い戦士の肉体がかくも讃美されたのは、当時の地中海の沿岸地域では、日常的に戦争がおこなわれていて、若い戦士は有事になると身を賭して市民を守る英雄でもあったからである。自分が生きるために犠牲になった命を、神として祀り弔う儀礼は、宗教を生み出す原点にある感覚でもあり、とくに自ら進んで戦い、命を差し出す美しい若者たちは、ギリシア市民にとってはとてつもなく特別な存在として、崇拝の対象となっていた。

ヨーロッパの美術史においても、ギリシア彫刻はもっとも高い価値が与えられていて、たとえばルーヴル美術館のエントランスにもっとも近いフロアが、ギリシア彫刻の展示室となっていることからも、西洋美術史全体の位置付けがよく理解できる。フランスの文化大臣でもあったアンドレ・マルローが「わたしたちはギリシアの息子である」などと宣言したのは、民族全体としての文化の方向性を、地中海の最果てに興った古代文明に接続させるのだ、という意味にほかならない。

若い戦士がモデルとなった立像の身体が象徴するものは、運動能力の拡大と同時に、闘争をくり返してきた人類の記憶が刻まれてもいるわけだが、それは自分たちの生きることが、他の命を奪うこととイコールで結ばれながら、ギリシア・ヨーロッパの都市文明が築かれてきたことをあらわしてもいる。

一方、「坐る」という動作は、直接的には休息の姿勢、食事の姿勢、作業姿勢、学習の姿勢、民俗によっては挨拶の姿勢など、多様な意味合いを含んでいるが、そうした生産的な価値をいっさいもたない行為として、瞑想の坐法というものがある。つまり、なんの目的ももたず、なんの役にも立たず、ただ坐りつづけるだけの行為が、アジアの国々ではつよい象徴性をもって伝承されてきた。

開悟した仏陀の坐像をはじめとして、ヒンドゥー・仏教の聖者は、その多くが坐った姿で描かれている。多くの場合、人は坐りながら、食事や対話、読み書き、軽作業など、何らかの活動をおこなっている。しかし、瞑想の坐においては、外界に向かったはたらきかけが一切なく、言葉を発することもなく、ひたすら身体の内側へと意識が向けられる。瞑想時の身体は、外見的には静止しているが、身体の内側に対しては、呼吸や血流の動きを増大させながら、視覚的にはとらえることのできない気血の流れをダイナミックに巡らせることを前提としている。「アサナ」といわれるヨーガの技法は、過去の習慣によって蓄積された筋肉の緊張を脱落させ、内臓に停留した老廃物を浄化し、坐の瞑想に至って精緻な内観の段階に入る。そして瞑想の初期段階では、五感のはたらきを制御する「プラティヤハラ」という技術にはじまり、外側の環境などに影響されない心の状態をつくるという。

また瞑想によって制御される体内の動きは、外界の気象や天体の運行とも呼応して動いているから、体の内側を感覚的にとらえていくことは、同時に外界の動きを居ながらにして感覚することにもつながっていくのである。自己の身体に巡り流れるものが、天体の流れとひとつに動きはじめるのを、からだの実感としてたしかめることができるようになると、あたかも自己と世界とがひとつに結ばれていることを、美的な覚醒とともに悟るのだという。

サンスクリット語でいう「サマディ（三昧）」という言葉は、人間が宇宙とひとつになることをあらわしている。つまり身体を媒《なかだち》として、人と世界とがひとつに結ばれ、外界の自然に対しても、親和的な生き方を見極めることが、坐の瞑想の行き着くひとつの到達であるといえる。もしかしたらそれは、修行の通過点にすぎないのかも知れないが、なんの生産的な価値を生まない坐の瞑想法が、古代からアジアの諸地域で重んじられ、聖者の存在を示す象徴性をもちつづけてきたことは、直立姿勢を礼讃してきた欧米文化と対比させると、その反対の極にある文明の身体技法であるといえる。

日本をはじめ、インドから東に広がるヒンドゥー・仏教の地域では、太古の昔から床坐の生活が営まれていて、床に坐る作法についても豊かなバリエーションをもっている。その背景には、只管《ひたすら》坐って瞑想を組むことを大事にしてきた宗教的な伝統があり、その修行法から悟りへといたった僧侶たちの身体技法が、床坐を中心とした生活の作法として体系化され、庶民一般にまで普及していくこととなる。

床坐と椅子座の身体性

中国においても、ヨーロッパにおいても、椅子は人間の居場所を定めるものとして生産されてきた。したがって使用される状況や用途にもとづいて、「どのように座るか」という作法が定まり、それが広く社会に共有されるようになると、椅子の使用法にもとづく多様な名称を共有することが可能になる。一方、平坐の社会では、道具に依らず、坐の取り方によって自分の居場所を定める生活様式となるため、坐の技法はその社会で生きていくためのもっとも基本的な素養となり、主に脚の組み方、配置の仕方にしたがって坐の名称が定められてきた。現代の日本において、「坐」と「座」の問題を考えることは、自国に古来育まれてきた生活の歴史を辿ることと同時に、近代以降に流入してきた欧米文化の成り立ちを知ることが不可欠のものとなる。

日本人が古来坐を重んじてきた背景には、もちろん禅仏教を中心とした瞑想修行の伝統があるのだが、中国大陸からもたらされたその教えをさらに源流まで遡っていくと、北インドのパンジャブ地方に発祥したインダス文明の宗教思想にまで行き着く。仏教を興した釈迦の探求というのも、アーリア人の侵入によって社会が分断される以前にまで歴史を遡り、古代インダスの聖者の教えを再興することにほかならなかった。厳格な階級制度によって、支配層のバラモンが富と権力を独占していた社会から遁世し、釈迦は、古代の聖者らがみなそうしたように森林へと赴き、瞑想三昧のうちに自然の理法（dahrma）を体得して仏陀となった。

インドから東に広がるヒンドゥー・仏教の地域において、坐は真理を悟った聖者の生き方を象徴する体位であった。そこには、身体を積極的にもちいることによって、自然とひとつになろうとする態度が貫かれていて、そうした修行者の認識法によって結ばれた思想的共同体のことを、「東洋」という、地図上のどこにも存在しない場所の呼び名によってあらわす風習が、日本語のなかにも生まれた。一国の枠を越えた文化圏や文明圏をあらわす言葉というのは、地理的な区分によって、学術的に定められるばかりではなく、むしろ自然や人間を理解するための伝統的な認識法にもとづいて、言葉のなかに深淵な意味的広がりの与えられていることを、あらためて留意したい。

他方「西洋」という言葉は、西ヨーロッパのキリスト教文化圏のことを指すから、言葉としての誤解は少ないのだが、そもそもoccidentという言葉を生み出す根拠というのは、エドワード・サイードが詳しく検討しているように、世界を視野に植民地支配へ乗り出していったヨーロッパが、自分らとことなる文化圏を「オリエント（orient）」とし、その対義語としてoccidentという言葉が使用されるようになった。したがって、「西洋」の訳語であるoccidentとは、言葉の示す対象が明確に存在しているが、「オリエント」にしても、その訳語でもある「東洋」にしても、いずれも言葉の指し示す範囲が曖昧であるが故に、深い広がりのある意味内容を含みながら、多様な地域の根底に流れている広大な文明の水脈にまで、わたしたちの認識が届くことを助けるかもしれない。

いわゆる「西洋」の起源を、起居様式の側面から遡ると、古代ローマからギリシアをさらに遡って、メソポタミアのシュメール文明へと辿り着く。現在、チグリス・ユーフラテスの大河流域はイラクが大半を占め、上流にはシリアとトルコが接していて、いずれもイスラム教を信奉する国々である。日に五回の礼拝を欠かさないイスラム教徒は、神殿の象徴でもある絨毯の上に直接坐った平坐の文化を伝統的に遵守していて、西洋人はそこを「オリエント」と呼んで、自分たちと区別をしている。ところが、古代メソポタミアに発祥した諸文明は、第二章でも示した通り、いずれも椅子に座った為政者によって統治された社会であった。紀元前三〇〇〇年頃にはすでに金属器の加工技術を有していた彼らは、それらを武器に転用することに成功し、軍隊という暴力装置を強大化することによって隣接する地域を次々に支配していった。

古代のメソポタミアにおいて、椅子は、王に統治権を授ける神の居場所であり、神によって民衆を支配する権能を授けられた王は、神と同様の玉座に座る姿で石碑に刻印されている。統治者の威光を象徴化した椅子座文化は、ローマ帝国がペルシアを属州とした紀元二世紀以降にもヨーロッパへ持ち出されたであろうし、あるいはギリシアを経由してローマへ波及したものもあっただろう。

古代から現代を通して、椅子は権力者の威光を示す舞台装置としての役割をはたしてきたが、また同時に、座のストレスを軽減し、身の処し方を導くための意匠についても、富裕な支配層の間では著しい進化が認められる。このことは第四章でも検討した通りである。椅子座の権威的なデザインと床坐の瞑想的な気風とは、「座」と「坐」にかかわる人間の営みの対極に位置するものだが、双方は相容れない対立概念としてあるばかりではなく、姿勢保持にかかわる構造とディテールを正しく理解するときに、ある為政者の椅子からは、万人の身体を心地よく支えるための論理を導き出すことができるし、あるいは瞑想者の身体技法から、心身の調和を高めるような椅子の形が生まれるというようなことも、十分にあり得ることである。

坐の習熟という視点について

床坐であれ、椅子座であれ、「すわる」という行為をどのように見るのか、という価値観の背景には、その社会に伝承された身体技法の習熟という問題がかかわっている。みずから坐を整えることが心身の健康を保つ基本であると考えるのか、それとも座ることが腰や背中にストレスを強いる不健康な姿勢であると考えるのか、おなじ行為のなかから真逆の価値観が生まれる理由を理解するためには、「すわる」という行為に対する技術的な習熟への視点をもつことが必要となる。

武芸やスポーツの専門家であれば、どのような姿勢で、どのような運動の仕方をしているのか、ということの基本を正しく習得することが、その後のパフォーマンスを上達させ、怪我を未然に防ぐことをよく知っている。たとえば野球の投手は速い球を正確な位置に投げるだけでなく、打者に球種や球筋を読まれない技術であったり、上半身を力ませない投球フォームであったり、長期にわたって成績を残すためには、より高度な投球技術の習熟が不可欠となる。そこに崩れや盲点があるときに、優れた指導者は、どんなに球が速くても、どんなにコントロールが良くても、このまま投げ続けていたら怪我をする、あるいは簡単に打ち込まれる、ということを予測して、投球フォームの改善を促すのである。

かつて筆者が所属していた大学の体操競技部では、推薦入試の課題に、鉄棒の上に支持した姿勢を後ろ斜め四五度から写真撮影して提出する、というものがあった。この提出課題の目的は、背中の両脇にある広背筋の発達をみるためで、この部位をどのくらい使いこなせるか、ということがパフォーマンス全体の水準を判断する指標にもちいられていた。写真を評価する指導者たちは、鉄棒で支持したときの手首の握りや、それに連動して動く広背筋の発達度合いによって、選手のパフォーマンスの水準から将来どの程度まで競技力が伸びるのかを、写真一枚からでも判断することができるのである。

経験を積んだ指導者のなかには、専門種目の基本となるひとつの姿勢・動作を通して、パフォーマンスの全体を見通すような見識をもっていることが珍しくない。基本姿勢のなかに含まれた情報は、現時点の技術水準から、今後の成長の方向性までが内在されていて、これを予見する能力には確かな論理があり、「運動視（Bewegungssehen）」という専門用語があるくらい、運動学の世界では一般化された技術でもある。

坐禅の技法についても「坐相を整える」という言葉があるように、そこにはただ坐るだけではなく、一定の価値観に方向づけられた技術的な習熟の道筋が存在する。それは、腰背部の筋肉に負担をかけない姿勢の構造的な合理性であったり、身体内部を観察する感覚的な成熟であったり、呼吸法を駆使しながら感情や思考をコントロールする技術であったり、瞑想の最中《さなか》でおこなわれる多様な動きを、背中の表情から瞬時に見抜くような素養を、優れた禅老師であれば普通に体得していることだろう。

他方、身体技法の習熟という視点をもたない領域においては、整形外科医のような治療の専門家であっても、「座ることは害悪である」という次元の認識から先に進むことができずにいる事例を序章で紹介した。座仕事をするオフィスワーカーの多くに、健康上の深刻な害悪が認められるというレヴァインの指摘は、今や欧米諸国に限らず、近代化をはたしたすべての社会にあてはまる現象であるかもしれない。問題解決のためにレヴァインは「椅子から立ち上がること」を提唱し[1]、立ち机の導入なども推進しているが、より根本的な問題として、腰背部に負担をかけないような座の技法を身につける方向性についても、科学的な文脈で技術を語れるような研究を加速させなければならないだろう。

身体技法にかんする技術的な習熟への視点は、坐を完成に近づけるための技術的な方向性と、どのような道筋を辿ってそこに到達するのか、という指導の体系を必要とするが、その詳細については第六章で展開した技法論のさらなる発展が待たれることとなる。

内と外の感覚

「身体は、人間が世界にはたらきかける第一義的な技法手段であり、技法目的である」というマルセル・モースの言葉は、わたしたちの生活を支える様々な技術を生み出す原点に、身体が存在していることを思い起こさせる。人間は移動する足の延長物として、車輪という技術を生み出し、石を投げる手の延長に飛び道具を生み出し、意思を伝える声の延長に拡声器や通信機器を生み出したが、それらは一定の目的に方向づけられながら、時代の流れとともに著しい進化を遂げてきた。

多くの技術は、人間の身体能力を外に向かって拡大させてゆく方向性を示しているように見えるけれども、技の習熟という視点をもつときに、身体の内面に向かう技術の方向性というものがあることに気づかされる。とりわけ日本の民具に特徴的なこととして、道具を使いこなす人間の側に、高度な技の熟練を要求する性質をもっている点が挙げられる。

たとえば和装における着付けの技術は、洋服と比較すると非常な複雑さをもっており、下駄や草履といった履物も、和装の様式に相応しい歩行の技術を要求する。しかしキモノ由来の立ち居の作法を身につけると、肉体のどの部分にもストレスをかけることなく、自然の身体美が育つような形式になっている。その服飾様式は、歴史上のどの時点をとっても、女性の肉体を矯《た》めるような様式が存在せず、たとえ中国から多くの技術を学びながらも、纏足のような身体加工については受け入れることがなかった（詳しくは拙書『たたずまいの美学』を参照[31]）。

あるいは和室の空間についても、内と外とを隔てる壁面には重きをおかず、戸を開け放てば縁側を仕切りとして、居ながらにして庭の自然とつながることができる。床と柱と天井のほかは何もない畳の空間は、適切な位置に間仕切りを置き、食具や小机を塩梅よく配置すれば、そこに集う人の数に応じて、宴席にも、茶席にも、書院にも設えが可能である。しかし、その空間を心地よく使いこなすためには、坐の技法から、座の趣旨に応じて適宜に空間を配置するための作法を一通りは身につけなければならない。

これら日本の道具は、使用する人間の側が、技の熟練を増していくときに、道具の潜在能力が十全に発揮される機能を具えていて、その学習過程のなかで、万人の身体に内在する自然の理法を体得するための方向性が示されている。この意味において、日本の道具は物事の「道理」を「具」える物として、身体の内面へと向かう瞑想的な思想によって成り立っている技術であるといえる。

こうした瞑想的な深まりへと方向付けられた技術が、坐の技法を重んじるのは自然のことである。坐を整えることは、自己の身体的な動きが自然に適っているか否かを判断するもっとも基本的な身構えだったからである。

身体の内側を観察する技術自体は、スポーツ運動学の分野でも「運動自己観察」という技術が存在し、あるいは「イメージトレーニング」を専門的に研究しているスポーツ心理学にも部分的に重なるところがある。これらスポーツ科学の観察論に特徴的なことは、運動のパフォーマンスが向上することを目的とした筋肉や神経を操作する技法であり、習熟した技術の向かう方向性は、やはり自己の身体能力を外に向かって拡大させてゆく方向へと進んでいる。

瞑想が前提としている無目的性は、呼吸や血液、内臓の動きを正しく観察することから、感情や感覚、思考の動きに間接的にはたらきかけることができ、つまり、自己の意識が関与する以前の、身体が本来的にもっている自然の動きを自覚することへと向けられている。こちらは主に、自律神経支配のはたらきで、この「内なる自然」の層へと認識を深めていくときに、身体がかかわるあらゆる営みは、「外なる自然」と調和した関係を保ちながら展開することが可能となる。その意味において、特定の目的への志向を否定する瞑想の無目的性は、裏を返すと、人間のあらゆる営みに応用することが可能な、全目的性を具えた身体技法であると言い換えることもできる。

外へ向かう身体運動と、内へ向かう身体感覚との関係は、周期的に巡りくる太陽と月のように、行動と静止、生産と休息、吸収と排泄といった体内のバランスを、自然のリズムにしたがって秩序立てている。したがって、学校教育の指導要領や経済活動の方針が、生産的な「外なる身体」へと過剰に進んでいくときに、「内なる身体」を補完するための瞑想的な素養が、同じバランスで必要とされるようになるのは、むしろ自明のことである。

東洋とは何か？

「坐」という文字が日本の活字文化から消滅しつつあることと同時に、「東洋」という言葉も日本のアカデミズムのなかでは死語になりつつある。地名としては、地球上のどこにも存在しない「東洋」という言葉が、学術用語としてあまりに不明瞭であることを問題視した議論は梅棹忠夫の『文明の生態史観』にはじまる。梅棹は一九五五年にアフガニスタン、パキスタン、インドを縦断した調査研究を通して、日本で通用している「東洋」という言葉が、アジア各国の文化的実態と大きくずれていることを指摘する。もともと西洋人と同族の人種であったアーリア人の文化的色彩が強いインドを、はたして「東洋」といえるのかと梅棹は問う。そしてインドは「東洋」も「西洋」も両方混在している「中洋」の国であるという、なかば冗談のような説を展開しながら、より精緻な言葉の定義が必要であることを提唱した。そしてアジアの周辺地域を説明するときには、東アジア、中央アジア、西アジア、南アジア、東南アジア、北アジアという地域別の名称が明確化され、わが国は「極東アジア」という位置付けを与えられることとなった。

こうした地理的な境界によって区分をすると、誤解が生じにくく、学術的な調査などを進めるときには有益であることはよく理解できる。しかし、こうした学術的な言葉の縛りに対して筆者が危惧することは、今まで日本人が「東洋」という言葉であらわしてきた文化情報の含蓄が、意味を喪失していくように感じられることだ。とりわけ日本やアジアの文化論のなかには表題に「東洋」という言葉を掲げた名著が少なくなく、中村元の『東洋人の思惟方法』をはじめとして、鈴木大拙の『東洋的な見方』、久松真一の『東洋的無』、岡倉天心の『東洋の理想』など、これらが文化論として、あるいは哲学書として輝きをもちつづけてきた背景には、地理的な問題以前に、東洋人に独特の認識法にもとづく文化的な連続性が明確に存在したからにほかならない。

とくに身体技法のような無形文化を問題とする場合には、「東洋の身体技法」というと、日本の古武術にも、中国の太極拳にも、インドのヨーガにも、おしなべて共通する身体観が存在することを、実践者はからだの実感として理解することができる。しかし、「東洋」という言葉が曖昧であるとして公用語から除外され、「極東の身体技法」などと表記するときに、自身の身体を通して「自然の理法」を体得しようとする人々のもつ共通感覚が、言葉によって分断されていくことを感じるのである。

梅棹はまた、『文明の生態史観』に所収されたエッセイのなかで、挨拶の作法について着目し、そうした日常の動作が文明を形づくる根底にあるものであるかもしれない、という仮説を暗示する。梅棹氏は、アフガニスタンの人々がおこなう握手、抱擁、口づけといった挨拶の習慣が、濃厚なスキンシップによって成り立っていて、そこにヨーロッパの騎士道との関連をみている。これに対してアジアの多くの国々が、お辞儀や合掌によって挨拶を交わすことのちがいから次のような問題を提起する。

東洋と西洋との文化的な伝統のちがいを、高級な文学や芸術について論証した例はすくなくないけれど、民衆の、ほんとの日常的な動作などについての比較人類学的な考察というものは、あんがいおきざりにされているようにおもう。こういう比較研究を根気よくつづけてゆけば、あるいは、旧世界の地底をながれる、人間文化の巨大な水脈をぶち当てることができるかも知れない。[32]

アジアに広く流布した合掌の挨拶は、仏教をはじめとする宗教的な作法との関連が考えられるわけだが、

どうして仏教がそういうおがみかたを採用したのかが問題なのだ。

と梅棹は指摘する。この問題は、ヒンドゥー・仏教的な瞑想の訓練のなかに明確な根拠があって、身体の内部に生気する感覚操作の技法と深くかかわっている。たとえば、古典的なヨーガの瞑想法のなかには「ダラーナ（dharana）」といって、身体の中心に感覚を集中させ、内気の流れをからだの中心におさめる技法が存在する。ヨーガの修行段階には「体位(asana)」や「呼吸（prana yama）」の訓練によって激しく躍動する内気の流れは、かならずからだの中心におさめて静めなければならない、という原則がある。そこから「禅」と漢訳される「ディヤーナ(djyana)」という静謐な感覚領域に入るのだが、からだの中心に両手を合わせる合掌の体位は、こうした感覚的な秩序にもとづいて発生した作法にちがいない。またこうした瞑想的な覚醒にもとづいて、身体の中心には「聖なるもの」を宿すための経路が想定され、「チャクラ」や「丹田」といった解剖学的な実態をもたない感覚的な秩序をあらわす用語が創作され、修行者の間に一定の共通認識をもたらしつつ、数千年の長きにわたって生き続けている。

つまり合掌による挨拶の根底に流れる思想とは、どのような人間であっても身体の中心には

「聖なるもの」を宿す場所があって、個人個人の身体のなかに潜在する霊性に対して敬意を払う考え方が、合掌という挨拶の作法を形成し、アジアのヒンドゥー・仏教地域に広く定着していったものと考える。

こうした身体文化は、肌と肌とを触れ合わせることが、人間関係の絆を確認し、強めていくための儀式のようにして、習慣化されてきた社会とは、根本的にことなる生活感覚をもっているだろう。いみじくも梅棹が指摘したように、挨拶という日常的なしぐさは、人間関係を形づくる根本の思想とかかわっていて、人間同士の肉体的な触れ合いを大事にする社会と、肉体を超えた霊的存在を身体の内部に観想する思想的共同体との種別を示している。こうした身体感覚の趣向性は、生活全体を通して一連の秩序を形づくることが考えられ、川田順造にしたがえば、身体技法は、社会の全体に文化内的な連関を形成する基層文化に位置付くものである。

梅棹が旅行記のなかで端緒を示した文明の鉱脈とは、まさに身体のなかに埋蔵されていることを、わたしたちは発掘しつつある。そして、言葉によって地域を細かく分断する学術的な思考法が、人民を効率的に統治するための為政者の思考法と同列の、支配的な動機から発生した言語活動であることを自覚するだろう。身体はそうした言葉によって支配される以前の、原初的な自然の実相に、わたしたちの認識をとどかせるためのもっともたしかな道具であり、その優れた感覚の確かさは、言語や国境、文化の隔たりを超えて、本来自然物として在る人類の普遍的なつながりの次元へと、わたしたちの認識を進ませてくれるだろう。

あとがき

この研究をまとめるにあたってご協力を頂いた方々への謝辞をお伝えすべく最後に一筆。

「日本の椅子は疲れる」という書き出しではじまる『椅子と日本人のからだ』が刊行されたのが二〇〇三年末。若気の至りも彼処に見える処女作からこの一五年をふり返ると、日本の椅子は、デザイン的にも機能的にも優れた作品が数多く生み出されるようになった、と書き換えなければならないと率直に思う。それは文庫版も含め、すでに絶版となってしまったのだが、同じ品文社で新たな一冊を、同じテーマでまとめられたことに深い感謝と感慨とを感じている。

まず第一章の形態論は、武蔵大学で開講された「日本の身体文化演習」の二〇一四年から二〇一六年のゼミ生たちが調べてくれた資料に多くを負っている。いろいろと制約のあるなかで、ゴードン・ヒューズの小論文に導きを得ながら、国連加盟国の一九三ヵ国の起居様式を網羅的に調べるなかで、興味深い数々の発見が得られ、その主だった成果をまとめたものである。

また第四章の様式論では、フランス文学者の林千宏先生より的確な校閲のほか、内容的にも示唆に富む導きをいただいた。拙作の読者でもあり、椅子のオーナー様でもある先生には公私に渡って大変お世話になり、新作の一章を仕上げることができた。

第五章の語彙論では、椅子の分類をおこなう際に、武蔵野美術大学の所蔵資料に負うところが多大で、本書の全般にわたって、身体運動文化研究室や美術館椅子ギャラリーのスタッフの方々から全面的にご協力を頂いたご好意に深く感謝したい。図版やイラストでは、学生からの協力もあり、採用の有無にかかわらず、学びながら惜しまずに協力をしてくれた生徒たち一人ひとりの労をねぎらいたい思いである。

それから題字を引き受けてくださった中澤希水さん。象形文字の成り立ちを見透すことのできる抽象絵画のような「坐」。本書のテーマを汲み取ろうとするなかで、無理難題を忍び、傑作を生み出してくださったこと、伏して手を合わせたい。菊地信義さんの装幀とともに念願が叶ったことは多大な悦びである。

最後に担当編集の安藤聡さん、小川一典さんには、忍耐強く筆者のわがままを叶えてくださったこと、感謝にたえません。ありがとうございました。

陰遁過ぎに　武蔵野にて

矢田部英正

図版出典

一章

図 1.　A position of the postural typology：Hewes Gordon W “World distribution of certain postural habits”, Amerian Anthoropologist, 1955

図 2.　「床坐類型図」：日本身体文化研究所作成

図 3.　A position of cross “legged or tailor fashion”：Hewes 前掲書

図 4.　A position of sitting with “legs stretched out”：Hewes 前掲書

図 5.　「調理するホピ族の女性」：グレッグ・オブライエン『アメリカ・インディアンの歴史』東洋書林、2010

図 6.　「立て膝で調理する平原地域の女性」：関俊彦『北米・平原先住民のライフスタイル』六一書房、2006

図 7.　「トウモロコシを粉砕する平原地域の女性」：関俊彦前掲書

図 8.　「投足で籠を編むパイユート族の女性」：マーガレット・フイート『アメリカ・インディアンの世界—生活と知恵—』雄山閣出版、2000

図 9-10.「グアテマラの民家に描かれた壁画」：http://4travel.jp/travelogue/10840247

図 11.　「地面に坐って機織りをする女性」：文化学園服飾博物館編『世界の伝統服飾—衣服が語る民族・風土・こころ—』文化出版局、2001

図 12.　「投げ足で機を織るメキシコの女性」：市田ひろみ『衣裳の工芸』求龍堂、2002

図 13.　「居座機」：会津民俗研究所

図 14.　「投げ足で坐るジバブエの女性」：市田ひろみ『世界の衣装をたずねて』淡交社、1999

図 15.　「投げ足で太鼓を製作する男性」：『季刊民族学』47 号、国立民族学博物館監修、1989

図 16-17.「膝をのばして洗濯をする人々」：FOLI (there is no movement without rhythm). Film by Thomas Roebers and Floris Leeuwenberg

図 18.　川田順造「身体技法の技術的側面」より：『社会人類学年報』vol.14、弘文堂、1988

図 19.　New Guinea Plate XXXIII − Kerepunu Women at the Market Place of Kalo：https://goo.gl/f5E61u

図 20.　「宴席で投げ足で坐るチュクチ族の人々」：シャルル・ステパノフ、ティエリー・ザルコンヌ著 中沢新一監修 遠藤ゆかり訳『シャーマニズム』創元社（「知の再発見」双書 162）、2014

図 21.　「投げ足で坐るコリャーク族の人々」：同上

図 22.　「跪拝俑」中国恵陵出土：『大唐皇帝陵』奈良県立橿原考古学研究所附属博物館特別展図録、第 73 冊、2010

図 23.　「玄奘三蔵絵」：小松茂美編著『続日本絵巻大成 8』中央公論社、1982
図 24.　「ヘメン神に跪くタハルカ王」：ルーヴル美術館蔵
Taharqa présente des vases de vin au dieu Hémen：Antiquité égyptienne du musée du Louvre. Photographer Guillaume Blanchard, July 2004
図 25.　「春日権現験記絵」：小松茂美編著『続日本絵巻大成 14』中央公論社、1982
図 26.　「祭壇に跪くバリ島の女性」：萩野矢慶記『バリの伝統美』東方出版、2001
図 27.　「正坐で食事をするバリ島の女性」：管洋志『バリ島大百科』TBS ブリタニカ、2001
図 28.　「サリーの着付け」：日本身体文化研究所作成
図 29.　「サリーを着て坐る王家の女性」：山内澄夫『夢か、マハラジャ』朝日新聞社、1988
図 30.　「日常着のサリー」：小谷汪之監修『図説 世界文化地理大百科 インド』朝倉書店、2001
図 31.　「学生服としてのサリー」：渡辺一夫・文、山下博司・監修、堀創志郎・編集『体験取材！ 世界の国ぐに 22 インド』ポプラ社、2007
図 32-33.「サルワール・カミーズ」：https://en.wikipedia.org/wiki/Shalwar_kameez
図 34.　「サルワール・カミーズの婚礼衣装」：http://artofvideo.ca/sikh-punjabi-wedding-beeban-sukhvir-dixie-gurudwara-versailles-convention-centre/
図 35.　「伝統服を着て坐る韓国女性」：“KOREA, 1945-1975”, Asia Press Center, 1975
図 36.　「立て膝で書を書く韓国女性」：同上
図 37.　「脇息に凭れる宮廷女性」：江馬務編『日本風俗写真大観』誠文堂新光社、1936
図 38.　「清涼殿で寛ぐ若君と妃」：同上

二章
図 1.　「ディンカ族の椅子」スーダン：Algotsson & Denis Davis “The Spirit of African Design” Sharne, photograph George Ross, Clarkson Potter, 1996
図 2.　「アカン族の椅子」ガーナ：The Metropolitan Museum of Art, The Bryce Holcombe Collection of African Decorative Art, Bequest of Bryce Holcombe, 1984
図 3.　「ドゴン族の椅子」マリ共和国：http://www.pbs.org/newshour/multimedia/stellararts/6.html
In this stool, the Dogon people of Mali describe the cosmos as two disks forming the sky and earth connected by a tree. The supporting figures represent the founding ancestors in their descent from sky to earth. The zigzag patterns suggest the path of their descent, a reference to Lebe, the first human and priest who was transformed into a serpent after his death.

The disk on top serves as an alter surface for libations.

図 4.　「腰掛け」：著者所蔵

図 5.　「銅俎」：杨耀『明式家具研究』、中国建筑工业出版社、1985

図 6.　「木俎」：同上

図 7.　「机」：同上

図 8.　「石見遺跡出土の人物埴輪」：橿原考古学研究所附属博物館所蔵　http://www.kashikoken.jp/museum/permanent/kofun/kofun-top.html

図 9.　ウル旗章「戦争と平和」、ウル王墓出、大英博物館蔵、紀元前 2500 年頃：松谷敏雄監修『図説 世界の文化地理大百科 古代のメソポタミア』朝倉書店、1994

図 10.　同上

図 11.　「グデア王の彫像」：三笠宮崇仁監修、岡田明子・小林登志子著『古代メソポタミアの神々』集英社、2000

図 12.　「王と太陽神シャマシュとの王権叙任」：ハンムラビ法典の石碑より　https://ja.wikipedia.org/wiki/ ハンムラビ法典

図 13.　「ウルナンム王の石碑」紀元前 21 世紀末：松谷敏雄監修『図説 世界の文化地理大百科 古代のメソポタミア』朝倉書店、1994

図 14.　「謁見図」石製円筒印章：中近東文化センター蔵

図 15.　「神とともにビールを呑むシュメール人」石製円筒印章：三笠宮崇仁監修、岡田明子・小林登志子著『古代メソポタミアの神々』集英社、2000

図 16.　「木工職人の印章」：同上

図 17.　「糸を紡ぐエラムの女性」：松谷敏雄監修『図説 世界の文化地理大百科 古代のメソポタミア』朝倉書店、1994

図 18.　「ハープ奏者の印章」：三笠宮崇仁監修、岡田明子・小林登志子著『古代メソポタミアの神々』集英社、2000

図 19-23. 松谷敏雄監修『図説 世界の文化地理大百科 古代のメソポタミア』朝倉書店、1994

図 24.　『大図説 世界の木材—木と人間の文化誌』日本語版監修・平井信二、小学館、1979

図 25.　「シヴァ神の印章」Yogi. Mold of Seal, Indus valley civilization：https://commons.wikimedia.org/wiki/File:Yogi._Mold_of_Seal,_Indus_valley_civilization.jpg

Male figure in a "yogic" (?) posture, surrounded with animals, resonating with the images of the later Hindu god Shiva. Impression of the Pashupati seal from the Indus valley Civilization, 2500-1500 BC. Chhatrapati Shivaji Maharaj Vastu Sangrahalaya (ex Prince of Wales Museum), Mumbai. India

図 26.　「釈迦如来坐像」：マトゥラー博物館蔵、紀元 1 世紀頃

Seated Buddha or Bodhisattva in Abhaya Mudra.
https://en.wikipedia.org/wiki/Mathura_art#/media/File:Inscribed_Seated_Buddha_Image_in_Abhaya_Mudra_-_Kushan_Period_-_Katra_Keshav_Dev_-_ACCN_A-1_-_Government_Museum_-_Mathura_2013-02-24_5972.JPG

図 27. 「マハヴィーラ坐像」Mahavir Swami：Permission is granted to copy, distribute and/or modify this document under the terms of the GNU Free Documentation License

三章

図 1-5. 王世襄編著『明式家具珍賞』三聯書店、1985

図 6. 杨耀『明式家具研究』中国建筑工业出版社、1985

図 7-13. 王世襄編著『明式家具珍賞』三聯書店、1985

図 14. 筆者作成

図 15. 「如来椅像」莫高窟 285 窟：圓城寺次郎編『敦煌の美百選』日本経済新聞社、1978

図 16. 王世襄編著『明式家具珍賞』三聯書店、1985

図 17. 「昭陵壁画」：陝西昭陵博物館蔵

図 18. 「蚕織図」：『晋唐両宋絵画・人物風俗』故宮博物院蔵文物珍品大系、上海科学技術出版、2005

図 19-20.「韓熙載夜宴図」：絵書編『中国歴代藝術』中国人民美術出版社、1994

図 21-22.「ゲルのなかで坐る蒙古の人々」：小長谷有紀・堀田あゆみ編著『梅棹忠夫のモンゴル調査スケッチ原画集』国立民族学博物館、2013

図 23. 「墓主人夫婦宴飲図」：太田昌子『箸の源流を探る—中国古代における箸使用習俗の成立』汲古書院、2004

図 24. 「侍奉図」：同上

図 25-27. 杨耀『明式家具研究』中国建筑工业出版社、1985

図 28. 「禅椅」莫高窟 138 窟：圓城寺次郎編『敦煌の美百選』日本経済新聞社、1978

図 29. 「唐禅椅」：杨耀『明式家具研究』中国建筑工业出版社、1985

図 30. 「靠背椅」：王世襄編著『明式家具珍賞』三聯書店、1985

図 31-32.「Split Back Chair」：“British Antique Furniture” John Andrews, Antique Collectors Club, 1985

図 33. 「Chair back design of Chippendale」：“The Art of Furniture : 5000 years of furniture and interior” Ole Wanscher, Reinhold Publishing Corporation, 1967

図 34. 「Chair back design of Sheraton」：“Masterpiece of Furniture : in Photographs and Masured Drawings” Verna Cook Salomonsky, Dover Publications, 1953

図 35.　「Chair back design of Hepplewhite」：“The Cabinet-Maker and Upholsterer's Guide” A. Hepplewhite and Co. Originally published I. & J. Taylor（London）, 1788
図 36.　「唐圏椅」：杨耀『明式家具研究』中国建筑工业出版社、1985
図 37.　「バレルチェア」フランク・ロイド・ライト：武蔵野美術大学美術館所蔵
図 38.　「明圏椅」：杨耀『明式家具研究』中国建筑工业出版社、1985
図 39-40.「チャイニーズチェア」ハンス・ウェグナー：武蔵野美術大学美術館所蔵
図 41.　「明扶手椅」：王世襄編著『明式家具珍賞』三聯書店、1985
図 42.　「清扶手椅」：『明清家具』故宮博物院蔵文物珍品大系、上海科学技術出版、2002
図 43.　「明圏背交椅」：王世襄編著『明式家具珍賞』三聯書店、1985
図 44.　「清圏背交椅」：『明清家具』故宮博物院蔵文物珍品大系、上海科学技術出版、2002
図 45.　「曲彔」：小泉和子『和家具』小学館、1996
図 46.　「乾隆床机」：『明清家具』故宮博物院蔵文物珍品大系、上海科学技術出版、2002
図 47.　「正倉院欟木胡床」：https://www.sohu.com/a/165096751_657695
図 48.　「弘法大師坐像」：https://www.sohu.com/a/165096751_657695
図 49.　「高床式倉庫（復元）」登呂遺跡：妻木靖延『新訂 日本建築』学芸出版社、2009
図 50.　「大社造」：同上

四章

図 1.　「ツタンカーメンの玉座」：“The History of FURNITURE” introduction by Sir Francis Watson, Orbis Publishing, London, 1976
図 2.　「祭礼用椅子」：吉村作治監修・執筆『甦るツタンカーメン』日本テレビ放送網、1984
図 3.　「王家の幼童椅子」：https://3designhistory.wordpress.com/tag/ancient-egyptian-furniture/
図 4.　「クリスモス」：“The Furniture of Greeks, Etrudcans and Romans” Gisela M. A. Richter, Phaidon Press LTD.（London）, 1966
図 5.　「クリスモスを担ぐサテュロス」：同上
図 6.　https://it.wikipedia.org/wiki/File:Arte_greca_della_sicilia,_da_taras._poeta_come_orfeo_tra_due_sirene,_350-300_ac._01.JPG
図 7.　https://it.wikipedia.org/wiki/File:Arte_greca_della_sicilia,_da_taras._poeta_come_orfeo_tra_due_sirene,_350-300_ac._02.JPG

図 8-13. Reynies Nicole “Le mobilier domestique”, vocablaire typologique, principes d'analyse scientifique, Ministere de l'éducation nationale et de la culture, Paris Imprimerie National, 1992

図 14. “Les Siéges” Guillaume Janneau, Les Editions l’Amateur, 1993

図 15. 「宝相華螺鈿案」：中尊寺蔵

図 16-19. “Les Siéges” Guillaume Janneau, Les Editions l’Amateur, 1993

図 20-35. Reynies Nicole “Le mobilier domestique”, vocablaire typologique, principes d'analyse scientifique, Ministere de l'éducation nationale et de la culture, Paris Imprimerie National, 1992

図 36. 筆者作成

五章

図 1. 「筵」：https://goo.gl/buhwBY 「莫蓙」：著者所蔵 「畳」：https://goo.gl/X1TfZ5 「座布団／座蒲」：日本身体文化研究所撮影

図 2-3. イラスト：日本身体文化研究所

図 4. 王世襄編著『明式家具珍賞』三聯書店、1985

図 5. イラスト：日本身体文化研究所

図 6. 筆者作成

図 7. Reynies Nicole “Le mobilier domestique”, vocablaire typologique, principes d'analyse scientifique, Ministere de l'éducation nationale et de la culture, Paris Imprimerie National, 1992

図 8-9. 武蔵野美術大学所蔵

図 10. Reynies Nicole “Le mobilier domestique”, vocablaire typologique, principes d'analyse scientifique, Ministere de l'éducation nationale et de la culture, Paris Imprimerie National, 1992

図 11. “Les Siéges” Guillaume Janneau, Les Editions l’Amateur, 1993

図 12-14. 筆者作成

図 15. 「小原式 椅子の類型図」：小原二郎・内田祥哉・宇野英隆編『建築・室内・人間工学』鹿島出版会、1969

図 16. 「チェスターフィールド型ソファ」：
https://www.roseandmoore.com/products/kensington-chesterfield-tufted-sofa

六章

図 1. 横澤喜久子・矢田部英正他「身体と生活の比較文化」『東京女子大学比較文化研究所紀要』、2014

図 2. 同上

図 3.　イラスト：日本身体文化研究所
図 4.　筆者撮影
図 5.　中村明一『「密息」で身体が変わる』新潮選書、2006
図 6.　シュリ・K. パタビ・ジョイス『ヨガ・マーラ』中園順子訳、産調出版、2006
図 7-8.　筆者作成
図 9.　筆者撮影
図 10-12. 筆者作成
図 13.　筆者作成、武蔵野美術大学美術館の資料より
図 14.　筆者撮影
図 15.　筆者作成
図 16-20. 筆者作成
図 21-24. 筆者制作・撮影
図 25.　筆者作成
図 26.　筆者制作・撮影
図 27.　筆者作成
図 28-32. 筆者制作・撮影

引用・参考文献一覧

1. Levine James A, "Lethal Sitting: Homo Sedentarius Seeks Answers", *Physiology* Published September 2014, Vol.29, no.5
2. フォレスト・カーター『リトル・トリー』和田穹男訳、めるくまーる、1991
3. 山折哲雄『坐の文化論』佼成出版社、1981
4. 矢田部英正『日本人の坐り方』集英社新書、2011
5. Hewes Gordon W, "World distribution of certain postural habits", *American Anthoropologist* Published 1955, Volume 57, Issue 2, pp202-230
6. Mauss Marcel, Les techniques du corps, Journal de Psychologie, XXXII, ne, 3-4, 15 mars-15 avril 1936. Communication présentée à la Société de Psychologie le 17 mai 1934.（邦訳：マルセル・モース『社会学と人類学 2』有地亨・山口俊夫訳、弘文堂、1967）
7. 川田順造「非文字資料による人類文化研究のために―感性の諸領域と身体技法を中心に―」神奈川大学21世紀COEプログラム研究推進会議、2008
8. 川田順造「基層文化としての身体技法」『ヨーロッパの基層文化』岩波書店、1995
9. 王世襄編著『明式家具珍賞』三聯書店、1985
10. 太田昌子『箸の源流を探る―中国古代における箸使用習俗の成立』汲古書院、2004
11. 『明清家具』故宮博物院蔵文物珍品大系、上海科学技術出版、2002
12. アルフレッド・クローバー『様式と文明』堤彪・山本証訳、創文社、1983
13. 島崎信『近代椅子学事始』ワールドフォトプレス、2002
14. Reynies Nicole, "Le mobilier domestique", vocablaire typologique, principes d'analyse scientifique, Ministere de l'éducation nationale et de la culture, Paris Imprimerie National, 1992
15. 小原二郎『建築・室内・人間工学』鹿島出版会、1969
16. 沢田知子『ユカ坐・イス坐』住まいの図書館出版局、1995
17. 横澤喜久子・矢田部英正他「身体と生活の比較文化」『東京女子大学比較文化研究所紀要』、2014
18. 山下博司『ヨーガの思想』講談社選書メチエ、2009
19. 中村明一『「密息」で身体が変わる』新潮選書、2006
20. 伏羲『易経』高田真治・後藤基巳訳、岩波文庫、1969
21. Granjean Etienne, "Ergonomics in Computerized Offices", Taylor & Francis Ltd. London, 1987（邦訳：エティヌ・グランジャン『コンピューター化オフィスの人間工学』西山勝夫・中迫勝訳、啓学出版、1989）
22. 村上栄一『仙腸関節の痛み―診断のつかない腰痛』南江堂、2012

23. Elias Norbert, Über den Prozess der Zivilisation, Francke Verlag 1939（邦訳：ノルベルト・エリアス『文明化の過程』法政大学出版局、1977-1978）
24. 福沢諭吉『文明論之概略』岩波文庫、1995
25. André Leroi=Gourhan, "L'homme et la matière" Albin Michel, 1943
26. Edward Burnett Tylor Sir, "Primitive Culture"Researches Into the Development of Mythology, Philosophy, Religion, Language, Art, and Custom, 1871（邦訳：『原始文化―神話・哲学・宗教・言語・芸能・風習に関する研究』比屋根安定訳、誠信書房、1962）
27. Clifford Geertz"The Interpretation of Cultures: selected Essays" Basic Books, 1973（邦訳：『文化の解釈学』岩波現代選書、1987）
28. A.L. Kroeber and C. Kluckhohn with the assistance of Wayne Untereiner and appendices by Alfred G. Meyer, "*Culture: A critical review of concepts and definitions*"（Papers of the Peabody Museum of American Archaeology and Ethnology, Harvard University, v. 47, no. 1）, Peabody Museum, 1952.（邦訳：『人間のための鏡―文化人類学入門』光延明洋訳、サイマル出版会、1971）
29. Bourdieu Pierre, "Les trios étatas du capital culturel", *Acts de la recherché en sciences socials*, 1979（邦訳：「文化資本の三つの姿」福井憲彦訳、『actes 1』所収、日本エディタースクール出版部、1986）
30. Yasuo Yuasa, *The Body, Self-Cultivation, and Ki-Energy* (translated by Shigenori Nagatomo and Monte S.Hull), State University of New York Press, 1993
31. 矢田部英正『たたずまいの美学―日本人の身体技法』中公叢書、2004/ 中公文庫、2011
32. 梅棹忠夫『文明の生態史観』中公叢書、1967/ 中公文庫、1974

著者について

矢田部英正（やたべ・ひでまさ）

一九六七年生まれ。筑波大学大学院体育研究科修了。整体協会にて研鑽を積んだ後独立し、日本身体文化研究所を主宰。武蔵野美術大学講師。大学では体操競技を専門とし全日本選手権、インカレ等に出場。選手時代の姿勢訓練が高じて日本の修行・芸道の身体技法を研究する。姿勢研究の一環として椅子のデザイン開発に着手。「身体感覚のデザイン」をテーマとしたプロダクトレーベル"Corpus"をプロデュースし、デザイン・製作を手掛ける。椅子の販売・コンサルティング会社の顧問も務める。著書に『椅子と日本人のからだ』（晶文社／ちくま文庫）、『たたずまいの美学』（中央公論新社／中公文庫）、『美しい日本の身体』（ちくま新書）、『日本人の坐り方』（集英社新書）、『からだのメソッド』（バジリコ／ちくま文庫）などがある。

坐《ざ》の文明論《ぶんめいろん》
——人はどのようにすわってきたか

二〇一八年六月二五日初版

著者　矢田部英正
発行者　株式会社晶文社
東京都千代田区神田神保町一—一一　〒一〇一—〇〇五一
電話（〇三）三五一八—四九四〇（代表）・四九四二（編集）
URL http://www.shobunsha.co.jp
印刷・製本　株式会社太平印刷社

ISBN978-4-7949-7027-5　Printed in Japan

好評発売中

退歩のススメ　失われた身体観を取り戻す　藤田一照・光岡英稔

からだの声を聞かなくなって久しい現代。外側にばかり向いていた気持ちを自らの内側へと向けることで、本来の姿が立ち現れる。目を閉じ、合掌し、意識を静かにおろす。感覚をあえて閉じることで見えてくる世界とは。武術の達人と禅僧が伝える、一歩下がることからはじめる生き方のすすめ。

原発とジャングル　渡辺京二

文明か未開か、進歩か後退か、という二元論ではなく、便利さや科学の進歩を肯定しながら、真の仲間を作ることが可能か。近代の意味を様々な角度から考えてきた著者が、古今東西のさまざまな書物をひもときながら、近代の普遍的な問題を問う。

進歩　人類の未来が明るい10の理由　ヨハン・ノルベリ著　山形浩生訳

いたるところ破滅と悲惨——ニュースやメディアが書き立てるネガティブな終末世界、そんなものは嘘っぱちだ。いま必要なのは、この進歩を正しい知識で引き継ぐこと。反グローバリズム運動への批判を展開してきたスウェーデンの歴史家が明解なデータとエピソードで示す、明るい未来への指針。

人類のやっかいな遺産　ニコラス・ウェイド著　山形浩生・守岡桜訳

なぜオリンピック 100m走の決勝進出者はアフリカに祖先をもつ人が多く、ノーベル賞はユダヤ人の受賞が多いのか？　なぜ貧困国と富裕国の格差は縮まらないままなのか？　最新ゲノムデータを基に展開する、遺伝や進化が社会経済に与える影響についての大胆不敵な仮説。

儒教が支えた明治維新　小島毅　〈犀の教室〉

古来より朱子学によって国を治めた中国・韓国に対し、日本では教養としての朱子学が、水戸光圀、吉田松陰、西郷隆盛、伊藤博文らへと受け継がれ、明治維新を支える思想となっていった。東アジアの中の日本を俯瞰して論じる、新しい明治維新論。

幕末維新改メ　中村彰彦

「日本の夜明け」に隠れた悲劇の連鎖とは。一見華やかに見える幕末維新の水面下の状況に焦点を合わせ、そこに秘められた影を明らかにする——。直木賞作家が亡国の時代に生きた無骨な人々の息遣いを丹念に描く、書き下ろし幕末入門。

蚕　絹糸を吐く虫と日本人　畑中章宏

明治の日本、蚕は多くの農家の屋根裏に大切に飼われ、生糸は輸出され、蚕は農家に現金を運ぶ大切なもの。伝説、お札、お祭、彫刻……身近だった養蚕が生み出した、素朴で豊かな文化と芸術を、気鋭の民俗学者が、各地を取材しながら掘り起こすノンフィクション。